지금 피터

"어떤 직업이든 피터 린치만큼의 성공을 거둔 사람은 거의 없다. 13년 동안 세계 최대 규모인 피델리티의 마젤란펀드를 책임진 그는 2,510%의 수익을 올렸다. 머니 매니저로서 그의 능력은 '전설'일 수밖에 없다."

― 《포천(Fortune)》

"주식 투자계의 만인의 영웅, 피터 린치!" ― 《포브스(Forbes)》

"펀드 대중 투자 시대를 열었을 뿐 아니라 개인 투자자도 실천하기 쉬운 전략을 제시했다는 점에서 그의 투자 철학은 여전히 가치가 있다."

― 《한국경제》'펀드 대중화 이끈 피터 린치의 키워드…소형주·밸런스·장기투자'

"피터 린치의 책에 감명받아 투자계로 전업했다."

― 정채진(《코로나 투자 전쟁》 공저자)

"나는 투자 공부를 할 때 피터 린치에 대해 먼저 배웠다."

― 김동환(삼프로TV_경제의신과함께 김프로)

"올바른 투자 방법을 배우려면 피터 린치 책을 여러 번 읽으며 공부해야 한다." ― 소소하게크게(경제 블로거)

"투자의 모든 것이 피터 린치 책 안에 전부 적혀 있다." — 승도리(경제 블로거)

"피터 린치는 읽으면 읽을수록 새롭다."　　　　　　— 레인메이커(경제 유튜버)

"피터 린치의 투자법은 현재 한국 상황에 대입해도 해결책이 보인다."
　　　　　　　　　　　　　　　　　　— 오박사(《내가 주식을 사는 이유》 저)

"몇 안 되는 투자 거장으로부터 참고할 만한 확실한 책!"
　　　　　　　　　　　　　　　　　　— 아마존 서평 Kindle Customer

"5학년도 이해할 수 있는 투자 고전이다."　　　— 아마존 서평 Winston Kotzan

"억지로 다음 페이지를 넘기지 않아도 된다. 너무 재밌고 쉽다."
　　　　　　　　　　　　　　　　　　— 아마존 서평 Aiden Taylor

"수백 권의 투자 서적을 읽었지만 내가 읽은 최고의 투자 입문서는 피터 린치다."
　　　　　　　　　　　　　　　　　　— Amazon Customer

피터 린치의 투자 이야기

—

개정판

월街의 영웅, 피터 린치가 말하는 거의 모든 것의 투자

2021
최신개정판

피터 린치의
PETER LYNCH
투자이야기
LEARN TO EARN

피터 린치 · 존 로스차일드 지음

고영태 옮김 | **이상건** 감수

흐름출판

투자를 시작하는 모든 투자자들에게
이 책을 바칩니다.

주린이를 위한 최고의 교과서

전쟁이나 대공황, 전염병과 같은 이벤트를 집단으로 경험하게 되면, 사람들의 삶의 방식이 바뀐다. 일상생활뿐만 아니라 돈을 대하는 태도에도 변화가 일어난다. 예를 들어 1920년대 대공황을 겪은 미국인들은 미국 현대사에서 가장 검소한 세대로 알려져 있다. 일본인들처럼 20여 년에 걸쳐 장기불황을 경험한 세대는 주식이나 부동산에 대해 부정적인 생각을 갖기 마련이다. 20여 년간 부동산 가격은 오르지 않고, 주가가 하락했으니 투자에 대해 좋은 감정을 갖기 어려운 게 당연하다. 그래서인지 일부 전문가들은 일본인들에겐 '투자 DNA'가 없는 것 같다는 평을 하기도 한다.

코로나 19 바이러스로 인해 우리 삶의 많은 풍경이 바뀌고 있다. 마스크는 생필품이 되었고, 투자를 대하는 방식에도 큰 변화가 일고 있다. 자녀에게 어려서부터 투자를 가르쳐야 한다고 인식한 젊은 부부들이 자녀 명의의 증권 계좌를 만들어 주는 것은 이젠 흔한 모습이 되었다. 주식투자는 선택 과목이 아니라 필수 과목이라고 생각하는 젊은 세대들도 늘었다.

주식투자에 대한 인식이 근본적으로 변하고 있음에도, 공부하지 않고 주변 사람들의 말이나 감感으로 투자하는 이들이 적지 않은 것은 안타까운 일이다. 그뿐만 아니라 유튜브의 정확하지 않은 각종 정보에 이끌려 주식을 사는 이들도 적지 않다. 이들에게 정해진 운명은 투자 손실일 뿐이다.

모든 일이 그렇듯 제대로 된 투자 습관을 들이기 위해서는 좋은 교사나 교재를 이용하는 것이 좋다. 일시적 시류에 편승해 베스트셀러가 된 투자 책보다는 견고한 이론과 신념 그리고 경험을 담은 교재를 선택해야 한다. 이 책은 주린이들이 교과서로 삼기에 더할 나위 없는 주식투자 교재다. 자본주의가 작동되는 원리, 투자와 우리 삶의 관계, 종목 선택, 펀드 투자 요령 등 투자자라면 꼭 알아야 할 기본적인 정보가 빼곡하게 담겨 있다.

주식투자로 돈을 버는 것은 결코 쉬운 일이 아니다. 초심자의 행운이라는 말처럼 처음에는 돈을 번다. 주로 강세장에서 주식을 시작하기 때문이다. 강세장에서는 대부분 수익을 낸다. 하지만 그런 수익은 운의 결과이지 실력의 몫은 아니다. 강세장이 꺾이고 약세장이 오면 초심자의 행운은 손실의 저주로 바뀐다. 고통스러운 시간이 다가온 것이다. 내가 산 주식, 즉 기업의 이익이 늘고 있다면, 투자한 펀드가 일관된 철학을 가지고 계속 운용되고 있다면, 그때부터는 오로지 인내심이 필요하다. 추가로 더 매입하거나 투자할 수 있는 배짱도 있어야 한다. 인내심과 배짱을 가지려면, 신념이 있어야 한다. 자본주의 경제가 성장하고, 혁신적인 기업이 계속 등장해 세상을 진보시킬 것이라는 믿음이 있어야 하는 것이다. 개인적인 생각이지만 피터 린치만큼 강고한 믿음을 책으로 알기 쉽게 풀어낸 일류 투자가는 거의 없는 듯하다.

세상을 음울하게 바라보는 이들이 종말을 설파하지만 그런 종말이 온 적은 없다. 자본주의는 지금까지 등장한 사회제도 중에서 가장 혁신적인 제도이다. 그 중심에는 기업이 있다. 애플이 없었으면 스마트폰이 없었을 것이고, 포드가 없었으면 자동차가 필수품이 되지 못했을 것이다. 디즈니와 넷플릭스가 있기에 우리는 TV로, 스마트폰으로 문화를 향유하고 있다. 농심이나 삼양라면이 있기에 우리는 적은 금액으로 한

끼를 해결할 수 있게 됐다.

만일 이런 기업들을 내 손으로 직접 설립한다고 생각해 보라. 돈도 돈이지만 수많은 일을 스스로 해야 한다. 하지만 이런 수고로움 없이 일류 기업과 동업할 방법이 있다. 바로 주식을 사는 것이다.

주식투자는 단순히 주식을 사고파는 것만을 의미하는 게 아니다. 기업을 소유하고 동업자가 되는 것이다. 주가가 오를 것이라는 생각으로 주식을 사지 말아야 하는 이유가 여기에 있다. 주가의 등락을 판단하는 것은 신의 영역이다. 주가의 변화를 예측해서 투자한다는 것은 거의 불가능하다고 봐야 한다. 그럼 어떻게 접근해야 할까? 앞서 얘기한 동업자의 심정으로 기업을 바라보고 투자해야 한다.

투자는 돈을 벌면서 사회 발전에 이바지하는 행위이다. 개인이 저축하고 투자한 돈이 금융회사를 경유해 기업으로 흘러 들어간다. 그 돈을 이용해 기업은 돈을 벌고 고용을 늘린다. 고용이 늘면 소비가 활성화되고 기업은 또다시 돈을 번다. 피터 린치가 "투자자는 자본의 사슬에서 첫 번째 고리"라고 말하는 이유가 이것이다.

자본주의 사회에 살면서 투자를 모르는 것은 안전벨트를 매지 않고 과속운전을 하는 것과 같다. 하지만 린치가 지적하듯이 투자를 가르치는 학교는 없다. 스스로 공부하고 터득해야 한다. 스스로 공부하기 위한 교재가 바로 이 책이다. 끝으로 린치의 이야기를 전한다.

'더 많은 돈을 저축할수록 그리고 더 많은 돈을 기업에 투자할수록 부자가 될 수 있는 확률도 높아진다. 투자할 기업을 현명하게 선택하고 인내심을 갖고 기다리면 당신이 매입한 주식은 미래에 그 가치가 훨씬 더 높아질 것이다.'

이상건 미래에셋투자와연금센터 전무

차 례
CONTENTS

1장
자본주의의 역사

2장

투자의 기초

=== 3장 ===

기업의 일생

일러두기

이 책은 1995년에 출간된 것으로 이후의 내용에 대해서는 편집 과정에서 추가하였으며 일부 내용이 현재 상황과 다소 다를 수 있음을 밝혀둡니다.

미국 중고등학교에서는 '투자'를 가르치지 않는다. 교과 과정에 투자가 빠져 있다는 것은 중대한 실수다. 학교에서 역사는 가르치면서 자본주의의 발전과 인류의 생활 방식을 변화시킨 기업의 역할에 대해서는 가르치지 않는다. 수학은 가르쳐도 수학이 기업 분석에 어떻게 활용되고, 기업의 성공 여부를 분석하는 데 어떤 도움을 주는지는 알려주지 않는다. 또한 주식을 보유하는 것이 이익이 될지 손해가 될지를 파악하는 데 수학이 얼마나 유용한지에 대해서도 가르치지 않는다.

학생들은 가정 시간에 바느질하는 법, 요리하는 법, 예산 범위 안에서 소비하는 법을 배운다. 그러나 어릴 때부터 저축을 하는 것이 미래에 도움이 되고, 저축한 돈을 주식에 투자하는 것이 집을 사는 것 다음으로 유익한 일이라는 사실을 학교에서는 가르치지 않고 있다. 더 일찍 저축을 시작하고 더 빨리 주식에 투자하는 방법을 배울수록 경제적으로 여유 있는 삶을 누릴 수 있다는 것도 가르쳐주지 않는다.

학교 교육은 애국심을 가져야 한다고 강조한다. 그러나 군대와 전쟁, 정치와 정부에 대해 이야기할 뿐 국력 신장과 국가 발전에 중요한 역할을 하는 수백만 개의 크고 작은 기업에 관한 이야기는 하지 않는다.

기업을 설립해 새로운 일자리를 만들어내고, 기업이 성장과 효율화를 통해 근로자들의 임금을 인상할 수 있도록 자금을 제공하는 투자자들이 없었다면 현재 우리가 살고 있는 세계는 존재하지 않을 것이다. 많은 사람들이 일자리를 구하지 못해 실업자가 됐을 것이고, 미국은 지금처럼 경제 대국이 되지 못했을 것이다.

투자는 매우 흥미로운 분야다. 투자에 대해 배우는 것 자체가 삶을 풍요롭게 해주는 경험이다. 또한 투자는 남은 인생을 풍요롭게 살 수 있도록 해준다. 하지만 대부분의 사람들은 눈이 침침해지고 배가 나오기 시작하는 중년에 이르러서야 비로소 투자에 관심을 가지기 시작한다. 그때가 돼서야 주식 투자의 이점을 발견하고 더 일찍 주식을 샀더라면 좋았을 것이라고 후회하곤 한다.

투자는 여자나 남자나 능력의 차이가 거의 없다. 투자 감각이나 기술이 염색체를 통해 전해지는 것은 아니기 때문이다. 따라서 누군가 "저 사람은 타고난 투자자야."라고 말한다면 그 말은 거짓말이다. 이 세상에 '타고난 투자자'는 존재하지 않는다.

돈을 버는 원칙은 단순하다. 첫 번째 원칙은 투자와 저축은 동일하다는 것이다. 돼지저금통에 모아둔 돈은 투자가 아니다. 하지만 돈을 은행에 저금하거나 어떤 기업의 주식을 사는 순간 그 돈은 투자가 된다.

그리고 누군가가 그 돈으로 새로운 상가나 공장을 짓는 데 활용하면 새로운 일자리가 생겨난다. 더 많은 일자리가 생긴다는 것은 더 많은 근로자가 월급을 받을 수 있다는 뜻이기도 하다. 월급을 받은 근로자들이 임금의 일부를 저축하고 투자하면 저축과 투자, 생산, 고용이라는 순환구조가 만들어지기 때문이다.

이 같은 순환구조는 가정이나 회사, 국가에 똑같이 적용된다. 미래를 위해 저축하는 사람은 수중에 있는 돈을 모두 다 써버리는 사람보다 더 잘살 것임은 틀림없는 사실이다.

그렇다면 미국이 부유한 이유는 무엇일까? 비록 한때이기는 했지만 세계에서 저축률이 가장 높은 국가였기 때문이다.

연봉이 높은 직업을 가지려면 좋은 교육을 받아야 한다고 흔히들 말한다. 그러나 장기적으로 볼 때 여러분의 미래를 결정하는 것은 얼마나 많은 돈을 벌었는가가 아니다. 미래의 풍족한 삶은 저축과 투자에 얼마나 많은 돈을 투입하는가에 달려 있다.

투자를 시작하는 시점은 젊을수록 좋다. 구체적으로 언제인지는 이 책 후반부에서 자세히 다룰 것이다. 투자 자금이 늘어나는 기간이 길수록 나중에 더 큰 성과를 거둘 수 있다. 하지만 투자는 단지 젊은 사람들만을 위한 것이 아니다. 이 책은 주식 투자를 혼란스러워하고 투자에 대한 기초 지식을 배울 기회가 없었던 모든 연령층을 위한 것이다.

인간의 평균 수명은 이전 세대보다 훨씬 길어졌다. 이는 과거 세대보다 더 오랜 기간 소비 생활을 해야 한다는 뜻이기도 하다. 부부의 평균 수명을 65세라고 가정하면 85세까지 생존할 확률이 높다. 그리고 85세까지 생존하게 되면 부부 가운데 한 사람은 95세까지 생존할 가능성이 커진다. 수명이 연장되면 노후생활에 필요한 돈은 더 많아질 수밖에 없다. 그래서 은퇴 후 노후 자금을 마련하는 가장 확실한 방법은 투자밖에 없다고 하는 것이다.

요즘같이 수명이 길어진 시대에는 65세에 투자를 시작해도 너무 늦은 게 아니다. 현재 65세인 사람들은 앞으로 25년 동안 성공적인 투자로 투자자금이 계속 늘어나 그 돈으로 25년 동안 필요한 추가 비용을 지불할 수 있다.

만약 당신이 20세라면 65세가 되는 끔찍한 시점을 상상하기 싫을 것이다. 그러나 지금부터 남들보다 일 년 아니 하루라도 더 빨리 저축과 투자를 생활화하면 65세가 됐을 때 지난 50년 동안의 투자가 노후에 얼마나 큰 도움이 되는지를 알게 될 것이다. 아무리 적은 돈이라도 50년 동안 투자하면 놀라운 결과를 얻을 수 있다. 또한 투자를 많이 할수록 당신의 개인 자산이 많아질 뿐만 아니라 국가도 잘살게 된다. 당신이 투자한 돈이 새로운 기업과 일자리 창출에 기여하기 때문이다.

우리 주변의 기업들

여러 사람이 함께 사업을 시작할 경우 대개는 회사를 설립한다. 그리고 사업이나 프로젝트는 보통 회사가 추진한다. 회사company라는 말은 동반자를 뜻하는 라틴어 'companion'에서 유래한 것이다.

회사를 조금 더 공식적인 단어로 표현하면 '기업corporation'이다. 기업의 어원은 '단체'라는 의미의 라틴어 코퍼스corpus이다. 한 무리의 사람들이 사업을 추진하기 위해 함께 모였다는 의미이다. 사실 기업을 설립하는 일은 어렵지 않다. 약간의 수수료와 몇 가지 서류만 제출하면 된다. 매년 전국에서 수천 개의 기업이 생겨나고 있다. 기업 이름 다음에 나오는 'Inc.'라는 약자는 법인이 되기 위해 필요한 서류를 모두 갖추었다는 뜻으로, 'incorporated(법인 인가를 받은 주식회사)'의 약어이다.

기업은 잘못된 행동에 대해 법적으로 처벌을 받는데, 법적인 처벌 형식은 일반적으로 벌금 부과이다. 이런 이유로 기업의 오너는 비용과 시간을 들여서라도 법인을 설립하려고 한다. 오너가 잘못된 행동을 해서 소송을 당하더라도 법적인 책임은 법인이 지고 오너는 책임에서 벗어날 수 있기 때문이다.

1989년, 알래스카 인근의 프린스 윌리엄 해협에서 1,100만 톤의 기름 유출 사고를 낸 초대형 유조선 엑손 발데즈Exxon Valdez호를 기억하는가? 엑손 발데즈호의 기름 유출 사고로 프린스 윌리엄 해협 일대는 폐허가 됐고 사고 수습에만 수개월이 걸렸다. 이 사건은 '석유의 체르노빌'로 비유된다. 사고를 낸 유조선은 미국 3위 석유회사인 엑손 소속이었다. 당시 엑손의 주주는 수십만 명이었다.

엑손이 법인이 아니었다면 모든 주주들이 개별적으로 소송을 당했을 것이고, 자신이 저지르지 않은 기름 유출 사고 때문에 평생 모은 재산을 잃을 수도 있었다. 엑손 잘못이 아닌 것으로 판명된다 하더라도 주주들은 변호를 위한 엄청난 법률 비용을 부담해야 했을 것이다. 미국에서는 유죄로 확정되기 전까지 무죄 추정이 원칙이지만 죄의 유무와 상관없이 변호사 비용을 부담해야 한다.

이것이 법인의 장점이다. 법인은 소송을 당할 수 있다. 법인 관리자나 이사들도 소송을 당할 수 있다. 하지만 회사의 주인인 주주는 다르다. 주주는 일단 소송의 대상이 아니다.

영국에서는 회사 이름 뒤에 리미티드limited라는 단어를 붙인다. 리미티드라는 단어는 앞서 설명한 미국의 사례처럼 주주의 책임이 제한된다는 의미이다(누군가 리미티드의 의미가 무엇이냐고 묻는다면 이제 자신 있게 설명할 수 있을 것이다).

이런 유한책임제도는 자본주의에서 중요한 안전판 역할을 한다. 기업이 잘못을 저지를 때마다 주주가 소송을 당하면 일반인들은 소송이 두려워 주식을 사거나 투자하려고 하지 않을 것이기 때문이다. 왜 주주가 또다시 발생할지도 모를 기름 유출 사고의 위험을 감수해야 하는

가? 햄버거에서 쥐의 털이 발견된 사건에 대해 책임지고 싶어 하는 주주는 아무도 없다. 유한책임이라는 제도가 없다면 어느 누구도 주식을 사려고 하지 않을 것이다.

개인 기업과 공개 기업

기업 중에서 상당수는 개인 회사(개인 자영업)이다. 개인 회사는 한 사람 혹은 소수가 소유하고 있는데, 가족이 공동으로 소유하는 경우도 흔하다. 여러분이 살고 있는 동네 거리에 나가보면 개인 기업을 쉽게 만날 수 있다. 개인 기업은 세계 도처에 산재해 있다. 이발소, 미장원, 구두 가게, 자전거 판매점, 골동품 가게, 중고품 판매점, 야채 가게, 볼링센터, 생맥주집, 보석상, 중고차 판매상, 크고 작은 식당들이 모두 개인 회사이다. 대부분의 병원과 대학도 개인 기업에 속한다.

이런 사업체에는 일반인이 투자할 수가 없기 때문에 개인 기업이라고 부른다. 당신이 어느 모텔에서 하룻밤을 보냈는데, 장사가 잘 되는 것을 보고 모텔 운영에 관심이 생겼다 하더라도 매니저에게 동업을 요구할 수 없다.

하지만 힐튼이나 메리어트 호텔에서 숙박하고 나서 호텔업에 관심이 생겼을 경우에는 얘기가 달라진다. 호텔의 주주가 되기 위해 매니저를 방문할 필요도 없다. 그 호텔의 주식을 사기만 하면 된다. 힐튼과 메리어트 주식은 주식시장에서 자유롭게 거래할 수 있다. 이처럼 주식시장에서 주식을 사고팔 수 있는 회사를 공개 기업public company 또는 상장 기업이라고 한다(미국에는 공개 기업보다 개인 기업의 수가 더 많지만 공개 기업은 규모가 훨씬 크다. 이 때문에 많은 이들이 공개 기업에서 일하고 있다).

공개 기업의 주식은 누구나 살 수 있고, 주식을 사면 자동으로 기업의 주인, 즉 주주가 된다. 대금을 지급하면 '주권stock certificate'이라 불리는 증서를 받게 된다. 이 증서는 당신이 기업의 주주라는 것을 증명한다. 주권은 실제 가치가 있어 팔고 싶으면 언제든지 시장에서 팔 수 있다.

공개 기업은 누가 기업의 주인이 되는지에 대해 아무런 차별이나 제한을 두지 않는다. 누구에게나 동일한 기회가 주어진다. 피부색, 성별, 종교, 별자리, 국적은 아무 상관이 없다. 예를 들어 맥도날드 이사회 의장이 당신에게 원한을 가지고 있다 해도 당신이 맥도날드 주인(주주)이 되는 것을 막을 수 없다. 주식시장에서 일주일에 5일, 하루 6시간 동안 주식 거래가 진행되기 때문에 돈이 있는 사람은 누구나 원하는 만큼 주식을 살 수 있다. 맥도날드에 적용되는 이런 규칙은 모든 공개 기업(상장 기업)에 똑같이 적용된다. 공개 기업 리스트에 등재된 기업 수는 해마다 증가하고 있다. 공개 기업은 우리 주변에 널려 있다.

나이키, 크라이슬러, 제너럴모터스, 갭, 보스턴 셀틱스, 유나이티드 에어라인, 스테이플스, 웬디스, 코카콜라, 할리 데이비슨, 코닥, 후지, 월마트, 러버메이드, 타임워너의 공통점은 무엇일까? 모두 공개된 기업이라는 점이다. A부터 Z까지 각 알파벳으로 시작하는 기업 이름을 대는 게임을 할 수 있을 정도로 공개 기업은 많다.

실제로 당신은 집, 거리, 학교 주변, 쇼핑몰에서 수많은 기업과 마주칠 수 있다. 당신이 먹고, 입고, 읽고, 듣고, 타고, 눕고 하는 모든 제품들이 공개 기업이 만든 것들이다. 향수에서 휴대용 칼, 욕조에서 핫도그, 호두에서 매니큐어까지 모두 여러분이 주주가 될 수 있는 기업들이 만든 것이다.

우리가 일상생활에서 사용하는 거의 모든 제품은 상장 기업에서 만들어진 것이다. TV에서 광고하는 대부분의 상품도 상장 기업이 만든다. 규모가 큰 기업의 경우 주식이 거래되지 않는 비공개 기업을 찾기가 더 어렵다. 당신은 어느 기업의 주식이든 쉽게 살 수 있다.

주주가 되는 데는 생각만큼 많은 돈이 필요하지 않다. 놀이공원의 하루 입장권보다 조금 더 많은 돈만 있으면 디즈니의 주주가 될 수 있다. 햄버거 세트 20개를 살 수 있는 돈이면 맥도날드 주식을 매입해 주주가 될 수 있다.

사들인 주식이 많건 적건, 주주가 된 후 맥도날드 매장에 고객들이 길게 줄지어 서 있는 모습을 보면 짜릿한 전율을 느낄 것이다. 기업이 벌어들인 수익의 일부가 결국 주주인 당신의 호주머니로 들어온다는 것을 알고 있기 때문이다.

남녀노소 누구나 상장 기업의 주주가 될 수 있다. 주주가 된다는 것은 대중이 국가의 경제 발전에 참여하는 가장 훌륭한 방법이다. 주주가 되어 경제 발전에 참여하는 것은 양방향 통행과 같다. 기업은 주식을 팔아서 마련한 자금을 제품 개발이나 공장 건설, 신규 점포 개설에 사용한다. 이렇게 되면 더 많은 제품을 고객에게 판매할 수 있고 기업의 수익도 증가한다. 투자한 기업이 성장하면 주식의 가치도 높아지고 투자한 돈에 대해 보상받는다.

다른 한편으로 회사가 발전하면 직원들의 월급을 올려줄 수 있고, 승진시킬 수 있는 여지가 생긴다. 기업의 이윤이 증가하면 더 많은 세금을 내게 되고, 정부는 거둬들인 세금으로 학교와 도로 건설 등 사회발전에 도움이 되는 사업에 더 많이 투자할 것이다. 사람들이 기업에 투자하는 순간, 모두에게 혜택이 돌아가는 선순환 과정이 시작되는 것이다.

투자자는 자본의 사슬에서 첫 번째 고리이다. 더 많은 돈을 저축할수록 그리고 더 많은 돈을 기업에 투자할수록 부자가 될 수 있는 확률도 높아진다. 투자할 기업을 현명하게 선택하고 인내심을 갖고 기다리면 당신이 매입한 주식은 미래에 그 가치가 훨씬 높아질 것이기 때문이다.

1장
—

자본주의의
역사

LEARN TO EARN

자본주의의 태동

자본주의는 상품을 만들어서 돈을 받고 파는 순간 시작된다. 상품 대신 서비스를 제공하고 대가를 받는 경우도 마찬가지이다. 인류의 역사 가운데 상당히 오랜 시간 동안 자본주의는 생소한 개념이었다. 세계 인구의 절대 다수가 돈을 소유하지 못했기 때문이다. 자본주의 이전 사회의 사람들은 상품을 하나도 구매하지 않고 평생을 살기도 했다.

가진 것이 없는 사람들은 땅을 소유하고 있는 주인 밑에서 노예나 하인으로 일했다. 이들은 오두막에 거주하면서 작은 땅을 불하받아 자신이 먹을 곡식과 채소를 재배하는 방식으로 생계를 유지했다. 그러나 노동의 대가를 돈으로 지급받지는 못했다.

하지만 급여를 받지 않고 일하는 데 대해 어느 누구도 불만을 제기하지 않았다. 돈을 쓸 데가 없었기 때문이다. 가끔씩 외부 상인들이 마을에 들어오면 장이 열렸지만 일반인들과는 상관없는 일이었다. 모든 재산(건물, 가구, 동물, 수레, 보석, 그릇 등)은 왕이나 왕비, 왕자, 공주, 귀족과 그 가족들이 소유하고 있었다. 땅을 팔면 상당히 큰 이득을 얻을 수 있었지만 땅을 파는 귀족은 없었다. 집 앞에 '매매sale'라는 표지판이 붙는 일도 없었다. 부동산을 획득하는 유일한 방법은 상속을 받거나 강제로 빼앗는 것이었다.

초기 유대교와 기독교 시대 이후 돈을 벌려고 장사하는 것을 금지하는 지역이 많았다. 고리 대금업자는 교회에서 추방되었고 그들은 지옥의 영원한 불구덩이로 간다고 믿었다. 또한 은행가에 대한 평판도 좋지 않았기 때문에 사람들은 남몰래 은행가를 만났다. 거래를 통해 이윤을 추구하거나 남을 누르고 인생에서 성공하는 것은, 이기적이고 비도덕적이며 질서 정연한 우주를 원하는 하나님의 뜻에 반하는 것으로 간주되었다. 오늘날에는 모든 사람이 성공하기를 원한다. 하지만 중세시대에 '내 목표는 성공해서 더 잘사는 것'이라고 말하면 다들 이해할 수 없다는 표정을 지었을 것이다. 중세에는 성공한다거나 출세한다는 개념이 존재하지 않았다. 시장이 존재하기 이전에 살았던 사람들의 삶과, 급여도 받지 않고 돈을 쓸 자유도 없는 시대에 살았던 사람들에 대해 더 자세하게 알고 싶으면 로버트 하일브로너Robert Heilbroner가 쓴《세속의 철학자들Worldly Philosophers》을 읽어보기 바란다.

1700년대 후반 무렵 세계가 국가 간의 교역을 개방함에 따라 세계 곳곳에 시장이 생겨났다. 돈의 유동성도 풍부하고 많은 사람이 상품을 구매할 수 있어 삶의 질이 높아졌다. 소매상인, 행상인, 운반업자, 무역업자 등 신흥 상인 계층은 더욱 부유해졌다. 심지어 부동산과 군대를 소유하고 있는 왕실과 귀족보다 더 강력해졌다. 또한 은행가들도 공개적으로 돈을 빌려줄 수 있게 되었다.

투자의 개척자들

역사 교과서는 미국의 성공을 여러 가지 측면에서 설명하고 있다. 살기 좋은 기후, 비옥한 토양, 넓은 국토, 보장된 자유, 독창적인 정치 체제, 근면 성실한 이주민, 대서양과 태평양으로 둘러싸여 외부 침략으로부터 보호해주는 지정학적 위치 등 미국을 세계 최강국으로 만든 성공 요인은 다양하다. 뒷마당의 발명가, 몽상가, 전략가, 은행, 돈, 투자자 등도 오늘의 미국을 건설하는 데 도움을 준 사람들이다.

미국의 역사책 앞부분에는 아메리카 원주민인 인디언, 프랑스 사냥꾼, 스페인 정복자, 엉뚱하게 항해를 하다 미국을 발견한 항해자, 운 좋은 군인, 너구리 가죽 모자를 쓴 탐험가, 미국에서 첫 번째 추수감사절을 지낸 청교도Pilgrims(1620년 메이플라워호를 타고 미국 매사추세츠에 도착한 102명의 영국 청교도들로 pilgrim fathers라고도 함)에 대한 이야기가 나온다. 그러나 그 이면에는 모험을 할 수 있도록 배와 식량 등을 지원한 누군가가 존재했다. 청교도들이 모험을 하는 데 들어간 돈은 영국, 네덜란드, 프랑스 투자자들의 주머니에서 나왔다. 모험가 정신이 있는 투자자들이 없었다면 식민지를 개척하지 못했을 것이다.

제임스타운Jamestown(영국인 존 스미스 선장이 아메리카 대륙에 건설한 최초의 개척지로 영국 왕 제임스 1세의 이름을 따서 명명 - 역자)이 형성되고 청교도들이 플리머스 록Plymouth Rock(메이플라워호를 타고 온 이주민들이 플리머스에 도착해 첫발을 내디뎠다는 바위 - 역자)에 상륙했을 당시 동부 해안에는 수백만 에이커의 황무지가 개간을 기다리고 있었다. 그렇다고 아무데나 정착해서 땅을 개간해 담배를 재배하거나 인디언과 교역을 할 수는 없었다. 땅을 개척하고 교역을 하려면 왕이나 여왕에게 허가를 받아야 했다.

17세기 개척시대에는 왕과 여왕이 모든 것을 관장했다. 지구의 대부분을 차지하고 있는 왕의 통치권 지역에서 장사를 하고 싶다면 '법인 허가증charter of incorporation'이라고 불리는 왕실의 허가를 받아야 했다. 이 허가증이 오늘날 법인의 전신이라고 할 수 있다. 사업가는 허가증이 없으면 비즈니스를 할 수 없었다.

펜실베이니아 주의 퀘이커 교도Quakers 같은 종교 단체도 허가증을 가지고 있었다. 제임스타운을 건설한 상인 단체도 마찬가지였다. 땅을 개간하고 식민지를 건설할 수 있는 허가를 받은 다음에는 개간사업을 추진하는 데 필요한 자금을 마련해야 했다. 초기 주식시장은 식민지 건설 자금을 조달하기 위해 탄생했다.

1602년 네덜란드 사람들은 네덜란드 동인도회사United Dutch East India Company 주식을 매입했다. 네덜란드 동인도회사 주식은 세계 최초로 주식시장에서 대중에게 판매된 주식이다. 세계 최초의 주식시장은 암스테르담의 암스텔강Amstel River을 가로지르는 교량에 개설됐다. 투자에 목마른 사람들이 암스텔강 다리 위로 몰려들어 주식 중개인의 환심을 사려고 노력했다. 밀고 당기는 실랑이가 통제할 수 없는 지경에 이르면 경찰이 개입했고 시장은 곧 평온을 되찾았다. 네덜란드인들은 동인도회사의 주식을 사려고 수백만 길더guilder(네덜란드의 화폐 단위)를 투자했다. 오늘날 주식시장에서 기업 이름에 약어가 사용되는 것처럼 당시 동인도회사를 UDEIUnited Dutch East India라고 불렀을지도 모른다.

동인도회사는 주식 판매로 모은 수백만 길더를 항해에 나설 선박을 구입하는 데 주로 사용했다. 이렇게 사들인 선박은 인도를 비롯한 동양 지역을 항해하면서 극동지방의 상품을 싣고 네덜란드로 돌아왔다. 극동 지역 상품은 당시 유럽에서 최고 인기 품목이었다.

동인도회사가 더 많은 이익을 가져다줄 것으로 생각한 낙천적인 투자자들은 점점 더 높은 가격으로 동인도회사의 주식을 사들였다. 반면 비관론자들은 쇼팅shorting(실물 없이 거래하는 공매도 - 역자)이라는 교묘한 전략을 이용해 주식 가격이 떨어지는 쪽에 베팅했다. 공매도는 1600년 대에 만들어진 거래 방식인데 지금까지도 주식시장을 비관적으로 보는 사람들이 사용하고 있다. 동인도회사의 경우 낙관론자의 예상이 적중한 것으로 드러났다. 동인도회사의 주가는 초기 몇 년 동안 2배로 올랐다. 동인도회사 주주들은 배당금이라는 정기적인 보너스도 받았다. 동인도회사는 1799년 운명이 다해 해체될 때까지 200년 동안 동양과 서양의 교역을 담당했다.

헨리 허드슨Henry Hudson이 인도로 가는 길을 찾기 위해 하프문Half Moon호를 타고 허드슨강을 따라 올라가다 지금의 뉴욕까지 항해한 것은 잘 알려진 일화이다. 허드슨이 항해 도중 방향을 잘못 잡아 뉴욕에 도착한 일은 크리스토퍼 콜럼버스가 아메리카 대륙을 발견할 때 한 실수를 그대로 반복한 것이다. 그렇다면 이처럼 가능성 없는 모험에 누가 돈을 지원했을까? 역사 시간에 배운 것처럼 콜럼버스는 스페인의 페르디난드 국왕과 이사벨라 왕비의 지원을 받았다. 하지만 허드슨은 동인도회사에서 자금을 지원받아 모험에 나섰다.

또 다른 네덜란드 회사인 네덜란드 서인도회사Dutch West India는 지금의 맨해튼섬에 유럽인들을 최초로 정착시켰다. 60길더(당시 돈으로 24달러)를 주고 맨해튼섬을 사면서 역사상 가장 유명한 부동산 거래에 성공한 피터 미뉴이트Peter Minuit는 네덜란드 서인도회사의 주주를 대표해 계약을 체결했다. 하지만 뉴욕의 금싸라기 땅 맨해튼에서 부동산 임대 수익을 챙길 만큼 서인도회사가 오래 유지되지 못한 것은 서인도회사 주주들에게 참으로 안타까운 일이다.

네덜란드가 신세계 탐험에 필요한 비용을 조달하는 방법을 보고 배운 영국인들은 네덜란드의 방식을 그대로 따라했다. 런던 버지니아 회사Virginia Company of London는 캐롤라이나부터 버지니아와 뉴욕주 일부에 이르는 광활한 지역에 대한 권리를 독점하고 있었다. 런던 버지니아 회사는 첫 번째 제임스타운 탐험 비용을 지원했다.

제임스타운에 정착한 영국인들은 일만 했을 뿐 자신의 집을 소유할 권리가 없었다. 현지 정착민의 소유권을 제한한 것은 처음부터 많은 문제점을 안고 있었다. 제임스타운에서 일하는 정착민들은 땅을 개간하고 농작물을 재배하고 집을 짓는 일에 고용된 일꾼일 뿐이었다. 모든 재산과 사업권은 런던에 있는 주주들 소유였다. 제임스타운에서 발생한 이익은 제임스타운 거주자에게 단 한 푼도 돌아가지 않았다.

7년에 걸친 불평과 분쟁 끝에 법이 개정됐고, 제임스타운 정착민은 재산을 소유할 수 있게 됐다. 최초의 식민지는 처음부터 소유권이 없는 상태였기 때문에 당시 개인 소유권은 중요한 문제가 아니었다. 그러나 제임스타운 사례는 중요한 교훈을 남겼다. 자신의 재산을 소유하고 기업의 지분을 가지고 있는 사람은 그렇지 않은 사람보다 더 열심히 일하며 만족감도 높다는 것이다.

메릴랜드부터 메인까지 동부 해안 나머지 지역에 대한 독점 사업권은 플리머스 버지니아 회사Verginia Company of Plymouth라는 또 다른 영국 회사가 갖고 있었다. 당시 지도를 보면 뉴잉글랜드 대부분이 북부 버지니아에 속해 있었다. 즉 청교도들이 플리머스 록 해안가에 상륙한 사건은 플리머스 회사의 사유지를 무단 침입한 셈이었다.

미국 학교에서는 학생들에게 청교도들이 종교적 자유를 위해 목숨을 걸고 메이플라워호라는 작은 배를 타고 대서양을 횡단했다고 가르치고 있다. 이들이 뉴잉글랜드의 추위를 어떻게 견디고, 인디언과 어떻게 친분을 유지하고, 호박 요리법을 어떻게 전수받았는지도 가르치고 있다. 그러나 그들이 정착하면서 어떻게 돈을 벌었는지에 대해선 아무것도 가르치지 않고 있다.

이제 아메리카 대륙에 첫발을 내디딘 청교도들이 어떻게 돈을 벌었는지 알아보도록 하자. 청교도들은 영국을 떠나 네덜란드에 거주지를 마련했다. 당시 네덜란드에서는 세계 최초의 주식시장이 태동하고 있었다. 하지만 이들은 주식에는 전혀 관심이 없었다. 수년 동안의 네덜란드 생활에 싫증을 느낀 청교도들은 다른 곳으로 이주하기로 결정했다. 이들은 새로운 이주 후보지로 세 곳을 마음에 두고 있었다. 남아프리카의 오리노코강 지역과 네덜란드가 통치하는 지역인 뉴욕 그리고 런던 버지니아 회사가 이주를 제안한 지역이었다.

하지만 청교도들은 현금을 확보하지 못해 이주에 어려움을 겪고 있었다. 항해할 배와 이주에 필요한 물품이 필요했지만 어느 것도 구할 수가 없었다. 재정 지원이 없었다면 청교도들은 유럽을 영원히 떠날 수 없었을 것이고, 이들의 이야기는 역사에 기록되지 않았을 것이다. 바로 이때 등장한 인물이 토마스 웨스턴Thomas Weston이다.

웨스턴은 런던의 부유한 철물상이었다. 그는 뉴잉글랜드 지역에 땅을 가지고 있었고 현금도 풍부했다. 웨스턴과 동료들은 청교도가 훌륭한 투자 대상이 될 것으로 생각했다. 그래서 청교도들에게 거절할 수 없을 것 같은 제안을 했다.

웨스턴과 그의 동료들은 모험을 할 의도는 없었지만 그들 스스로 '모험가들The Adventurers'이라는 이름을 지었다. 그리고 청교도들을 아메리카 대륙으로 이주시키는 사업에 투자하기로 합의했다. 대신 식민지 이주 사업에서 수익을 확보하기 위해 청교도들은 7년 동안 일주일에 4일을 일해야 한다는 조건으로 계약을 맺었다. 7년이 지나면 투자자들은 이익을 분배하고 공동투자는 종료될 예정이었다. 이익 분배가 종료되면 청교도들은 자유롭게 각자의 길을 갈 수 있었다.

청교도들은 다른 대안이 없었기 때문에 이런 조건에 동의할 수밖에 없었고, 이주 준비를 시작했다. 그러나 웨스턴은 마지막 순간에 청교도들에게 불리하게 계약을 변경했다. 근무 일수를 일주일에 4일에서 6일로 바꾼 것이다. 일요일을 제외하고는 정원을 가꾸거나 옷을 수선하거나 종교 생활을 할 시간이 없는 가혹한 계약이었다.

하지만 이런 불공정 계약에 대한 논쟁은 아무런 결론도 이끌어내지 못했다. 청교도들은 계약이나 이주에 필요한 자금을 마련하지 못한 상태에서 무작정 항해를 떠나기로 결정했다. 웨스턴은 계약이 파기되기 전까지 자금을 지원했지만 이제 더 이상의 투자를 기대하는 것은 불가능했다. 청교도들은 이주를 위해 만들어두었던 버터를 팔아 네덜란드에서 건조된 스피드웰Speedwell호를 타고 출항했다.

하지만 스피드웰호는 출항 직후 침수가 시작됐고 청교도들은 어쩔 수 없이 뱃머리를 돌릴 수밖에 없었다. 청교도들은 선장과 선원들이 웨스턴과 공모해 고의로 배에 구멍을 냈다고 의심했다. 첫 번째 항해가 실패로 돌아가자 청교도들은 두 번째 배인 메이플라워호로 몰려들었다. 메이플라워호는 스피웰호보다 작고 느린 선박이었다.

메이플라워호는 버지니아에 있는 약속의 땅을 향해 출항했지만 항해 도중 표류하면서 목적지에서 크게 벗어나고 말았다. 실수를 깨달은 청교도들은 배를 남쪽으로 돌리려고 했지만 암초와 모래톱이 항해를 가로막았다. 험난한 바다에서 좌초 위험을 피하기 위해 청교도들은 프로빈스타운Provincetown(매사추세츠에 있는 자그마한 도시)이라는 항구에 닻을 내렸다.

청교도들은 프로빈스타운에서 플리머스로 이동했고, 플리머스에 정착해 농사를 지었다. 웨스턴의 자금 지원이 끊겼기 때문에 새로운 자금을 확보해야 했다. 그래서 존 피어스John Peirce가 이끄는 투자자들과 땅을 소유하고 있는 플리머스 회사 사이에 새로운 계약을 체결하기로 했다.

청교도들은 마음대로 경작할 수 있는 땅 100에이커를 갖고 싶어 했다. 피어스는 청교도 1인당 토지 100에이커를 분배했다. 피어스와 투자자들은 청교도의 이주와 정착 비용을 부담하는 대가로 플리머스 회사에서 한 사람당 토지 1,500에이커를 불하받았다.

토지를 갖게 됐다고 모든 문제가 해결된 것은 아니었다. 플리머스의 추운 겨울을 어떻게 견디고, 원주민들과 어떻게 평화적으로 공존할 것인가 등 당장 해결해야 할 문제가 한두 가지가 아니었다. 또 플리머스까지 이주하는 데 많은 돈을 투자한 웨스턴과 피어스 같은 투자자들에게 진 빚을 어떻게 갚을지도 걱정거리였다. 당시 청교도들이 오직 하나님만 생각했을 것 같지만 실제로는 오늘날의 우리처럼 각종 청구서 때문에 걱정해야 했다.

플리머스 식민지 개척 사업이 시작된 지 1년이 지나자 메이플라워호는 영국으로 돌아갔다. 메이플라워호의 화물칸은 예상과 달리 텅 비어 있었다. 투자자들이 팔 수 있는 물건이 아무것도 없었다. 플리머스 투자는 시간이 가면 갈수록 계속 손해를 보고 있었다. 플리머스 투자가 단 1달러의 수익도 내지 못하자 투자자들은 화가 머리끝까지 치솟았다. 설상가상으로 플리머스로 보내는 각종 보급품 수량이 많아지면서 투자비용도 점점 더 증가했다.

플리머스 청교도 투자에 실망한 웨스턴은 자신의 지분을 동료들에게 넘겼다. 반면 존 피어스는 다른 투자자들의 동태를 살피면서 플리머스를 독차지할 생각을 하고 있었다. 피어스는 플리머스 농장의 주인이 되고 싶어 했지만 결국 실패했다.

청교도들과 투자자들간의 분쟁은 5년 동안 지속되었다. 청교도들은 보급이 충분하지 못했다고 불만을 터트렸고, 투자자들은 수익을 내지 못했다고 맞섰다. 1627년 플리머스에 대한 공동투자 계약은 해지됐고, 격분한 투자자들은 플리머스 농장 전체의 운영권을 1,800파운드를 받고 청교도에게 넘겨주었다.

청교도들은 현찰 1,800파운드가 없어 1년에 200파운드씩 9년에 걸쳐 할부로 대금을 지급할 수밖에 없었다. 이것이 미국 역사상 최초의 차입 매수leveraged buyout(매수 회사가 매수 자금의 상당 부분을 피매수 회사의 자산을 담보로 해서 차입한 자금으로 충당하여 기업을 매수하는 것 - 역자)였다.

청교도들의 차입매수 방식은 1980년대 RJR 나비스코의 기업 인수 사건의 전조였다(이 사건은 《월스트리트 전쟁Barbarians at the Gate》이라는 제목의 영화와 책으로 만들어졌다). 청교도의 차입매수는 미국 역사에서 근로자들이 기업을 인수한 최초의 사례였다.

이제 미국 자본주의 역사에서 가장 재미있는 부분을 살펴보자. 청교도들은 토지 문제가 해결되자 공산주의 방식으로 살기로 했다. 공동으로 노동하고 어떤 사유재산도 허락되지 않았다. 하지만 당시 청교도들의 지도자였던 윌리엄 브래드포드William Bradford는 이 같은 공산주의 방식이 실패할 것으로 생각했다. 그는 사유재산을 인정하지 않으면 사람들이 열심히 일하지 않을 것이라는 사실을 알고 있었다. 열심히 일하는 사람이나 아무것도 안 하고 노는 사람이나 모두 똑같은 혜택을 받는다면 어느 누가 굳이 힘들게 일하려고 하겠는가?

거시적인 안목을 가진 일부 청교도들은 브래드포드에게 제도 개선을 요구했다. 농부들은 일한 만큼 이익을 챙길 수 있도록 토지와 배를 소유하게 해달라고 요청했다. 대신 사유재산을 가진 사람들은 수익에 대해 세금을 내는 방법으로 지역사회를 지원했다. 브래드포드가 도입한 자유 기업제도는 현재 우리가 채택한 제도와 기본적으로 동일한 것이다.

청교도들이 투자자에게서 독립했다고 돈 문제가 해결되지는 않았다. 열심히 일했지만 빚은 1,800파운드에서 6,000파운드로 오히려 늘어났다. 고기잡이를 위해 더 많은 청교도가 네덜란드에서 건너왔다. 그들은 고기잡이로 번 돈으로 빚을 갚고 싶어 했다. 하지만 어획량이 많지 않아 빚을 갚기가 쉽지 않았다. 1642년 분쟁이 해결될 때까지, 개척지의 청교도와 투자자 사이의 협상은 무려 10년 동안 계속됐다.

청교도들은 근대 미국의 정치, 경제, 사회, 종교의 토대를 건설했다. 하지만 투자자로서는 실패한 투자였다. 웨스턴과 피어스와 그의 동료들에게 청교도를 이용한 식민지 개발이라는 투자 프로젝트는 실패로 판명됐다. 그들은 투자는 위험한 사업이고 잘 설계된 계획도 실패하는 일이 흔하다는 사실을 모르는 바보들이 아니었다. 아마도 처음 체결한 계약을 파기하고 교환하고 불공정한 행위를 한 것에 대한 대가를 치른 것인지도 모른다.

청교도 투자에서 일반인들은 주식을 거래할 수 없었다. 그 점에서 실패로 끝난 게 오히려 다행이었다. 청교도 투자 사업은 네덜란드 동인도회사나 서인도회사 같은 공개 기업이 추진한 사업이 아니었다. 유럽 사람들이 신대륙 '대박 사업'에 참여할 수 있는 다른 기회도 있었다. 결과는 역시 실패였다. 1700년대 미시시피 회사Mississippi company와 남해 회사South Sea company라는 두 회사는 파리와 런던 주식시장에서 수만 명에게 주식을 판매하고 있었다.

미시시피 회사는 당대 독특한 캐릭터의 소유자였던 존 로John Law라는 수완가의 개인 회사였다. 로는 스코틀랜드에서 사업을 하다 실패한 뒤 살인을 저지르고 프랑스로 도망 온 사람이었다. 그는 용케도 프랑스 국왕 루이 15세에게 줄을 댈 수 있었다. 당시 루이 15세는 나이가 어려 오를레앙 공작이 섭정을 하고 있었다.

왕실과 관계를 맺는 것이 출세의 지름길이라는 것을 알고 있던 로는 오를레앙 공작을 찾아가 프랑스 왕실의 부채를 해결할 수 있는 방법이 있다고 설득했다. 로는 인쇄 공장에서 지폐를 찍어내 왕실의 부채를 갚으려고 계획했다. 지폐는 당시로서는 상당히 새로운 아이디어였고, 오를레앙 공작은 로의 아이디어에 매우 흡족해했다. 로의 계획에 감동을 받은 오를레앙 공작은 왕실 인쇄소와 프랑스 왕실 은행에 대한 전권을 로에게 위임했다.

로가 찍어낸 지폐는 순식간에 모든 곳에서 유통되었다. 거의 하룻밤 사이에 로는 이방인에서 루이 15세 다음으로 부유한 파리 시민이자 프랑스 재정의 최고 실력자로 탈바꿈했다.

대중들의 지지도가 높아지자 로는 미시시피 회사라는 두 번째 프로젝트를 공표했다. 미시시피 프로젝트는 아메리카 대륙의 미시시피강 주변에 있는 값진 보물을 프랑스로 가져오는 것이었다. 미시시피강은 프랑스 탐험가들이 최초로 개척한 루이지애나 지역을 관통해 흘렀다. 프랑스 사람들은 루이지애나를 금광과 은광이 풍부한 제2의 멕시코로 생각하고 있었다. 로 자신은 미시시피는 물론 신대륙 어디에도 가본 적이 없었다. 하지만 그는 항간에 떠도는 그럴듯한 풍문을 진실로 믿도록 설득하는 데 탁월한 능력을 가지고 있었다.

광분한 파리 시민들은 록 콘서트에 모인 열렬한 팬처럼 로의 저택이 있는 거리로 구름처럼 몰려들었다. 주식을 사려면 별도의 신청 절차를 밟아야 했다. 파리 시민들은 프랑스 지폐를 손에 들고 로의 대리인에게 신청서를 접수했다. 주식 가격은 계속 상승했고, 로의 회사는 시중에 있는 모든 금값을 합친 것보다 가치가 더 높아졌다. 그래도 주식을 사겠다는 사람들이 계속 몰려들었다.

당시 프랑스에는 존재하지도 않는 미시시피의 금을 향한 열병에 걸린 사람이 수도 없이 많았다. 사람들은 로의 회사에 대해서는 전혀 알지 못했고 오로지 로가 무슨 말을 했는지에만 관심을 가졌다. 그때만 해도 로의 계획이 성공할 가능성이 얼마나 되는지 분석하고 설명해주는《월스트리트 저널》같은 매체가 없었다. 로나 그의 회사에 대해 의심을 품은 사람들은 외진 곳에 있는 감옥으로 보내졌다.

많은 사람들이 평생 모은 재산을 가망성 없는 계획에 투자하는 경우를 우리는 거품이라고 부른다. 거품이 생기는 과정은 언제나 같다. 광적인 투자자들이 그럴듯하게 보이는 기회를 잡기 위해 터무니없는 가격을 지불하고, 얼마 지나지 않아 가격이 폭락하는 것이다. 프랑스를 열광시킨 미시시피 거품도 꺼지고 말았다. 로의 회사가 엉터리인 데다, 그가 돈으로 장난을 치는 오즈의 마법사 같은 존재라는 사실을 깨달은 투자자들이 주식을 팔려고 했지만 아무도 주식을 사지 않았다. 로의 회사에 투자한 사람들은 전 재산을 잃었고 프랑스 경제와 은행 시스템도 함께 붕괴했다. 로는 한순간에 프랑스의 영웅이 되었다가 한순간에 몰락했다.

영국에서도 1711년에 프랑스 미시시피 회사와 비슷한 남해 회사가 설립됐다. 남해 회사를 설립한 사람들은 프랑스에서 로가 사용한 방법을 그대로 따라했다. 이들은 영국 왕실이 대서양 남쪽에 있는 멕시코와 페루에 대한 독점 교역권을 준다면 영국의 막대한 전쟁 부채를 해결해주겠다고 약속했다.

1720년 남해 회사는 영국 정부가 5% 이자만 부담하면 정부의 전체 부채를 탕감할 수 있을 만큼 충분한 자금을 빌려주겠다는 새로운 계획을 발표했다. 그와 동시에 남해 회사는 주식을 팔기 시작했다. 런던 시민의 절반이 주식을 사기 위해 마차를 타고 주식거래소로 몰려들었다.

마차가 몰리면서 주식거래소가 있는 지역은 몇 주 동안 교통이 마비됐다.

영국 의회가 정부의 부채 탕감 거래를 승인하기도 전에 남해 회사 주식 수요가 폭발적으로 늘면서 주가는 하룻밤 사이 3배로 치솟았다. 영국 의회조차 주식 투자를 하지 말라는 경고 메시지를 발표할 정도였다. 그러나 거품이 발생하는 동안에는 어느 누구도 이성적인 목소리에 귀를 기울이지 않는 것이 현실이다.

주식 판매로 남해 회사 설립자들이 큰돈을 벌었다는 소식이 전해지자 돈을 벌고 싶은 사람들이 여기저기 회사를 세웠다. 영원히 움직이는 기계를 만드는 회사, 성지의 소금 농장, 버지니아에서 호두나무를 수입하는 회사, 뜨거운 공기로 맥아를 건조시키는 회사, 톱밥으로 목재를 만드는 회사, 새로운 종류의 비누를 만드는 회사 등 온갖 기업이 넘쳐났다. 심지어 어떤 회사는 주주들에게 자금 사용처를 설명하지 못하는 경우도 허다했다. 그들은 단지 "훌륭한 탐험을 계획하고 있지만 그것이 무엇인지 알 수 없다."라는 모호한 말로 대신했다.

지주, 평민, 상인, 천민 등 각계각층의 사람들이 대박을 꿈꾸며 런던 주식시장으로 몰려들었다. 그러나 투기 거품이 꺼지자 영국인은 프랑스인과 똑같은 고통을 겪었다. 남해 회사 주가는 곤두박질쳤고 수많은 사람들이 평생 모은 돈을 잃었으며 영국의 재정 시스템은 붕괴 직전으로 내몰렸다.

남해 회사 이사들은 차례로 법정에 서게 됐고 재산을 몰수당했다. 그리고 이들 중 일부는 악명 높은 런던타워 감옥에 투옥됐다. 근대 과학의 초석을 다진 아이작 뉴턴도 투기 광풍에 휩쓸려 많은 돈을 잃었다.

많은 돈을 잃고 난 후 그는 "나는 물체의 움직임은 계산할 수 있지만 사람들의 광기는 계산할 수 없었다."라고 말했다.

남해 회사의 대실패는 영국인들에게 주식시장은 나쁜 것이라는 오명을 남겼다. 그래서 영국 의회는 사업의 종류와 상관없이 주식을 사고 팔 수 없도록 하는 법안을 통과시켰다. 주식거래소는 폐지됐고 거래도 중단됐다. 한때 최고 인기 직업이던 주식 중개인은 소매치기나 노상강도 또는 매춘부보다 더 따돌림 받는 직업이 되어버렸다. 이는 주식시장의 역사로 볼 때 상당히 슬픈 일이었다. 하지만 이 같은 광풍이 몰아친 이후 최근 수십 년 동안 많은 문제점이 개선되었다.

초기 기업가

대서양 반대편 미 대륙에서는 이주 정착민들이 자신의 사업을 추진하기 시작했다. 1700년대 초 다양한 기업이 생겨났다. 혼자 힘으로 사업을 하거나 동업을 하던 상인들은 법인 기업의 장점을 알게 되었다. 독립을 쟁취한 이후 미국인들은 법인에 대한 다양한 아이디어와 제도를 유럽인들보다 더욱 발전시켰다. 영국, 프랑스, 독일, 일본 등 선진국 어디서도 미국만큼 많은 기업이 탄생하지 못했다.

미국에는 약 300년 전에 문을 열어 오늘날까지 명맥을 유지하고 있는 기업들이 있다. 세계대전과 대공황 그리고 그간의 재난을 생각할 때 300년 이상 기업을 운영해왔다는 사실 자체만으로도 놀라운 일이다. 세대가 바뀌었고, 기술의 발전과 유행에 따라 제품도 변했다. 그동안

도시가 불타고 숲이 사라졌다. 1700년대의 모습을 유지하고 있는 것은 거의 찾아볼 수가 없다. 그러나 마차용 채찍을 제조하던 J. E. 로즈앤선 즈J. E. Rhoads & Sons는 1702년 설립된 이후 지금까지 명맥을 이어오고 있다.

1860년대 철도 시대가 도래하자 마차용 채찍은 쓸모가 없어졌다. 이 사실을 깨달은 현명한 경영자가 없었다면 로즈앤선즈는 이미 오래전에 사라졌을 것이다. 로즈앤선즈는 회사의 주력 생산품을 컨베이어 벨트로 변경했다.

덱스터Dexter Company는 1767년 코네티컷에서 제분소로 시작했다. 이후 250여 년이 흐른 지금도 여전히 건재하지만 제분업에서는 손을 뗐다. 로즈앤선즈처럼 덱스터도 시대의 변화를 감지한 능력 있는 경영진 덕분에 지금까지 생존할 수 있었다. 덱스터는 사양 산업이 되어가고 있던 제분 사업을 포기하고 문구 사업을 시작했다. 그리고 문구에서 티백 tea bag으로 다시 티백에서 접착제로 주력 상품을 변경했다. 현재는 최첨단 코팅제와 항공기용 접착제를 생산하고 있다.

1784년에 채소 종자를 파는 회사로 출발한 D. 랜드레스 시드Landreth Seed도 지금까지 살아있다. 이 회사는 버지니아 농장에서 토머스 제퍼슨에게 종자를 팔았다. 200년 이상이 지난 지금까지도 제퍼슨 농장에 종자를 팔고 있다. 좋은 제품을 생산하는 기업은 시대와 상관없이 영원히 생존할 수 있다.

이런 회사들은 기업을 공개하지 않았기 때문에 당시 사람들은 주식을 살 수 없었다(덱스터는 창립 201년을 맞은 1968년에 기업을 공개했다). 미국 독립전쟁 당시 자생적으로 설립된 공개 기업은 단 한 곳도 없었다.

독립 전쟁 이후 가장 먼저 탄생한 공개 기업은 은행이었다. 1781년에 북미은행Bank of North America이 설립됐고, 1784년에 설립된 뉴욕은행 Bank of New York은 뉴욕주식거래소에서 거래된 최초의 주식이었다.

뉴욕은행의 주식은 지금도 뉴욕증권거래소를 통해 거래되고 있다. 뉴욕은행에 이어 보스턴은행Bank of Boston도 주식 판매에 나섰고, 독립 전쟁의 부채를 탕감하기 위해 설립된 미합중국은행Bank of United States 주식도 거래되었다.

그러나 식민지 시대의 미국에는 은행이 존재하지 않았다. 영국이 은행 설립을 허락하지 않았기 때문이다. 미국은 독립전쟁이 끝난 다음에야 은행 문제 해결에 본격적으로 나섰다. 하지만 은행제도를 지지하는 연방정부에 불만을 제기하는 사람들도 많았다. 토머스 제퍼슨을 비롯해 미국 건국의 아버지들Founding Fathers 중 몇몇은 은행가들과 그들이 발행한 지폐를 불신했다.

유럽의 투자자들을 보고 배운 미국의 초기 투자자들은 은행 주식을 너무 비싼 가격에 매입했다. 하지만 자신이 투자한 은행에 대해 아는 것이 거의 없었다. 은행 주식은 계속 값이 오르면서 터무니없는 수준까지 치솟았다. 월가에서는 가격이 오른 것은 무엇이든 다시 떨어지기 마련이다. 은행 주식은 1792년에 대폭락을 겪었다. 이것이 월가 역사상 최초의 대폭락이었다. 대폭락이 진정되자마자 뉴욕 주의회는 주식 거래를 불법화하는 법을 통과시켰다. 과거 영국이 시행한 법과 비슷한 내용이었는데, 이로 인해 주식 거래는 지하로 숨어들었다.

1792년의 대폭락은 독립한 지 얼마 안 된 신생 국가와 초보 투자자들에게 좋은 교훈이 되었다. 주주는 투자한 회사가 성공해야만 돈을 벌 수 있다. 그러나 상당수의 회사는 성공하지 못한다. 이것이 주식 투자의 위험성이다. 당신이 투자한 회사가 아무런 가치가 없는 회사가 될 수도 있다. 그러나 회사를 제대로 선택하면 많은 수익을 거둘 수 있기 때문에 실패 위험을 감수하는 것이다.

투자자들은 매사추세츠의 찰스강Charles River을 가로지르는 다리를 세우는 찰스리버 브리지 건설회사에 기꺼이 투자했다. 찰스리버 브리지 설립자 중에 존 핸콕John Hancock도 포함돼 있었다. 찰스리버 브리지 주식은 1786년 11번째 벙커 힐 데이Bunker Hill Day 기념일에 판매됐다. 수십 발의 축포가 울리는 가운데 찰스강 다리에서 가두 행진이 벌어졌고 최초의 투자자 83명이 기념행사에 초대됐다. 이후 수년 동안 찰스리버 브리지 사업은 순조로웠고, 투자자들은 배당금도 지급받았다.

주주들에게 지급된 배당금은 강을 건너기 위해 찰스리버 브리지를 이용하는 사람들이 낸 이용료에서 나왔다. 투자자들은 돈을 벌 수 있어 즐거웠지만 다리를 이용하는 주민들은 그렇지 못했다. 마침내 찰스강에 워렌 브리지Warren Bridge라는 두 번째 교량이 건설됐고 이전에 건설된 찰스리버 브리지와 경쟁을 하게 되었다. 당초 계획은 두 번째 교량 건설비를 충당할 만큼 충분한 자금이 모이면 이용료를 폐지해 주민들이 무료로 다리를 이용할 수 있도록 한다는 것이었다. 그러나 찰스리버 브리지 주주들은 이 계획에 반대하는 소송을 제기했다. 소송은 대법원에 가서야 해결됐다. 찰스리버 브리지 주주들은 판결에서 패소했다. 결국 수익을 더 이상 독점할 수 없게 됐다.

찰스리버 브리지를 모방해 성공한 기업은 펜실베이니아주의 랭카스터 턴파이크Lancaster Turnpike였다. 랭카스터 턴파이크는 추첨을 통해 주식을 판매했고 주주들에게 많은 배당금을 지급했다. 배당금은 필라델피아에서 랭카스터까지 60마일 구간의 도로를 이용하는 요금에서 나왔다. 이 도로를 이용하는 사람들은 찰스리버 다리를 이용하는 사람들이 그랬던 것처럼 요금 부과를 좋아하지 않았다. 그러나 마차를 몰고 들판과 숲을 가로질러 가는 것보다 유료 도로를 이용하는 것이 더 빠르고 편리했기 때문에 유료 도로를 선호했다. 유료 도로, 교량, 운하 회사는 이후에 등장하는 궤도차, 철도, 지하철 회사의 전신이었다.

금융제도의 아버지

조지 워싱턴이 미국 건국의 아버지라면 미국 금융제도의 아버지는 알렉산더 해밀턴Alexander Hamilton이다. 그러나 미국 역사 교과서에서는 해밀턴과 관련된 부분을 찾아볼 수 없다. 만일 금융제도가 없었다면 미국의 민주주의 정치제도는 결코 성공하지 못했을 것인데도 말이다. 금융제도의 틀을 세운 해밀턴은 충분히 존경받을 자격이 있다. 그는 아론 버Aeron Burr와 결투에서 패배한 것으로 더 유명하지만, 명석한 경제계획가였고 뉴욕은행 설립자 중 한 사람이었다.

해밀턴은 돈이 없으면 국가 운영이 불가능하며 국가 운영자금을 마련하기 위해서는 은행이 반드시 필요하다고 주장했다. 하지만 당시에 은행은 논란의 대상이었다.

조지 워싱턴은 은행의 필요성에 대한 해밀턴의 의견에 동의했고 그 자신도 은행에 투자했다. 워싱턴은 자신의 고향 마운트 버논Mount

Vernon에 있는 알렉산드리아 은행의 주주였다. 그러나 많은 영향력 있는 사람들이 해밀턴과 워싱턴의 주장에 반대했다. 특히 후에 미국의 3대 대통령이 되는 토머스 제퍼슨의 반대가 심했다. 제퍼슨은 땅을 경작해서 얻는 수확을 미덕으로 생각하는 전형적인 농부의 후손이었다. 그는 공장과 공장 주변에 들어서는 도시를 싫어했다. 제퍼슨에게 있어 은행은 모든 악의 근원이었다. 특히 정부은행은 더욱 그러했다.

그는 본인의 경제 문제에 있어서도 문외한이었다. 많은 재산을 가지고 있었지만 1826년 사망할 당시에는 빈털터리였다. 제퍼슨은 책과 잡다한 기구를 사는 데 많은 돈을 지출했다. 덕분에 서재에는 건립된 지 100년이 넘은 하버드 대학보다 더 많은 장서가 보관돼 있었다. 그는 책벌레이자 사상가였고 마음만 농부인 사람이었다. 실제로 제퍼슨은 농사를 다른 사람에게 맡겨 놓고 있었다.

제퍼슨은 미국이 밀밭과 목초지가 풍부하고 독립적인 자영농이 지역의 정치를 좌우하면서 공공의 문제에 대해 제 목소리를 내는 국가가 되기를 바랐다. 제퍼슨은 귀족이라는 지배계급이 정부를 운영하는 유럽 방식의 정치를 거부했다.

제퍼슨은 공장 설립으로 수백만 노동자가 농장에서 도시로 이주해 풍요롭게 살게 되리라고는 꿈에도 생각지 못했을 것이다. 또 수많은 문제점을 안고 있는 중공업 덕분에 미국이 인류 역사상 가장 잘사는 국가로 발전한 것도 당시로서는 상상조차 못했을 것이다. 도로와 운하, 고속도로, 교량, 공장 등을 건설하는 데 투입된 대규모 자금이 없었다면 지금과 같은 발전은 불가능했을 것이다. 이 모든 자금이 제퍼슨이 그토록 증오했던 은행에서 나왔다는 사실은 아이러니하지 않을 수 없다.

제퍼슨의 반대에도 불구하고 최초의 미합중국은행Bank of United States
은 1791년 의회의 승인을 받았고 1811년까지 20년 동안 운영됐다. 그
러나 1811년 은행을 혐오하는 의원들이 은행에 대한 허가 연장을 거부
했고, 은행은 다시 폐쇄됐다. 두 번째 미합중국은행은 1817년에 필라
델피아에서 문을 열었다. 그러나 몇 년 뒤 앤드류 잭슨Andrew Jackson이
제7대 대통령에 당선되면서 미합중국은행은 또다시 어려움에 처하게
됐다. 테네시 출신의 잭슨 대통령은 거칠고 완고한 성격의 소유자였다.
사람들은 잭슨 대통령이 나무처럼 키가 크고 두꺼운 피부를 가진 데다
통나무집에서 자랐다고 해서 '올드 히코리Old Hickory(히코리는 북아메리카
지역에서 자라는 단단한 호두나무과의 나무로 주로 지팡이를 만드는 데 쓰인다.
잭슨의 타협할 줄 모르는 완고한 성격을 빗댄 별명 - 역자)'라고 불렀다. 하지만
이러한 평판과는 달리 잭슨은 몸이 좋지 않아 주로 실내에서 생활했다.
그는 초대 대통령인 제퍼슨처럼 연방정부보다 개별 주정부가 더 많은
권한을 가져야 한다고 믿었다.

　두 번째 미합중국은행은 1819년 금융공황의 주범으로 비난받았다.
당시 수많은 기업이 파산하면서 많은 사람이 일자리를 잃고 평생 모은
재산을 날렸다(1819년의 금융공황은 미국 전역을 대혼란에 빠트린 최초의 금융
불안 사태였다). 금융공황의 주범은 은행이라는 괴물이라며 손가락질하
는 동부 공장 노동자들의 항의에 서부 농부들마저 동참할 정도였다.

　금융공황이 발생한 지 10년 뒤 제7대 대통령에 당선된 잭슨은 연방
정부의 지원을 받고 있는 미합중국은행에 대한 좋지 않은 여론을 반영
해 미합중국은행에 보관돼 있던 모든 자금을 여러 주에 있는 은행에 분
산 예치시켰다. 이것이 두 번째 미합중국은행의 종말이었다. 이를 기점

으로 주정부가 은행에 대한 통제권과 허가권을 갖게 되었다. 이제 주정부의 허가만 받으면 누구나 은행을 설립할 수 있게 되었다.

대도시는 물론 소도시 대로변과 뒷골목에 수천 개의 은행이 우후죽순처럼 생겨났다. 모든 주 은행state banks이 각각 서로 다른 지폐를 발행한 탓에 각 주의 경계를 넘나드는 교역은 더 혼란스러워졌다. 어떤 주의 지폐가 다른 주에서는 얼마만큼 가치가 있는지를 비교하기가 어려워지자 상인들이 지폐를 받으려고 하지 않았기 때문이다. 당시 미국을 여행하는 것은 오늘날의 해외여행과 비슷했다. 이 주에서 저 주로 이동할 때마다 환전을 걱정해야 했다.

은행제도에 대해서는 미국과 유럽이 서로 다른 방향으로 발전했다. 유럽은 많은 지점을 거느린 소수의 은행을 허가하는 제도를 선호한 반면 미국은 여러 종류의 다양한 은행을 선택했다. 1820년경 영국에는 단 몇 개의 은행이 있었지만 미국에는 약 300개의 은행이 있었다. 저축은행과 신용조합을 포함하면 현재 미국에는 1만 개의 은행이 영업을 하고 있다. 하지만 영국의 은행 수는 15곳이 채 안 된다.

미국의 지역 은행 가운데 상당수는 경제 위기가 닥쳤을 때 이를 극복할 만큼 충분한 자금을 보유하고 있지 못했다. 그래서 항상 파산 위험에 노출돼 있었다. 그리고 1810~1820년에 세워진 은행 가운데 절반이 1825년에 문을 닫았다. 또 1830~1840년 사이에 설립된 은행 중절반이 5년이 지난 1845년에 폐쇄됐다. 당시에는 지금과 같은 예금자 보호 제도가 없었다. 따라서 은행이 파산하면 예금주는 아무런 보호를 받지 못해 모든 재산을 잃을 수밖에 없었다.

예금자 보호 장치가 없는 은행은 현금을 보관하기에 위험한 곳이었지만 미국인들은 여전히 재산을 은행에 맡겼다. 은행은 시민들이 맡긴 예금을 교량건설업자, 운하건설업자, 도로건설업자, 철도건설업자에게 사업자금으로 대출해주었다. 철도회사, 교량회사, 철강회사에 빌려준 대출자금은 은행에 돈을 맡긴 예금주들의 계좌에서 나온 돈이었다.

다시 말해 미국 경제를 이끈 에너지와 역동성은 일반 서민들의 주머니에서 나온 돈이다. 프로젝트를 위한 자금이 필요할 경우 정부가 자금을 조달하는 방법은 세금징수, 은행대출, 복권판매, 채권판매 등 4가지이다(채권에 대해서는 나중에 자세히 다루기로 한다). 기업이 자금을 조달할 때는 은행에서 빌리거나, 주식을 매도하고, 채권을 발행하는 것이 일반적이다. 그러나 19세기에는 주식 판매를 통한 자금 조달은 최후의 수단으로 여겨졌다. 오늘날처럼 일반 대중에게 주식을 판매해 자금을 조달하는 방식은 한참 후에야 등장했다.

현대 경제학의 아버지

미국 각지에서 시장이 우후죽순처럼 생겨났고 거래도 급격하게 증가했다. 이런 현상은 누구도 막을 수 없었다. 미국 역사상 개인들이 자기 방식대로 자신의 이익을 챙기는 일이 허용된 적은 한 번도 없었다. 그래서 이러한 새로운 현상은 두서도 없고 분별도 없는 것처럼 보였다.

바로 이 대목에서 등장한 사람들이 경제학자이다. 경제학자는 새로운 사상가였다. 수천 년 동안 종교철학자들은 인간이 어떻게 하면 하나님의 뜻에 따라 살 수 있는지를 알아내려고 노력했다. 종교철학자들은 정치와 최선의 정부 그리고 누가 정치 지도자가 되어야 하는지에 대해 논의했다. 하지만 개인들이 사유 재산을 추구하는 자유를 누릴 때 어떤 일이 발생하는지를 설명하는 일은 경제학자들의 몫이었다.

최초의 경제학자는 애덤 스미스라는 괴짜 스코틀랜드인이었다. 애덤 스미스는 사람들과 어울리기를 싫어했다. 파티나 소풍보다는 하루 종일 집에 틀어박혀 생각하거나 글 쓰는 것을 좋아했다. 자신의 생각에 너무 몰두한 탓에 주변 사람들은 그를 얼빠진 사람으로 생각했다.

그의 저서 《국부론The Wealth of Nations》은 미국이 독립을 선언한 1776년에 출판됐다. 당시 이 책이 제대로 평가받지 못한 것은 정말 부끄러운 일이다. 애덤 스미스는 정치적 자유가 평화롭고 평등한 정의 사회에 가장 중요한 요소라고 주장한 존 로크, 벤저민 프랭클린, 토마스 페인 등의 혁신적 사상가들과 어깨를 나란히 할 수 있는 인물이다. 다른 사상가들은 생계 문제에 관심이 없었지만 애덤 스미스는 경제적 자유에 대한 이론을 주창하고 정립했다.

그는 왕이나 중앙정부의 경제계획가가 경제 문제를 결정하고 지시하는 것보다 각 개인이 자신의 이익을 추구할 때 훨씬 더 잘살게 된다고 주장했다. 그의 주장은 현대의 관점에서 보면 너무나 당연한 것이다. 하지만 1776년만 해도 수백만 명의 개인이 원하는 것은 무엇이나 만들어서 팔 수 있고, 모든 사람이 옷과 음식과 집을 소유하는 이상적인 사회를 만들 수 있다는 생각은 완전히 새로운 개념이었다. 만일 100명 중에 99명이 모자를 만들고 한 사람만 채소를 재배하겠다고 하면 어떻게 될까? 모자는 넘쳐나지만 음식은 모자라는 기현상이 벌어질 것이다. 스미스는 이런 상황을 방지하는 것이 바로 '보이지 않는 손

Invisible Hand'이라고 주장했다.

그는 적절한 수의 사람이 채소를 재배하고 적절한 수의 사람이 모자를 만들도록 눈에 보이지 않게 작용하는 힘이 있다고 생각했다. 애덤 스미스가 말한 '보이지 않는 손'이란 수요와 공급이 상품과 서비스를 균형 있게 유지하는 방식을 지칭한다. 예를 들어 모자 제조업자들이 마구 생겨나서 너무 많은 모자를 만들면 시장에 재고가 넘쳐나고 모자 상인은 가격을 낮추게 된다. 모자 가격이 떨어지면 일부 모자 제조업자는 이윤을 내지 못해 도산하고, 채소 재배와 같은 이익을 낼 수 있는 업종에 종사하게 될 것이다. 따라서 채소와 모자의 공급이 균형을 이루려면 적절한 수의 모자 제조업자와 채소 재배 농부가 존재할 수밖에 없다는 것이다.

하지만 현실에서는 애덤 스미스의 생각처럼 '보이지 않는 손'이 완벽하게 작동하지 않는다. 그러나 그는 자유시장이 작동하는 기본 원리의 중요성을 누구보다도 잘 알았고, 이 원리는 오늘날까지도 유효하다. 컴퓨터와 같은 새로운 제품에 대한 수요가 발생하면 컴퓨터 재고가 너무 많아 가격이 하락하는 시점에 다다를 때까지 점점 더 많은 회사가 컴퓨터 사업에 뛰어든다. 이런 경쟁은 소비자 입장에서는 긍정적이다. 경쟁이 심화되면 컴퓨터 제조사는 제품의 질을 높이고 가격은 낮추기 때문이다. 이 때문에 신제품이 출시되고 몇 달이 지나면 제조업체는 구형 모델보다 제조원가가 덜 들어가는 새로운 제품을 시장에 내놓는다. 만약 이때 경쟁이 없으면 제조업체는 구형 모델을 계속 팔고, 소비자는 마음에 들지 않지만 어쩔 수 없이 구형 제품을 살 수밖에 없을 것이다. 이처럼 '보이지 않는 손'은 풍선껌에서부터 볼링공에 이르기까지 모든 상품의 수요와 공급의 균형을 유지시켜준다. 왕이나 의회, 정부부처는 굳이 필요 없다. 누가 무엇을 얼마나 많이 만들어야 하는지는 시장이 자동으로 조정하기 때문이다.

또한 애덤 스미스는 성공하고 싶다는 욕망은 부정적인 것이 아니라 긍정적인 본능이라는 사실을 강조했다. 그는 자신을 위한 이익을 전적으로 이기적인 것으로만 볼 수 없다고 생각했다. 개인적 욕심은 한 단계 더 발전하기 위해 최선을 다하도록 동기를 부여한다. 무엇인가를 발명하게 하고, 현재 하고 있는 일에 더 많은 노력을 쏟아붓게 만든다.

그는 개인의 욕심을 타인의 삶에 도움이 되도록 사용하게 만드는 '축적의 법칙law of accumulation'이 있다고 주장했다. 기업의 주인이 더 부유해지면 사업을 확장하고 더 많은 직원을 고용한다. 직원 수가 늘면 더 많은 사람이 돈을 벌어 잘살 수 있게 되고, 이들 가운데 일부는 자신의 사업을 시작하게 된다는 것이다. 이런 과정을 통해 자본주의는 봉건시대의 농업과 달리 기회를 창출하는 것이다. 봉건시대에는 소수의 귀족이 토지를 소유하고 대대로 세습했다. 일단 농노 신분으로 이 세상에 태어나면 무일푼으로 살다 생을 마친다. 농노의 자식과 그 자식의 자식들도 영원히 똑같은 굴레에서 벗어나지 못한 채 평생을 살 수밖에 없다.

애덤 스미스가《국부론》을 집필한 18세기와 그 이후의 사상가들은 모든 현상에서 법칙을 찾으려고 노력했다. 과학자들은 이미 중력의 법칙, 행성 운동의 법칙, 화학 반응의 법칙 등 물리 법칙을 발견했다. 행성이 우주에서 움직이는 방식과 사과가 나무에서 떨어지는 이유에 법칙이 있다면, 인간이 살아가는 사회에도 법칙이 있을 것으로 믿었다. 예를 들어 돈이 유통되는 법칙을 발견하면 누가 얼마나 많은 돈을 벌지 예측할 수 있다고 믿었다.

수요와 공급의 법칙이나 돈의 유통 법칙과 같은 경제 법칙이 존재한다는 것과, 이를 확실하게 증명하는 공식을 발견하는 것은 전혀 다른 일이다. 그러나 경제학자들은 시장의 복잡한 사건을 하나의 방정식으로 축소해 설명하는 새로운 이론을 만들기 위해 부단히 노력했다.

최초의 백만장자들

역사적 기록을 보면 식민지 시대 때 미 대륙에는 백만장자가 한 사람도 없었다. 당시 미 대륙에서 가장 부자로 알려진 사람은 매사추세츠 주 살렘의 엘리아스 해스켓 더비Alias Hasket Derby였다. 그는 해상운송업자였지만 노예 교역에는 관여하지 않았다. 현재 그의 집은 국립공원 관리공단 소유로 일반인들에게 공개돼 있는데, 나다니엘 호손의 유명한 책인《일곱 박공의 집The House of Seven Gables》의 실제 저택에서 수백 미터 거리에 위치하고 있다. 모든 사람이 나다니엘 호손에 대해서는 잘 알고 있으면서 엘리아스 해스켓 더비를 모른다는 사실은, 미국 교과 과정에서 문학에 비해 경제학이나 재무학이 주요 과목이 아니라는 것을 단적으로 보여주는 사례다.

살렘에서 수백 마일 남쪽에는 상당한 재산가로 알려진 볼티모어 상인 로버트 올리버Robert Oliver가 살고 있었다. 그리고 미국 독립전쟁 직후에는 로버트 모리스Robert Morris가 미국 최고의 부자로 통했다.

모리스는 선박을 사고파는 기업조합을 설립했다. 그의 선박은 서인도와 유럽을 왕복하면서 유럽으로는 담배와 식품을 운송하고, 유럽산 옷감과 공산품을 미 대륙으로 가져다 팔았다. 그는 미국 독립군에게 외투, 바지, 셔츠, 화약 등을 공급하는 비밀 위원회 회장을 맡고 있었는데, 자신의 회사를 통해 독립군에게 군수품을 제공하는 계약을 체결했다. 모리스는 국가연합헌장Articles of Confederation(독립전쟁을 효과적으로 수행하기 위해 1777년 북미 13개 주가 모여 제정한 규약으로 1781년 모든 주의 비준을 받았음 - 역자)에 따라 국가 재정에 대한 최고 감독관이 되었고 최초의 국립은행을 설립한 알렉산더 해밀턴의 열렬한 지지자였다.

모리스는 상위 계층 사람들이 국가를 운영해야 한다고 믿었다. 그는 신사들의 우월성을 주장했고, 자신이 우월하다는 것을 전혀 의심하지 않았다. 그는 소규모 자영농이 국가의 중추가 되고 그들에게 투표권을 주어야 한다는 토머스 제퍼슨의 생각에 전적으로 반대했다.

모리스는 은행에서 대출받은 돈으로 자신의 왕국을 건설했다. 고위층에 많은 친구가 있는데다 군대라는 거대한 조직을 고객으로 두고 있었으니, 가히 미국 최초의 거대 군수 사업자로 불릴 만했다.

그러나 모리스는 자신의 상환 능력보다 과도하게 많은 돈을 은행에서 빌렸고, 운송 사업에 일시적인 침체가 오자 모리스의 금융제국은 몰락했다. 그리고 결국 파산을 선언했다. 그 당시 파산 선언은 매우 중차대한 사회적 사건이었다. 당시만 해도 타인에게 빚을 지고 갚지 않는 것은 감옥행 범죄였기 때문이다. 모리스는 필라델피아에 있는 채권자들이 세운 감옥에서 3년을 보냈다. 모리스는 감옥 안에서 채무불이행에 대한 처벌을 폐지하기 위한 운동을 벌였다. 그의 노력 덕분에 지금은 채무불이행자를 더 이상 투옥하지 않는다. 채무자를 투옥하는 제도가 지금까지 지속되었다면 감옥은 채무자로 바글바글할 것이다. 해마다 80만 명 이상이 개인 파산을 신청하기 때문이다. 대부분은 신용카드의 깊은 늪에서 빠져나오지 못한 사람들이다.

1815년을 기준으로 미국에 50만 명의 백만장자가 있었는데 대부분이 선박과 교역을 통해 돈을 벌었다. 백만장자들 가운데 1위는 1831년 82세의 나이로 사망한 필라델피아의 스티븐 지라드Stephen Girard였다.

지라드는 프랑스에서 선장의 아들로 태어났다. 그는 10대에 선원이 되었고 후에 국제 교역을 하는 상인이 되었다. 지라드는 미국으로 건너와 토지, 은행 주식, 정부 채권 등에 투자했고 모든 분야에서 성공을 거뒀다. 지라드는 자신의 은행을 설립했고 존 제이콥 애스터John Jacob Astor라는 젊은 사업가와 동업하기 위해 기업조합에 참여했다.

지라드에 대해 조금 더 자세히 알아보자. 지라드는 사망 당시 6백만 달러 상당의 부동산을 남겼다. 오늘날 메이저리그 최고 선수의 1년연봉에도 못 미치는 금액이지만 당시로서는 상당히 많은 재산이었다. 그는 유산 중 상당 부분을 고아를 위한 대학을 설립하는 데 기부했다. 지라드는 종교를 경멸하는 무신론자였기 때문에 그의 유언에 따라 어떤 성직자도 그 대학에 발을 들여놓지 못했다.

존 제이콥 애스터의 재산은 지라드보다 많았다. 애스터는 동물 가죽 교역상으로 출발해 중국을 왕복하는 상선 사업에 투자한 독일 출신의 이주민이었다. 그는 중국과의 교역에서 많은 돈을 벌어들였다. 애스터는 배 한 척으로 시작해 점점 규모를 늘려갔고, 쾌속선 선단을 소유할 정도로 사업을 확장했다. 미국인으로서 이 정도 규모의 선단을 소유한 것은 대단한 성공이었다. 당시 미국 은행은 영국 은행과 비교해 대출 자금이 제한적이어서 대출 자체가 어려웠기 때문이다.

이 시기에 지폐는 금과 같은 귀금속으로 보증을 받아야 했다. 다시 말해 은행이 발행할 수 있는 지폐의 규모는 금고에 얼마나 많은 금과 은을 보관하고 있는가에 달려 있었다. 런던에서는 금은의 공급이 충분했기 때문에 은행은 사업가들이 필요로 하는 돈을 충분히 찍어낼 수 있었다. 그러나 미국은 금 보유량이 적었다. 따라서 미국 은행은 항상 지폐 부족에 시달렸다. 애스터와 동료들은 거대한 프로젝트에 필요한 자금을 대출받는 데 어려움을 겪고 있었다.

미국 은행의 자금이 부족한 탓에 영국 상인들과 경쟁에서 이길 수 없다는 사실을 알게 되자 애스터는 국제 교역을 포기하고 미국 시장에 집중했다. 그는 미국 시장에서 상당한 성공을 거두었다. 1848년 84세의 나이로 사망할 당시 약 2,000만 달러의 유산을 남겼다. 애스터의 오랜 친구이자 갑부인 지라드의 재산보다 3배 정도 많은 규모였다.

애스터의 장례가 끝나자 그의 재산에 대한 기사가 쏟아져 나왔다. 사람들은 애스터의 가족이 1,900만 달러를 상속받고 단지 50만 달러만 자선단체에 기부했다는 소식에 격분했다. 애스터의 상속 문제는 죽을 때 재산을 가지고 갈 수 없다면 누구에게 유산을 남겨야 하는가에 대한 뜨거운 논란을 불러일으켰다. 대중은 가족보다는 재산 증식에 참여한 동료들에게 더 많은 유산을 남겨야 한다고 생각했다. 왜냐하면 자본가는 사회의 이익을 위해 일하는 사람이라고 믿고 있었기 때문이다.

이런 논란은 오늘날까지도 계속되고 있다. 열심히 일해서 성공하는 것에는 이견이 없다. 그러나 성공을 통해 번 돈으로 무엇을 해야 하는

가에 대해서는 의견이 엇갈린다. 오늘날이라면 애스터가 재산의 100%를 자식들에게 물려줄 수 없었을 것이다. 사망과 동시에 유산의 55%를 상속세로 국세청이 떼어 갔을 것이기 때문이다. 오늘날의 부자들은 두 가지 중 하나를 선택할 수 있다. 대학, 병원, 노숙자 보호소, 에이즈 연구기관, 무료 급식소 등에 재산을 기부하거나 아니면 가만히 있다가 국세청이 절반 이상을 가져가도록 하는 것이다.

주식시장의 진화

1800년까지 미국에는 295개 법인 기업이 설립됐다. 하지만 대부분이 개인 소유였고 대중은 주식을 살 수 없었다. 기업 자체에 대해서는 찬반이 엇갈렸다. 기업을 지지하는 사람들은 기업을 사회 전체에 이익이 되는 민주주의의 중요한 후원자로 생각하고 있었고, 비판론자들은 기업이 비민주적이고 교활하며 이기적이어서 사회 질서를 어지럽히는 존재라고 주장했다.

당시 분위기는 주식 투자자들에게 매우 절망적이었다. 주정부는 회사가 소송을 당하더라도 주주의 책임을 제한하는 법을 이미 통과시켰다. 따라서 사람들은 투자한 돈 이상으로 더 많은 것을 잃을 수 있다는 두려움 없이 투자를 할 수 있었다. 하지만 투자에 나서는 사람은 소수에 불과했다. 때문에 당시 투자자들은 지금처럼 자신이 좋아하는 기업에 대해 의견을 주고받을 수 있는 친구나 지인을 찾을 수가 없었다.

신문에는 별도의 경제면이 없었고 주식 종목을 선택하는 방법을 알려 주는 책이나 잡지도 없었다. 그리고 선택할 수 있는 주식 종목도 많지 않았다. 10여 개 은행, 보험회사 2곳, 한두 개 석유회사가 전부였다. 1815년 3월에 당시 인기 있던 신문《뉴욕 커머셜 애드버타이저New York Commercial Advertiser》가 전체 상장회사 목록을 게재했는데, 전체 종목이라고 해봐야 겨우 24개에 불과했다. 그것도 대부분이 은행이었다. 1818년에는 종목이 29개로 늘었고 1830년에는 종목 수가 31개로 증가했다.

최초의 주식 거래는 월스트리트 인근 플라타너스 나무 아래에서 이뤄졌다. 이후 주식 거래는 작은 임대 사무실이나 커피숍에서 진행되었다. 사무실에 화재가 발생해 건초 보관소로 이동해 거래하기도 했다.

당시의 뉴욕증권거래소New York Stock Exchange는 오늘날처럼 긴박감이 넘치는 장소가 아니었다. 주식이 거래되기를 기다리며 빈둥거리는 곳이었다. 영업시간도 11시 30분에 시작해 1시 30분에 끝났다. 1830년 3월 16일은 하루 종일 거래된 주식 수가 31주에 불과했는데, 역사상 가장 거래가 적은 날로 기록될 가능성이 높다. 1995년을 기준으로 하루 평균 3억 3,800만 주가 거래되는 것과는 비교도 할 수 없는 수준이었다.

1835년에는 121개 기업이 뉴욕증권거래소에 상장되면서 주식 거래가 조금 더 활기를 띠었다. 당시 미국에서는 운하, 도로, 교량 건설 사업이 가장 활발하게 진행되고 있었다. 이런 사업에는 막대한 자금이 필요했다. 사업 자금은 주식과 채권 판매로 조달했다. 은행 주식은 20~30년 전처럼 인기 있는 종목이 아니었다. 새로운 인기 종목은 철도회사 주식과 채권이었다. 한때는 철도rail라는 글자만 들어 있으면 가격에 상관없이 아무 주식이나 사들일 정도로 인기가 높았다. 투자자들은 철도 근처의 땅을 점점 더 높은 가격을 주고 매입했다. 땅을 살 돈이 모자라면 은행에서 대출을 받을 수 있었다. 은행은 부동산 거래에 많은 돈을 대출해주었다. 많은 농부들이 농사는 뒷전으로 한 채 부동산 재벌로 탈바꿈하고 있었다.

　미국에서 발생한 부동산과 주식 거품은 이미 오래 전에 영국이 경험한 런던 남해 회사의 경우와 비슷한 전철을 밟았다. 투자자들이 매물을 한꺼번에 쏟아내면서 주식과 토지 가격이 급격하게 하락했고 결국 1836년에 미국의 거품도 붕괴하고 말았다. 은행에서 대출을 받아 주식과 토지를 매입해 대박을 꿈꿨던 사람들은 부채를 감당할 수 없었다. 대출금 회수가 어려워진 은행은 자금난에 빠졌고 일부 은행이 파산하면서 사람들은 은행에 저축한 돈을 모두 잃게 되었다. 시중에 유통되는 자금이 줄어들자 소비도 위축되었다. 금융시스템은 붕괴 직전까지 내몰렸다. 이것이 이른바 '1837년의 공황the Panic of 1837'이다.

　1837년부터 공황에 빠져들면서 미국은 물론 세계 경제는 환희와 공포 사이에서 오락가락했다. 보통 일자리가 충분하고 물가가 오르는 장밋빛 시기엔 투기꾼들은 집에 있는 귀금속을 저당 잡히고, 월급 한 푼까지 긁어모으며, 심지어 빚까지 지면서 주식과 채권, 토지를 사들인다. 거품이 붕괴하고 경기가 침체되는 공포의 시기가 오면 투기꾼들은 탐욕에 대한 대가를 치르고 제정신을 차린다.

　당시 주식시장은 1853년에 이어 1857년에도 폭락했다. 1857년 이리 철도Erie Railroad 주식은 62달러에서 11달러로 곤두박질쳤다. 그러나 주식을 소유한 사람들은 전체 인구 가운데 소수에 불과했다. 주식시장의 변동을 고려할 때 주식 투자 인구가 적었다는 것은 당시로서는 천만다행이었다. 과거의 투자 실패에서 교훈을 얻지 못하고 막대한 자금을 미국에 투자한 유럽인들이 주로 손해를 보았다. 1850년대까지 미국 주식의 절반 정도는 외국인, 특히 영국인이 소유하고 있었다.

미국의 창의성

세련된 영국인들의 눈에 미국인은 무례한 서민으로 보였다. 영국인은 미국인을 교육받지 못한 포악한 '양키Yankee'라고 생각했다. 하지만 수많은 위대한 발명품이 미국인의 머리에서 쏟아져 나오는 것을 보고 무척 놀랐다. 이러한 미국인의 창의성은 인력 부족 문제에 적응하는 과정에서 탄생되었다. 땅덩어리는 넓고 인구는 적은 나라에서 일하기 위해서는 노동을 덜어줄 기계를 발명할 필요가 있었다. 똑똑한 발명가가 아무리 많은 기계 장치를 고안해도 제품 생산으로 이어지지 않으면 아무 소용이 없다. 미국에서 발명의 전성기가 가능했던 이유는, 기계를 만드는 데 자신의 돈을 기꺼이 투자하게 만든 자본주의가 있었기 때문이다.

풀톤Fulton의 증기선, 조지 캐봇George Cabot의 제분소, 프란시스 캐봇 로우웰Francis Cabot Lowell의 직물 공장 등이 미국인의 발명품이다. 맥코믹McCormick의 거대한 수확기계는 등골이 빠질 정도로 힘든 작업에서 노예들을 해방시켰다. 남부의 농장에서 가정교사로 일하던 코네티컷 출신의 사상가 엘리 휘트니Eli Whitney는 면화에서 솜과 씨를 분리하는 조

면기gin를 발명해 남부 지역을 면화산업의 메카로 만들었다. 맥 코믹의 수확기, 새뮤얼 콜트Samual Colt의 권총과 새로운 종류의 자물쇠는 1851년 런던의 크리스털 팰리스Crystal Palace에서 열린 산업기계 전시회에서 많은 사람들을 놀라게 했다. 유럽인은 미국의 발명품뿐만 아니라 미국 제품의 표준화된 품질에 경이로움을 표했다. 표준화 시스템 덕분에 공장에서 나오는 모든 제품이 동일한 품질을 유지했다.

이 같은 발명품이 실제 제품으로 만들어지기 위해서는 역시 자본이 필요했다. 발명품을 생산하는 데 필요한 자본 중 일부는 은행에서 조달했다. 그리고 미국과 해외에서 주식 투자가 보편화되면서 점점 더 많은 자금이 주식시장을 통해 생산 현장에 투입됐다. 외국인들은 미국 시장에 투자함으로써 미국의 눈부신 발전에 기여했다. 150년이 지난 지금 미국인들은 아시아와 아프리카, 라틴아메리카의 신흥시장에 막대한 자금을 투자함으로써 과거의 투자 혜택을 되돌려주고 있다.

농기계는 농부의 생활방식을 개선시켰다. 농부들은 1850년대까지, 5000년 전 이집트에서 사용하던 원시적인 방법을 그대로 사용하고 있었다. 동물이 이끄는 쟁기를 이용해 땅을 갈거나 노예를 동원해 땅을 갈았다. 노예는 제도의 희생양이었다.

노예제를 지탱한 명분 중에서 가장 중요한 것이 사람의 노동력에 의존하는 원시적 농업이었다. 노예제는 미국인들이 합리적인 분별력을 되찾고 나쁜 제도를 중단시키기 위해 남북전쟁이라는 내분을 겪은 후에야 사라졌다. 자본주의의 발전도 노예제 폐지에 어느 정도 도움을 주었다. 자본주의 덕분에 발명가들은 수확기, 원판 써레, 강철 쟁기, 양곡기 등 농업용 기계와 장비를 만드는 공장을 건설할 수 있었다. 여기서 대량으로 생산된 농업용 기계가 농업 방식을 완전히 변화시켰다. 과거에 노예들이 담당했던 고된 노동을 기계가 대신하게 되면서 사람을 평생 노예로 부리는 경제적 이득도 사라지게 되었다.

100여 년 전에 농기계를 만들던 디어Deere, 인터내셔널 하베스터 International Harvester—현재는 Navister International, 캐터필러Caterpillar 같은 기업은 지금까지도 명맥을 유지하고 있다. 이런 기업이 농작물을 심고 수확하는 데 필요한 농기계를 생산하는 동안 다른 기업들은 해충과 잡초를 죽이고 토양을 기름지게 하는 살충제와 비료를 발명해냈다. 새로운 농기계와 화학 비료의 조합으로 미국의 농장은 세계에서 가장 효율적인 곡물 생산기지가 되었다. 당시 미국 농장의 1에이커당 밀과 옥수수 생산량은 세계 최고였다.

사실 평원에 펼쳐져 있는 수억 에이커의 땅은 원래 비옥한 토질이었다. 미국의 농지는 양분이 소진될 때까지 경작을 해서 토질이 메말라버린 아시아와 유럽의 땅과는 달랐다. 게다가 수많은 발명품 덕분에 미국의 토지는 더욱 비옥해졌다. 그 결과 다른 나라 사람들은 미국 농장을 부러워했다.

아일랜드 국민 100만 명이 감자 기근으로 목숨을 잃었고 중국인은 쌀이 모자라 굶어 죽었다. 인류 역사상 상당 기간 동안 기아는 어쩔 수 없는 현실이었다. 그러나 미국은 국민들이 먹을 수 있는 양보다 더 많은 식량을 생산했다. 지금도 더 많은 곡물을 생산하고 있다.

농기계는 곡물을 수확하는 방법을 변화시켰지만 단조로운 식생활까진 바꾸지 못했다. 대부분의 가정은 먹을거리를 자급자족했다. 기본적인 메뉴는 빵, 감자, 채소와 말린 과일이었다. 소금에 절인 고기나 훈제

고기가 가끔씩 식탁에 활기를 불어넣었다. 사람들은 아침식사로 콩을 먹었다. 부엌에 냉장고가 없어서 과일과 채소는 보관하지 못했고 농산물이 생산되는 짧은 기간 동안에만 먹을 수 있었다.

겨울에는 식초에 절인 오이 샐러드 외에 다른 샐러드를 전혀 먹을 수 없었다. 물가와 가까운 곳에 살지 않으면 신선한 생선을 먹을 수도 없었다. 레몬은 사치품이었고 오렌지는 일 년에 한 번 크리스마스에나 먹을 수 있었다. 토마토는 멕시코의 수출품이었는데 그 당시 미국인들은 토마토에 독소가 있다고 생각해 거의 먹지 않았다. 포도는 일반적으로 플로리다에서만 먹을 수 있었다.

채소를 운반하는 냉장트럭이나 화물열차도 없었고, 통조림 산업도 발달하지 않아 야채를 선반에 오래 보관할 수 없었다. 음식이 남을 때는 유리병과 같은 용기에 넣어 집 안에 보관했다. 소, 양, 돼지는 농장에서 도시로 운송할 때 도살하지 않은 채로 운반했기 때문에 살아 움직이는 스테이크였다. 즉 육류는 살아있는 상태로 보관할 수밖에 없었다.

최근 들어 사람들은 생활이 단순하고 자연에 가까웠던 '과거 좋은 시절'에 대해 많은 이야기를 하면서 그리워한다. 하지만 새벽부터 저녁까지 힘들게 일하던 예전의 단순한 삶을 실제로 경험해보면 생각이 바뀔지도 모른다. 옛날 사람들은 가족을 배불리 먹이고, 따뜻하게 입히고, 난방이 되는 집에서 살기 위해 하루 종일 일만 해야 했다. 노동 시간을 줄여주는 현대 문명의 이기가 없었다면 오늘날까지도 모든 사람이 끊임없이 일만 해야 했을 것이다.

당시에는 집을 짓는 데 주로 사람의 노동력을 동원했고 옷과 커튼, 가구, 비누 등도 모두 직접 만들어 사용했다. 기업이 만든 공산품에 의존하지 않고 생활하려면 몇 주일을 소비해야 했을 것이다. 예전엔 음식을 만들고 정원을 가꾸는 데엔 많은 시간을 할애해야 했다. 요리와 난방에 필요한 장작을 준비하는 데는 훨씬 더 많은 시간이 걸렸다. 화덕과 난로에서 나오는 그을음과 연기가 그 시절 주된 오염물질이었다. 그래도 공기는 깨끗해서 모든 사람이 신선한 공기를 마실 수 있었다.

당연히 그때는 TV도 없었다. 있다 해도 볼 시간이 없었을 것이다. 집에서 즐길 수 있는 최고의 오락거리는 카드놀이, 퍼즐 맞추기, 작곡, 스토리텔링, 잡담 등이었다. 이런 오락이 진정으로 재미있었다면 훗날 사람들은 라디오를 듣거나 TV를 보지 않았을 것이다.

철도와 상업

토머스 에디슨의 발명품 중 최초로 상업적 성공을 거둔 티커 테이프 ticker tape(과거 증권시장에서 주가를 알려주던 종이테이프. 1인치 두께의 티커 테이프를 통해 분당 900자가 쏟아져 나와 최신 주가와 거래량을 알려줌)도 19세기 주식시장이 인기를 끄는 데 일조했다. 티커 테이프는 풍선껌 자판기처럼 생긴 둥근 유리로 덮여 있는 인쇄 기계인데 주식이 매매될 때마다 거래 기록이 세계 곳곳에 있는 티커 테이프로 전화선을 통해 전달되었다.

거래 기록은 둥글게 말린 종이테이프 위에 기록되고, 여기에는 주식 종목, 가격, 거래량이 적혀 있었다. 티커에 접근할 수 있는 사람이라면 누구나 1분마다 기록되는 종목별 주가를 알 수 있었다.

에디슨이 티커를 발명하기 이전에는 주식거래소에서 하루 종일 대기하고 있지 않는 한 주가의 움직임을 알 수 있는 방법이 없었다. 그러나 티커 테이프가 설치된 이후 투자자들은 월가의 투자자와 마찬가지로 관심 있는 종목의 주가 변동 상황을 추적할 수 있었다.

미국 경제는 1790년대부터 남북전쟁까지 약 70년 동안 8배 성장했다. 이는 미국인들이 식민지 시대보다 8배나 많은 제품을 생산하고 8배나 많은 상품을 거래했다는 뜻이다. 미국인들은 세계 최고 산업 국가가 되는 방법을 잘 알고 있었다. 남북전쟁 결과 노예제도가 폐지됐고 (비록 인종 차별이 남아 있기는 했지만) 사람들은 서부로 이주하기 시작했다. 시골 사람들이 도시로 이동하면서 도시의 스카이라인도 높아졌다.

1855년에 방직 공장이 뉴잉글랜드에 있는 강 주변에 빠르게 들어섰다. 최소 46개 면방직 회사가 보스턴 증권거래소에서 주식을 팔았다. 남북전쟁에서 돌아온 군인들은 제복을 입는 데 익숙해져 있었다. 그들은 공장에서 만든 '새로운 제복'을 구입했다. 비누와 양초, 가죽, 은행 시럽 등 전통적으로 집에서 만들던 생필품을 이제는 상점에서 살 수 있게 되었다. 각 주 사이에 존재하던 교역 장벽이 무너지고 대량 생산된 상품이 주의 경계를 넘나들었다.

유니온 퍼시픽Union Pacific과 센트럴 퍼시픽Central Pacific 두 철도회사가 대륙을 가로질러 태평양 지역까지 이어지는 철도 건설을 맡았다. 가끔씩 아일랜드, 독일, 중국 노동자들 사이에 싸움이 벌어졌지만 철로를 깔고 말뚝을 박는 일에는 힘을 합쳤다.

의회는 미 대륙 각 처에 있는 여러 철도회사에 1억 7,000만 에이커의 토지를 무상으로 지급했다. 이는 미국 역사상 최대의 토지 무상 불하였는데 많은 논란을 불러일으켰다. 철도회사는 토지 일부를 농민에게 팔고 일부는 노동자 월급을 지불하거나 철도 레일과 철도 차량 등 고가의 장비를 매입하는 데 필요한 자금을 조달하기 위한 담보로 활용했다.

연방정부에서 불하받은 광활한 토지를 지금까지 소유하고 있는 철도회사가 몇 군데 있다. 당시에 지급받은 토지가 오늘날에는 철도회사의 소중한 자산이 되었다.

철도회사는 화물은 물론 승객도 운송했고, 주식시장으로 새로운 고객들을 불러들였다. 두 번째 철도 붐이 일었던 시기에 투자자들은 3억 1,800만 달러를 철도회사 주식에 투자했고 1만 3,000마일에 이르는 철로가 미 대륙에 건설됐다. 철도 건설에 필요한 땅은 연방정부가 제공했다. 서부를 지배한 세력은 카우보이와 6명의 총잡이가 아니라 철도회사였다. 철도 건설에 투자한 돈과 행운이 없었다면 서부가 언제 개발되었을지 아무도 모른다.

동부와 서부까지 전국에서 철도주식 투자 붐이 일었다. 사람들은 구석구석까지 철도가 깔리고 기관차가 연기를 내뿜으면서 달릴 것으로 생각했다. 철도는 실패할 수 없는 사업이라고 투자자들은 확신했다.

많은 농부들이 철도회사 주식과 철도회사의 토지 그리고 '1862년 홈스테드 법Homestead Act of 1862(서부 입주자에게 공유지를 불하하기로 한 1862년의 입법 – 역자)'에 의해 설립된 토지회사의 주식에 투자했다. 철도시대 이후에 나타난 금광과 은광 개발 계획 중 일부가 허황된 것으로 드러난 것처럼 몇몇 철도 프로젝트와 토지 프로젝트도 실현 가능성이 없는 것으로 판명됐다.

마크 트웨인은 금광을 "거짓말쟁이가 소유한 땅에 있는 구멍"이라고 말했는데, 이런 거짓말쟁이들은 주식을 파는 경우가 많았다. 이처럼 금이나 은 매장량을 확인하지도 않은 광산 회사들은 주식 판매를 통해 많은 돈을 벌었다. 냄비와 곡괭이를 들고 캘리포니아로 온 광산 탐사자보다 훨씬 더 많은 돈을 벌었던 것이다. 당시에는 이런 허황된 사업 계획의 피해자를 보호해줄 수 있는 정부의 규제가 없었다. 오늘날처럼 기업이 거짓 정보나 잘못된 정보를 유포하는 행위를 금지하는 법 자체가 존재하지 않았다.

약 25년 정도 지속된 위대한 카우보이 시대에 목장 주식이 거래소에 상장됐다. 1860년대 말 미국 인구는 3,900만 명이었고 암소는 3,800만 마리로 사람과 소의 비율이 거의 1:1에 달했다. 동부의 투자자들은 카우보이를 믿고 소 시장에 뛰어들었다.

1869년 뉴욕증권거래소에는 145개 기업의 주식이 상장되어 있었다. 보험회사와 철강회사 주식은 거의 비슷한 시기에 월가에서 거래가 시작됐다. 철강 산업은 거대하게 성장했고 많은 농부와 대서양을 건너온 이주민들이 일자리를 찾아 도시의 제철소로 유입됐다.

철도회사는 철로를 시골 구석구석까지 확장했고, 5대호의 운하는 제철소에서 사용되는 철광석과 석탄을 운반하는 바지선으로 붐볐다. 제철소가 내뿜는 유독 가스로 공기가 오염됐지만 많은 이주민들은 여전히 공장에서 일자리를 찾고 있었다.

감자 기근과 전쟁, 비밀경찰, 부패, 정치적 탄압에서 탈출하기 위해 많은 사람이 아일랜드와 유럽 대륙 심지어 중국에서 뉴욕으로 이주해 왔다. 이들은 의류공장 노동자, 육류 가공공장 노동자, 용접공, 정비공

등 비위생적이고 위험한 환경에서 장시간 일하는 저임금 노동자로 취직했다. 이주민들은 미국 생활이 아무리 힘들어도 고국의 환경보다는 좋았기 때문에 열악한 근로조건과 비참한 생활을 견뎌냈다. 이들은 고국에서 기아나 끝없는 전쟁에 시달리던 사람들이었다. 미국 생활이 정말 더 열악했다면 그렇게 많은 사람이 미국으로 이주하지 않았을 것이다.

이주민들은 폴란드든 그리스든 고국에서 그대로 살고 있었다면 더이상 희망을 가질 수 없었을 것이라는 사실을 알고 있었다. 그런 국가에서는 소수 귀족 가문이 농장을 소유하면서 돈과 정부를 통제했다. 하지만 기회의 땅인 미국에서는 희망과 기대를 가질 수 있었다. 노동자들은 주변 이웃들이 열심히 일해서 잘사는 모습을 보면서 자신도 성공하고 싶어 했다. 자기 세대에서 이룰 수 없다면 자식들이 성공할 것으로 생각했고, 실제로 그랬다. 이주 노동자의 자녀들은 대학에 진학해 의사, 변호사, 회사의 중역이 되었다. 또는 그들의 조부모와 부모들이 낮은 임금을 받고 장시간 일했던 회사의 주인이 되었다.

19세기 미국 노동자들은 대체로 휴가나 샴페인 파티에 돈을 낭비하지 않았다. 그들은 은행에 저축을 했다. 은행은 과거 국가가 경영할 때보다 다소 안정을 찾고 있었다. 다양한 종류의 화폐는 새로운 연방은행 시스템이 도입된 1860년대 중반에 사라졌다. 이후 미국인들은 하나의 통화, 즉 미국 달러화를 사용하게 되었다.

미국인들은 모든 소득을 은행에 저축했다. 남북전쟁부터 1차 세계대전이 발발할 때까지 미국 전체 산업 생산량의 18%를 저축한 것으로 조사됐다. 은행에 보관된 자금은 공장을 짓고, 공장에서 생산된 제품을 수송하는 도로를 건설하는 데 활용됐기 때문에 노동자의 생산성도 높아졌다. 공장 노동자는 동일한 노동력을 투입해 더 많은 상품을 생산할 수 있었다.

시중에 풀린 돈의 양이 무려 40배나 증가했지만 인플레이션은 거의 발생하지 않았다. 요즘 러시아 같은 개발도상국에서는 정부가 화폐를 많이 찍어내면 즉각 화폐 가치가 하락하고 물가가 천정부지로 치솟는다. 그러나 미국이 개발도상국이던 19세기 후반에는 은행이 미친 듯이 화폐를 찍어내도 물가가 안정적이었다. 은행이 화폐를 맘껏 발행해도 물가가 오르지 않은 이유는 산업이 돈의 공급과 같은 속도로 빠르게 성장하고 있었기 때문이다.

국가의 발전을 도와준 또 다른 요인은 외국산 수입품으로부터 미국 시장을 지켜준 보호관세 제도였다. 현재 우리는 자유무역이 좋은 것이라고 배우고 있다. 하지만 미국 공장의 가동률이 최고조에 달하고 경제가 가장 빠른 속도로 성장하던 시기에 외국산 상품은 미국 시장에 진출하는 데 상당한 어려움을 겪었다. 미국의 산업은 해외에서 생산된 수입 제품과의 경쟁에서 어느 정도 보호를 받고 있었다.

미국인들은 전신, 전화, 자동차, 가황 처리된 고무 타이어 등 새로운 발명품을 계속 만들어냈다. 과거에 사람의 노동력에 의존하던 일을 대신할 수 있는 각종 기계가 지속적으로 발명됐다. 이 때문에 중요한 발명품은 거의 다 발명됐으니 이제 특허청을 폐쇄하자는 터무니없는 법안이 1880년대에 발의되기도 했다.

본색Bonsack이라는 회사가 개발한 담배 마는 기계는 제임스 듀크라는 농부가 최초로 상업적으로 활용했다(제임스 듀크는 듀크 대학의 설립자이다). 성냥을 제조하는 기계, 밀가루 만드는 기계(필스버리가 개발), 우유를 농축하는 기계(보든 우유가 특허를 가지고 있다), 새로운 제철 방법(베세머 프로세스), 수프를 통조림으로 만드는 기계(캠벨이 최초로 활용) 등 많은 자동화 설비가 개발됐다. P&G 연구실에서는 실수로 우연히 물에 뜨는 아이보리 비누를 개발했다.

일단 새로운 기계장치가 개발되면 그 기계를 수리하기 위한 공구와 부품 그리고 더 많은 기계장치가 잇따라 개발됐다. 자동화에 대한 비판론자들의 예상과 달리 기계는 사람들의 일자리를 빼앗지 않았고 대신 일자리를 창출해냈다. 금속 덩어리에 일자리를 빼앗긴 것이 아니라 새로운 일자리가 생긴 것이다.

또한 기계가 정교하게 개선되면서 노동 강도도 약해졌다. 공장에서 생산된 상품은 사람 손으로 만든 상품보다 저렴했다. 대부분 품질도 더 좋고 품질의 편차 또한 없었다. 소비자들은 저렴한 상품을 더 싸게 살수 있게 되었다. 산업 자동화가 진전될수록 같은 돈으로 더 많은 상품을 살 수 있었다.

유명 브랜드의 성장

20세기에 들어서면서 젤리, 잼, 비스킷, 캔디, 껌 등을 생산하는 스낵 산업이 번창했다. 미 대륙 전체를 상대로 스낵 제품을 생산하고 유통하는 회사의 주식도 거래소에 상장되었다. 사람들은 스낵을 사 먹는 동시에 스낵 회사에 투자할 수도 있었다.

과거에 사람들이 선택할 수 있는 간식거리라고는 건빵, 버터 크래커, 둥근 설탕 크래커가 전부였다. 이웃 제과점에서 이런 스낵들을 만들었고 동네 슈퍼마켓 간이 매대에서 판매됐다.

당시 미국에서 가장 유명한 크래커는 내셔널 비스킷 컴퍼니National Biscuit Company—다른 이름으로는 Nabisco가 만든 '유니다Uneeda'였는데 지금의 코카콜라만큼 인기가 높았다. 거대한 나비스코는 수십 년 동안 중소 제과업체들이 지속적으로 합병한 최종 결과물이었다. 나비스코 탄생 이전에 작은 제과 회사들은 동부의 뉴욕 비스킷 컴퍼니New York Biscuit Company와 중서부의 아메리칸 비스킷 컴퍼니American Biscuit Company라는 두 회사로 통합되는 과정을 거쳤다. 이 두 회사의 합병으로 생겨난 회사가 바로 나비스코였다. 나비스코는 20세기로 넘어 오는 과정에 3,000만 달러어치의 주식을 팔면서 기업을 공개했다. 나비스코의 최초 주주는 1,300명이었다. 최초 주주 중에 유명 인사들도 포함돼 있었다. 나비스코 주식 역시 누구나 살 수 있었다.

아돌푸스 그린Adolphus Green의 탁월한 리더십에 힘입어 나비스코는 동네 슈퍼마켓 가판대에서 비스킷을 판매하는 관행에 종지부를 찍고 간식거리 시장에 혁신을 일으켰다. 나비스코는 쿠키와 크래커가 바삭바삭하게 유지되도록 포장하고, 가판대에서 판매할 때와 달리 사람들의 손이 닿지 않도록 하여 청결함을 유지했다. 나비스코는 맛이 자극적이지 않은 유니다 비스킷을 계속 생산하는 동시에 새로운 상품을 선보였다.

특히 '오레오'는 세계에서 가장 많이 팔리는 쿠키가 되었고 지금까지도 판매되고 있다. 오레오가 오랫동안 팔리다 보니 사람들은 오레오가 나비스코 연구실에서 생산됐다는 사실도 잊을 정도다. 나비스코는 최초의 개 스낵인 밀크 본Milk Bone에 대한 권리도 사들였다.

한편 아마데오 오비치Amadeo Obici라는 노점상은 '플랜터스 땅콩 Planters peanut'이라는 스낵을 개발했다. 오비치는 20세기 초 펜실베이니아주 윌크스 바Wilkes Barre에서 땅콩을 팔고 있었다. 그는 어느 날 땅콩에 소금을 뿌려 팔기로 했다. 소금을 뿌린 땅콩은 인기가 폭발적이었다. 1906년 오비치는 동업자와 함께 '플랜터스 넛 앤 초콜릿 컴퍼니 Planters Nut & Chocolate Company'를 세웠다. 이 회사는 나중에 플랜터스 라이프 세이버스 컴퍼니Planters Life Savers Company라는 세계적인 유명 브랜드로 성장했고 RJR 나비스코의 한 사업부서가 되었다.

케첩의 지존이라 불리는 하인즈 케첩은 펜실베이니아의 피클 제조업자인 헨리 하인즈Henry J. Heinz가 만든 것이다. 하인즈는 1873년 공황 때 모든 재산을 잃고 파산했지만 피클과 소스, 케첩의 제왕이 됐다. 그는 발효된 생선으로 만든 동양의 소스인 '케치압ketsiap'에서 힌트를 얻어 케첩 제조법을 고안했다. 하인즈는 케치압 제조 과정을 그대로 적용했지만 생선 대신 토마토를 첨가해 케첩을 만들었다.

식민지 시대와 19세기에 미국인들은 토마토에 독성이 있다고 믿었다. 존슨 대령이라는 한 용감한 군인이 군사법원 계단에서 공개적으로 토마토를 먹는 시범을 보여 독성이 없다는 것이 증명됐지만 미국인들은 여전히 토마토를 기피하던 시기였다. 그러다 하인즈가 토마토를 병 속에 넣어 케첩이라는 상품으로 만들자 반응은 폭발적이었고 그때부터 사람들은 모든 음식에 케첩을 뿌려 먹기 시작했다. 이런 식습관은 지금까지도 계속되고 있다. 케첩 애호가였던 닉슨 대통령은 스크램블드에 그에도 케첩을 뿌려 먹었다.

케첩, 겨자, 올리브, 피클, 렐리시relish(푸른 토마토, 오이, 고추, 양파 등을 피클링하여 양념이 잘 되도록 다진 양념 - 역자) 등 햄버거에 뿌려 먹는 소스는 모두 하인즈가 최초로 대량생산하기 시작했다. 그는 6개 주에 공장을 가지고 있었고 세계 곳곳에 유통 센터와 판매 대리점을 두고 있었다. 회사 직원 수만 2만 8,000명에 달했고, 하인즈가 만드는 소스에 사용될 농작물을 확보하기 위해서 약 20만 명의 농부와 계약을 맺었다.

하인즈가 케첩과 56개의 소스 생산에 집중하는 동안 실베스터 그레이엄Sylvester Graham은 유명한 크래커를 개발하고 있었다. 목사이자 사회 운동가인 그레이엄은 술, 고기, 겨자, 하인즈 케첩 대신 찬물 샤워, 딱딱한 매트리스, 과일, 익히지 않은 채소, 그리고 자신이 스낵 원료로 사용하는 통밀을 먹으라고 권했다. 그레이엄이 만든 크래커는 평범한 제품이 아니었다. 그의 크래커는 고기와 지방이 든 음식을 과하게 먹는 십대 청소년들의 욕구를 잠재워주는 치료제였다. 그레이엄의 이론에 따르면, 그레이엄 크래커를 먹은 십대들은 차분하고 침착하고 예의 바르게 행동하며 공부에 더 집중할 수 있었다.

그레이엄이 크래커로 도덕성 회복 운동을 벌이고 있는 동안 존 켈로그 박사도 콘플레이크로 십대의 욕구와 전쟁을 벌이고 있었다(켈로그 박사는 십대의 욕구를 위험한 욕망이라고 불렀다). 켈로그 박사는 건강 제일주의자이자 채식주의자로 미시간주에서 유명한 요양소를 운영하고 있었다. 하루는 빵 제조법에 대해 실험을 하고 있었다. 그는 너무 단단해서 씹다가 이가 빠지는 즈비백zwieback(독일인들이 즐겨 먹는 빵으로 쉽게 부서지지 않도록 비스킷처럼 단단하게 구운 빵 - 역자)보다 훨씬 먹기 편한 새로운 토스트를 만드는 방법을 연구하고 있었다. 켈로그 박사는 실험 도중 오븐을 너무 오래 열어두었는데, 그로 인해 실험하던 빵이 얇고 작은 조각으로 변한 것을 발견했다. 그는 이런 플레이크가 연애에 대한 열정을 식혀주고 젊은이들을 고통에서 구해줄 것으로 확신했다.

하지만 켈로그 박사의 주장이나 실베스터 그레이엄의 크래커가 갖고 있다는 효능에 대해 동의하는 사람은 거의 없었다. 미국인들이 그들의 주장을 믿지는 않았지만 그레이엄의 크래커와 켈로그 박사의 시리얼은 지금까지도 미국인들의 국민 주식이다.

켈로그 박사는 요양소 환자 가운데 청산유수로 말을 잘하는 포스트C. W. Post를 알게 되었다. 신경쇠약을 치료하기 위해 켈로그의 요양소에 머무르고 있던 포스트가 켈로그 박사의 첫 번째 플레이크를 먹었다. 포스트는 시리얼을 좋아했지만 켈로그가 아침식사로 제공하는 캐러멜 커피는 싫어했다. 포스트는 마시기에 편한 음료가 있으면 좋겠다고 생각했고 결국 커피 맛이 나는(적어도 포스트는 커피 맛이 난다고 생각했다) 곡물음료인 포스텀Postum을 개발하게 되었다. 포스트는 자신이 개발한 그레이프 넛츠Grape Nuts와 포스트 토스티스Post Toasties라는 시리얼도 함께 판매했다.

작은 캐러멜 가게 주인이었던 밀튼 스네이블리 허쉬Milton Snaveley Hershey와 그가 만든 캔디에 대해 이야기해보자. 허쉬는 1893년 시카고 세계 박람회를 둘러보다가 독일제 초콜릿 머신을 발견하고 한 대를 주문했다. 허쉬는 독일제 초콜릿 제조기계를 이용해 초콜릿을 덮어씌운 캐러멜을 만들었는데, 이것이 세계 최초로 대량 생산된 초콜릿 바였다. 1907년에는 허쉬 키세스Hershey's Kisses라는 초콜릿을 생산하기 시작했고 1925년에는 땅콩이 들어 있는 허쉬 굿바Hershey's Goodbar가 출시됐다. 그리고 허쉬 주식은 1927년에 뉴욕증권거래소에 상장됐다.

이 시절 미국에는 수천 개의 상표가 등록돼 있었고 수많은 상품의 슬로건과 광고가 생활 속에 등장했다. 로얄 뱅킹 컴퍼니의 '절대 순수', 코닥의 '버튼만 누르면 나머지는 다 알아서 합니다', 아이보리 비누의 '물에 뜨는 비누', 슐리츠의 '밀워키를 유명하게 만든 맥주', 뉴욕 타임스의 '인쇄할 수 있는 뉴스는 모두 다 게재한다', 윌리엄스 박사로 알려진 제약업자가 판매한 혼합 비타민제의 '창백한 사람들을 위한 분홍 알약' 등이 대표적이다.

이렇게 새로 개발된 상품을 판매하기 위해서는 그에 맞는 새로운 형태의 상점이 필요했다. 1800년대 중반까지 미국에는 슈퍼마켓이 존재하지 않았다. 조지 길먼과 조지 헌팅턴 하트포드라는 차 애호가 두 사람이 1859년 뉴욕 세계 무역센터 근처에 차 가게를 열 때까지 아무도 대규모 슈퍼마켓에 대해 생각하지 못했다. 두 사람은 '위대한 미국 차 회사The Great American Tea Company'라고 거창하게 이름을 지었지만 사실 규모는 작았다. '위대한 미국 차'라는 이름은 나중에 '위대한 대서양과 태평양 차A&P, Great Atlantic and Pacific Tea Company'라는 더 원대한 이름으로 바뀌었다.

이 회사는 뉴욕에서 1개 점포로 시작해 곧 5개로 늘었다. 이어 다른 주에도 가게를 열게 됐다. 여러 곳에 점포를 열게 되자 길먼과 하트포드는 상점에서 커피, 버터, 우유까지 취급했다. 그리고 1912년, 점포의 수가 400개로 늘면서 미국 최초의 대규모 식품잡화점이 되었다. 1920년대 말에는 점포 수가 1만 5,000개로 증가했고 1년 매출도 10억 달러에 달했다. 당시 미국에서 A&P를 모르는 소비자는 아무도 없었다.

체인점과 통신판매 카탈로그가 늘어난 덕분에 소비자들은 지역 상인이나 행상이 파는 가격보다 더 저렴하고 믿을 수 있는 상품을 구입할 수 있었다. 소도시와 농장에 사는 사람들은 통신판매로 주문한 상품을 받는 것이 중요한 일과였다. 특히 몽고메리 워드Montgomery Ward(1872년 처음으로 시카고에서 설립된 우편주문 회사. 창립자 아론 몽고메리 워드의 이름을 상호로 사용 – 역자)와 시어스 로벅 앤 컴퍼니Sears Roebuck and Company(1887년부터 우편주문 사업 시작)에서 온 소포는 귀한 대접을 받았다.

시어스에서는 처음에 손목시계만 판매하다가 알래스카에 사는 한 고객의 주문을 계기로 취급 품목을 일반 상품으로 확대했다. 어느 날 알래스카의 한 광산 탐사업자가 시어스에 화장지 100개를 선불 주문하면서 현금을 봉투에 넣어 보내왔다. 시어스는 카탈로그에 없는 상품은 주문을 받을 수 없다며 돈을 돌려보냈다. 알래스카에 있는 고객은 "내가 당신네 카탈로그를 가지고 있다면 화장지가 필요하지 않을 겁니다."라고 답장을 보내왔다.

점점 더 많은 상품을 원거리로 보내게 되면서 철도를 통한 화물 수송량도 늘었다. 우편은 미국인들의 일상생활 속에서 점점 더 큰 역할을 했고, 대량생산된 상품을 소비자의 손에 전달하는 가장 효과적인 방법이었기 때문에 자본주의 발전에 매우 중요한 요소였다. 그 당시 우편 서비스에 대한 평판은 좋지 않았다. 상품 제조업체도 우체국 서비스에 불만이 많았다. 기업 입장에서 신속한 배송은 매우 중요한 문제였기 때문에 우체국 서비스를 개혁하는 캠페인을 주도한 사람도 있었다.

산업 시대와 악덕 자본가의 등장

기업은 공장을 짓고 철강을 생산하며 현대 미국의 초석을 다졌다. 19세기 중반까지만 해도 미국 전체 거래 규모에서 기업이 차지하는 비중은 4분의 1에도 미치지 못했다. 하지만 20세기에 접어들면서 기업은 모든 생활 분야에 영향을 미치고 있었다.

대량생산이라는 말은 산업화 시대의 좌우명이었다. 공장에서 쏟아져 나온 상품은 기차에 실려 각 주의 경계를 넘어 미국 전역으로 분배됐다. 이로써 작은 상점으로 이루어져 있던 동네 시장이 지역의 시장으로 발전하게 되었다. 시장의 확산은 미국 사회의 혁명적 변화였고, 독립전쟁 이상으로 일상에 큰 영향을 미쳤다. 1820년 이전 미국인들이 입은 옷 중에 3분의 2는 집에서 손으로 만들어진 것이었지만 19세기 말이 되자 공장에서 대량생산된 제품이 대부분을 차지했다.

다이아몬드Diamond, 필스버리Pillsbury, 캠벨Campbell, 하인즈Heinz, 보든Borden, 퀘이커 오츠Quaker oats, 리비Libby, P&G 같은 회사 이름과 상표명은 일상생활 용어가 되었다. 생활용품은 유명한 작가, 화가, 연예인이나 정치인처럼 사람들 사이에 널리 알려졌다. 1880년대에 아이보리 비누는 모르는 사람들이 없을 정도로 유명한 상품이었다. 1884년 조지 이스트먼George Eastman은 사진을 촬영하는 필름을 대량생산하는 방법을 개발했다. 그리고 10년 뒤 코닥 필름과 코닥 카메라로 사진을 찍는 일은 사람들의 일상적인 취미생활이 되었다.

자동화와 대량생산 시대가 예상보다 빠르게 진행되면서 사람들이 변화에 대응할 시간이 부족했다. 재산과 관련된 법은 개정돼야 했고 상업과 관련된 규정과 새로운 거래 제도도 속속 도입됐다. 일부 사람들은 이런 변화를 이용해 부를 챙겼다. 이들은 정복자나 국왕, 강력한 통치자, 이슬람의 왕, 이집트의 파라오를 능가하는 재산을 축적했다. 1920년대의 유명 역사학자인 매튜 조셉슨Matthew Josephson은 이들을 '악덕 자본가robber baron'라고 불렀다.

'악덕 자본가'는 통상적인 의미의 강도robber가 아니고 법을 어기지도 않았다. 하지만 일부는 자신의 이익을 위해 법을 개정하거나 법을 교묘히 악용했다. 그들은 거액을 굴리는 투기꾼이었다. 대부분 가난한 집안 출신으로 산업계 정상에 오르기 위해 힘으로 경쟁자를 제압하거나 위법을 묵인한 사람들이었다. 이들은 돈 봉투의 힘을 최대한 활용했다. 뉴욕 북부 가난한 농부의 아들인 제이 굴드Jay Gould도 그런 사람이었다. 제이 굴드는 모든 수단을 동원해 엄청난 철도 왕국을 건설했다. 스코틀랜드 방직공의 아들인 앤드류 카네기Andrew Carnegie 역시 철도를 소유했고, 후에 미국 철강업계의 거물이 되었다. 뉴욕항의 노동자 출신인 코넬리우스 밴더빌트Cornelius Vanderbilt는 여러 대의 증기선을 소유하고 있었다. 해운 통제권을 쥐고 있던 밴더빌트는 나중에 철도 사업에도 진출했다. 하지만 엄청난 성공과 부에도 불구하고 너저분한 낡은 카펫이 깔린 작은 집에서 생활했다. 목동 출신인 다니엘 드류Daniel Drew는 주식시장을 조작하는 작전세력이었다. 독실한 기독교 신자였던 제이 피 모건J. P. Morgan의 은행은 정부가 한때 구제 금융을 요청할 만큼 영향력이 막강했다. 낙천적인 주식 중개인 제이 쿡Jay Cooke의 투자회사가 망했을 때는 미국 경제 전체가 흔들릴 정도였다. 노점상 출신인 다이아몬드의 짐 피스크Jim Fisk는 요란한 옷을 입고 손가락마다 반지를 끼고 거리를 활보했다. 러셀 세이지Russel Sage는 능수능란한 주식 투자자이자 철도업계의 거물이었다. 캘리포니아 지사를 지낸 리랜드 스탠퍼드 Leland Stanford는 자신의 정치적 힘을 동원해 철도회사를 설립했다. 철도 사업으로 막대한 돈을 번 스탠퍼드는 자신의 이름을 딴 스탠퍼드 대학을 설립했다.

마지막으로, 중요한 인물인 존 록펠러John D. Rockefeller가 있다. 록펠러는 가짜 약을 파는 장사꾼의 아들로 독실한 침례교도였다. 그는 약삭빠른 자본주의자이자 위협적인 사업가였다. 록펠러는 모든 정유회사를 하나로 통합해 가격을 자신의 마음대로 올릴 수 있는 거대한 독점체제를 구축해 경쟁자들을 무릎 꿇게 했다. 그에 대한 이야기는 나중에 자세히 다루기로 하자.

지금까지 예를 든 악덕 기업가들은 대부분 보수적인 사람들이었다. 이들은 매우 종교적인 한편 굉장히 인색한 사람들이었다. 대부분이 철도를 건설했거나 철도회사를 소유하고 있었으며, 다른 사람의 철도 노선을 차지하기 위해 끊임없이 음모를 꾸몄다. 이들은 철도회사의 주가를 조작하는 방법을 알고 있었고 급격한 가격 변동을 이용해 수백만 달러를 벌었다.

제이 굴드는 이리철도 주식을 과대 선전해 주가를 올렸다. 사람들은 실제 가치보다 훨씬 비싼 가격으로 주식을 매입했다. 이 때문에 이리철도는 '월가의 부정한 여자Scarlet Women of Wall Street'로 불렸다. 제이 굴드의 이리철도는 1873년부터 1942년까지 주주들에게 배당금을 한 푼도 지급하지 않아 신용도가 형편없었다.

제이 쿠크는 철도회사에 투자했으나 실패했다. 그로 인해 제이 쿠크의 은행이 파산하면서 1873년의 공황이 시작되었다. 1873년의 공황으로 여러 주식 중개소가 문을 닫게 되었고 그 여파로 월가도 거의 붕괴 직전까지 내몰렸다.

1864년부터 1900년대 초 사이에 미국 인구는 2배로 증가했다. 같은 기간에 철도망도 7배로 늘면서 거의 모든 미국인이 철도 근처에 살게 되었다. 북부 연합군에서 제대한 22살의 청년 조지 웨스팅하우스George Westinghouse는 공기제동기air brake를 개발했다. 전구가 석유 등잔불을 대체했고 풀맨Pullman은 철도 차량을 제작했다.

미국 방방곡곡에 철도가 깔렸지만 사람들은 주식 투자로 손실을 봤다. 사실 경제 위기와 스캔들은 늘 있었다. 소규모 투자자들은 경제 위기가 올 때 빈털터리가 됐지만 악덕 자본가들은 오히려 막대한 부를 챙겼다. 주식 투자로 거부가 된 자본가 중에서 가장 성공한 사람은 1877년 뉴욕에서 사망한 코넬리우스 밴더빌트였다. 그는 1억 달러에 이르는 전 재산을 아들 윌리엄 밴더빌트에게 상속했다.

아버지 밴더빌트는 당시 미국 최고의 갑부로 알려져 있었다. 그는 해운과 철도, 특히 뉴욕 센트럴New York Central 철도회사를 운영해 막대한 부를 축적했다. 코넬리우스 밴더빌트는 거부로 이름을 날렸지만, 철도를 건설하고 공장에서 일한 노동자들에게 아무것도 남겨주지 않은 배은망덕한 인물로 비난을 받기도 했다.

사람들은 밴더빌트가 지역사회에 아무것도 남기지 않은 데 대해 격분했다. 밴더빌트 자신은 철도를 건설하는 것으로 충분히 사회에 공헌했고, 다른 사람들을 배려할 이유가 없다고 생각했다. 그의 아들 윌리엄은 더 노골적으로 불만을 터트렸다. 윌리엄 밴더빌트는 심지어 "대중들은 저주받아야 마땅하다."라고 말하기도 했다.

시장이 발전하던 초창기에는 미국 사회의 모든 것이 질서정연하지는 않았다. 현재 개발도상국도 마찬가지이다. 미국 경제는 20년마다 휘청거렸고, 사람들은 겁에 질려 돈을 찾으려고 은행으로 몰려들었다. 하지만 사람들이 맡긴 돈은 대부분 이미 대출된 상태였다. 은행은 한꺼번에 몰린 예금 인출 요구를 감당할 수 없어 파산할 수밖에 없었다. 은행이 파산하면 지역사회 전체에 돈이 고갈됐고 많은 기업이 문을 닫았으며 금융 시스템도 기능을 상실했다. 주식과 채권을 발행한 기관도 이자를 지불할 수 없어 결국 붕괴될 수밖에 없었다.

과거 경제 위기의 경우처럼 1873년 공황의 최대 피해자도 역시 유럽인들이었다. 미국은 잦은 경제 위기와 공황 때문에 상거래에서 믿을 수 없는 국가라는 평판을 받았다. 최근에는 중국이나 러시아 기업인들이 이런 평가를 받고 있다. 미국인들은 초창기 국제 자본주의 사회에서 채무를 갚지 않는 사람들로 낙인 찍혔다.

1893년 또다시 공황이 발생하자 철도회사의 4분의 1이 파산했다(대규모 경제 위기는 정말 20년 간격으로 발생하는 것처럼 보인다). 1903년의 공황은 1893년보다 강도가 약했다. 공황 발생 여부와 관계없이 미국 초기 자본주의 시대에 설립된 회사 가운데 일부는 지금까지 수십만 명의 직원을 고용하고 있고 주주들에게 이익을 돌려주고 있다. 1900년에 발행된 세계 지도에 등장한 국가 가운데 절반은 지구상에서 사라졌다. 하지만 허쉬, 퀘이커 오츠, 리글리, AT&T, 듀퐁, 보스턴 은행, 아메리칸 타바코American Tobacco, US스틸, 스탠더드 오일에서 분리 독립한 정유회사들(엑손, 셰브론, 모빌, 아모코 등)은 여전히 건재하고 있다.

독점의 폐해

20세기에 들어서면서 자본주의는 분명 잘못된 방향으로 발전하고 있었다. 자본주의는 훌륭한 아이디어가 있는 사람은 누구나 성공할 기회가 있다는 자유 경쟁 개념으로 시작됐다. 그러나 점점 소수 거대 기업이 지배하는 조작된 게임으로 변질되고 있었다. 소수 거대 기업이 시장을 지배하는 상태를 독점monopoly이라고 부른다.

아돌프 히틀러나 공산주의의 위협보다는 못하지만, 독점은 미국이 직면한 가장 큰 위협이라고 할 수 있다. 모노폴리Monopoly(돈 모양의 종잇조각을 주고받으며 땅과 집을 사고파는 놀이를 하는 보드 게임 - 역자)라는 게임을 해봤다면 독점의 개념을 이해할 수 있을 것이다. 모노폴리 게임의 목표는 부동산을 모두 사들여서 엄청난 임대료를 거둬들이는 게임이다. 한 사람이 모든 부동산을 사들이면 게임이 끝난다.

현실 세계의 독점도 모노폴리 게임과 동일하지만 실제 부동산 시장에서는 게임과 똑같은 독점 현상은 나타나지 않는다. 독점은 한 산업에서 모든 것을 통제하고 가격을 결정하는 거물이 등장할 때 발생한다. 제과업을 예로 들어보자. 케이크와 쿠키를 만들어 파는 회사가 단 하나뿐이라고 가정했을 때, 소비자는 제과회사가 아무리 비싼 값을 부르더라도 그 가격에 케이크나 쿠키를 사야 한다. 값이 비싸다고 생각하면 케이크나 쿠키를 포기해야 한다. 제과업자든 장난감 제조사든 항공회사든 일단 독점 구조가 형성되면 소비자에게는 선택권이 없다. 모든 경쟁자가 독점에 가담하거나 아니면 파산한 상태이기 때문에 다른 제과업자나 장난감 제조업자, 항공회사를 선택할 수 없다.

앞에서 설명한 버지니아 회사, 네덜란드 동인도회사 등 무역회사가 모두 독점 회사였다. 유럽의 왕이 인가한 영업권은 미국 신대륙의 광활한 지역에서 사업을 할 수 있는 독점적 권리를 부여한 것이었다. 1,000마일에 이르는 동부 해안에서 이 회사들은 농업과 어업 그리고 원주민들과의 무역을 통제하고 독점했다. 어느 누구도 허가 없이는 그들과 경쟁할 수 없었다.

독점이 미래에 큰 위협이 될 것이라는 사실을 가장 먼저 예견한 사람은《국부론》의 저자 애덤 스미스였다. 그는 경쟁이 자본주의의 핵심이라고 생각했다. 누군가가 더 좋고 더 저렴한 상품을 만드는 한, 하나의 기업이 시장을 좌우하는 일은 불가능하다. 경쟁이 있으면 기업은 방심하지 못한다. 경쟁 때문에 기업은 상품을 개선하고 가능하면 가격을 낮게 유지한다. 그렇지 않으면 고객을 모두 경쟁 기업에 빼앗기기 때문이다.

미국 경제가 한창 발전하고 있던 19세기 중반에는 모든 산업 분야에 걸쳐 수많은 기업이 존재했고 기업 간 경쟁도 매우 치열했다. 애덤 스미스의 주장처럼 경쟁은 사회에 도움이 되었지만, 기업주는 경쟁 상황을 좋아하지 않았고 경쟁을 필요악이라고 생각했다. 기업주는 더 좋은 상품을 생산해 경쟁에 이겨야 하는 끝없는 싸움에 지쳐 있었다. 기업주는 상품 가격을 올릴 기회를 찾고 있었고, 가격이 아무리 비싸도 소비자들이 살 수밖에 없는 상황을 만들고 싶어 했다.

예를 들어 제과업계에 독점 기회가 생겼다면 모든 제과업체 사장이 한 방에 모여 쿠키와 케이크 가격을 똑같이 높게 하자고 작당했을 것이다. 사주들은 경쟁을 피하기 위해 협약을 체결할 수도 있다. 또 전략적 협력 관계를 구축할 수도 있다. 사실 1870년대와 1880년대에 미국에서는 가격 담합 카르텔이 많이 결성되었다(카르텔 참여자들은 담합을 카르텔이라고 부르지 않고 'pool'이라고 불렀다). 하지만 결국 카르텔을 금지하는 법이 만들어졌다.

1880년대 초, 도드Dodd라는 명석한 변호사는 트러스트trust(동일 산업 부문에서 자본 결합을 축으로 한 독점적 기업 결합 - 역자)를 통해 카르텔 금지법을 빠져나가는 방법을 찾아냈다. 트러스트는 여러 사람 명의의 재산을 한 사람의 통제 아래 두는 전통적인 방식이다. 존 록펠러 정유회사 법무 팀에서 일하던 도드의 기업 합동 아이디어는 록펠러의 관심을 끌었다. 어떻게 하면 여러 개의 정유회사를 하나의 트러스트로 통합할 수 있을까? 하나의 트러스트를 결성하면 개별 회사의 사주들은 가격을 담합할 수 있고 협약을 체결할 수도 있으며 경쟁도 피할 수 있었다. 그리고 이 모든 행위는 합법적이었다.

록펠러는 즉시 도드가 제안한 방식으로 상위 40개 경쟁 업체를 하나의 트러스트로 조직했다. 그는 경쟁업체에게 트러스트에 참여할 것을 요구했고 경쟁업체는 선택의 여지가 없었다. 록펠러는 트러스트에 가입하지 않는 업체가 있으면, 가격 경쟁이 안 될 정도로 아주 낮은 가격에 기름을 판매해 그 업체를 파산시키겠다고 위협했다.

록펠러의 전략은 전혀 우호적이지 않았지만 상당히 효과적이었다. 비록 일부는 마지못해 참여했지만 록펠러와 40명의 동업자는 스탠더드 오일 트러스트Standard Oil Trust를 설립했다. 하룻밤 사이 스탠더드 오일 트러스트는 정유 산업의 90%와 미국 유전 대부분을 통제하는, 세계 석유시장에서 가장 크고 막강한 사업자로 변신했다. 소비자는 비싼 돈을 주고 록펠러의 석유를 살 수밖에 없었다. 선택의 여지가 없었기 때문이다.

이들은 트러스트의 힘을 악용해 석유 운송료를 더 낮추도록 철도회사를 압박하기도 했다. 철도회사도 달리 선택의 여지가 없었다. 록펠러는 운송료 인하를 거부하는 철도회사를 파산시킬 수도 있었다. 록펠러 회사의 기름을 운송하지 못하면 기름 수송을 아예 포기해야 했다. 미국 정유 생산량의 90% 이상을 록펠러의 스탠더드 오일 트러스트가 생산했기 때문이다.

스탠더드 오일 트러스트는 독점력을 오일 산업의 모든 분야로 확대했다. 유전에서 정유업까지 모든 것이 록펠러 손 안에 있었다. 록펠러의 성공담을 접한 다른 기업의 사주들도 트러스트를 결성하기 시작했다. 설탕 트러스트, 위스키 트러스트, 면화유 트러스트, 납 트러스트가 잇따라 만들어졌다. 제임스 듀크는 아메리칸 타바코에 참여한 담배 농장 주인들과 함께 담배 트러스트를 결성했다.

햄 트러스트Swift Brothers, 과일 트러스트Unites Fruit, 쿠키와 비스킷 트러스트Nabisco도 만들어졌다. 트러스트를 결성하지 않은 기업은 합병을 통해 서로 연계했다. 여러 기업이 복합기업conglomerate(자사의 업종과 관계가 없는 이종 기업을 인수·합병하여 경영을 다각화한 기업 – 역자)이라는 형태로 합병되었다. 듀폰, 아나콘다 코퍼Anaconda Copper, 다이아몬드 매치Diamond Match, 인터내셔널 하비스터International Harvester, 현재 아사코ASARCO라고 불리는 아메리칸 스멜팅 앤 리파이닝American Smelting and Refining이 탄생했다. 철도회사도 행동에 나서 대형 회사 가운데 여러 곳이 합병됐다. 수십 개에 이르는 철도회사도 밴더빌트 철도, 펜실베이니아 철도, 힐 철도, 해리먼 라인스, 굴드 철도, 록 아일랜드 시스템 등 대규모 기업으로 통합되었다. 철도회사가 재정난에 빠졌을 때 은행가 J. P. 모건은 철도업계 재편을 주도했다.

월가에서 정장과 중절모 패션으로 유명했던 모건은 8개의 작은 철강 회사를 사들여 1901년 거대 제철회사인 US스틸을 만들었다. US스틸은 지금까지 가장 강력한 복합기업체로 존재하고 미국 역사상 최초의 억만장자 기업이 되었다.

1895년에서 1904년까지 약 10년 동안 미국 공개기업의 3분의 1이 트러스트와의 합병으로 사라졌다. 주요 산업 분야에서 트러스트와 복합기업은 마음대로 가격을 인상할 수 있었기 때문에 모든 분야에서 횡포를 부리고 있었다.

미국인들은 경쟁이 사라진 산업계에서 어떤 일이 일어나고 있는지 이제 분명하게 알게 되었다. 트러스트의 오너는 수백만 달러를 긁어모았고, 이 돈으로 동부 해안에 군대 막사보다 큰 여름 별장을 지었다. 대중은 트러스트에게서 등을 돌리게 되었다.

사람들은 거대한 기업이 작은 기업에 대한 통제권을 강화하면서 트러스트에 가입하도록 압력을 행사하거나 가입을 거부한 기업을 파산시키고 있다는 사실도 깨닫게 되었다. 이런 횡포가 계속되면 모든 상품의 가격이 치솟을 것이고 소비자의 지갑은 텅 비게 될 것이다. 가격과 임금을 조정하는 소수 때문에 자유 시장에 근거한 자본주의가 사라질 처지였다. 미국 자본주의 역사에서 가장 암울했던 시기가 바로 트러스트의 횡포가 최고조에 달했던 20세기 초였다.

하지만 이 시기에 대한 논의는 거의 이뤄지지 않고 있다. 독립한 지

125년 만에 엄청난 성장과 번영을 이룩한 미국은 새로운 시대를 향해 나아가고 있었다. 그러나 미국인들은 그렇게 열심히 얻고자 했던 경제적 자유를 트러스트에게 빼앗기고 있었다.

미국 곳곳에서 부도덕한 일들이 자주 발생했다. 업톤 싱클레어Upton Sinclair 기자는 오염된 육류를 파는 육류 포장 공장의 비리를 폭로했다. 이런 기사는 '비리 들추기muckraking'라고 불렸다. 사람들은 노동조합에 가입해 임금 인상을 요구했고, 트러스트가 요구하는 임금 삭감에 반대했다. 하지만 트러스트가 일자리를 통제하는 곳에서 개인은 이에 맞설 힘이 없었다. 노동자들은 직장을 그만두고 다른 일자리를 찾을 수가 없었다. 다른 일자리 자체가 존재하지 않았기 때문이다.

노동조합, 신문, 법원, 일부 용기 있는 정치 지도자들이 트러스트를 저지하는 일에 참여해 탐욕스러운 일부 기업의 횡포를 막으려고 노력했다. 만일 반트러스트 운동가들이 없었다면 미국 시민들은 러시아의 농부보다 더 가난하게 살게 됐을지도 모른다. 그렇게 되면 미국은 러시아처럼 혁명을 겪었을 것이다.

하지만 다행스럽게도 정부와 법원은 트러스트의 오너들을 제외한 모든 미국 시민의 이익을 위해 트러스트 옹호 세력과 치열한 싸움을 전개했다. 미국 의회는 1890년에 셔먼 반트러스트법Sherman Antitrust Act(1890년에 제정된 미국 최초의 트러스트 금지법. 각 주 또는 외국과의 거래를 독점하거나 제한하는 일체의 기업 결합 및 공모를 위법으로 간주, 제재하는 내용이었으나 규정이 애매해 실효를 거두지 못하고 1914년 이것을 보완한 클레이턴법이 제정되었다 - 역자)을 통과시켰다. 하지만 법을 위반한 거대 트러스트들은 지주회사로 형태를 바꾸고 뉴저지로 이전해 법망을 빠져나갔다. 당시 뉴저지주는 트러스트를 결성하고 싶은 회사가 지주회사를 세우고 연방 규제를 쉽게 회피할 수 있도록 하는 법을 통과시켰다. 거대 철강 회사인 US스틸은 지주회사였다.

1904년, 연방대법원이 트러스트에 대해 강력한 제동을 걸었다. 연방대법원은 최대 철도 트러스트를 불법이라고 판결했다. 당시 대통령은 테디 루스벨트Teddy Roosevelt였다. 루스벨트는 셔먼법을 다시 부활시켰고 44개 주요 트러스트에 대해 소송을 제기했다. 캠핑, 사냥 등 만능 활동가인 루스벨트는 쿠바의 산 후앙 언덕San Huan Hill에서 벌어진 미국과 스페인의 전쟁을 승리로 이끌어 '용감한 기병Rough Rider'이라는 별명을 얻은 인물이었다. 그러나 스페인전에서 승리한 것보다 더 중요한 것은 트러스트와의 전쟁에서 이겼다는 사실이었다. 루스벨트는 '트러스트 파괴자Trust Buster'라는 별명을 얻었다. 1914년 의회는 '클레이턴법Clayton Act'이라는 두 번째 반트러스트법을 통과시켰다.

1911년 스탠더드 오일을 시작으로 거대 트러스트 가운데 상당수가 해체됐고 주요 산업 분야에서 경쟁체제가 다시 회복되었다. 정부는 기업이 너무 막강해져 한 산업 분야를 독점하지 못하도록 감시를 강화했다. 특정 산업 분야에서 독점이 발생하면 정부는 반트러스트법을 적용해 소송을 제기했다. 정부가 소송에서 이기면 법원은 독점 기업을 독립적인 여러 개의 작은 회사로 나누었다. 이런 방법을 통해 기업의 경쟁체제가 회복되고 있었다.

미국 최대의 알루미늄 회사인 알코아Alcoa도 한때 알루미늄 산업을 독점했지만 강제로 분할됐다. 유일한 거대 통신사인 AT&T도 법원의 판결에 따라 여러 개의 작은 회사로 분리됐다. 해럴드 그린 판사는

AT&T를 장거리 전화 사업을 담당하는 모회사인 마벨Ma Bell과, 지역 전화 사업을 담당하는 7개의 베이비벨Baby Bell로 분할하도록 판결했다. 해럴드 판사의 판결 이후 수십 개의 전화회사가 마벨 혹은 베이비벨과 경쟁할 수 있는 체제를 갖추게 되었다. 이런 경쟁 구조 덕분에 전화 요금이 점점 더 저렴해졌다.

AT&T의 분할은 왜 독점이 나쁜지, 왜 경쟁이 모든 사람에게 이익이 되는지를 보여준 좋은 사례이다. 분할 전 AT&T 직원 수는 무려 100만 명에 달했다. 당시 미국 직장인 100명 중에 1명은 마벨에서 일한 셈이었다. 현재 마벨과 7개 베이비벨의 직원 수는 겨우 60만 명이지만 통화 건수는 3배 이상 증가했다.

경쟁 때문에 전화회사는 비용을 절감하고 효율성을 추구하게 됐다. 전화회사는 모든 지역민에게 전화 서비스를 제공해야 하는 등 당국의 규제에 따라야 한다. 규제가 없다면 전화선을 설치하는 데 비용이 많이 드는 벽지에 사는 사람들은 전화 서비스를 이용하지 못할 것이다. 경쟁 체제 덕분에 직원 수는 줄었지만 전화통화 수는 더 늘었고 그 결과 전화 요금도 더 저렴해졌다.

마이크로소프트는 세계 최대의 소프트웨어 회사이다. 1991년, 마이크로소프트는 인튜이트Intuit라는 대규모 소프트웨어 회사를 인수하겠다는 계획을 발표했다. 연방정부는 마이크로소프트와 인튜이트의 결합은 소프트웨어 산업의 독점을 불러온다며 마이크로소프트의 계획에 제동을 걸었다. 연방정부의 불허 방침이 발표된 이후 마이크로소프트는 인튜이트 인수 계획을 포기했다. 어느 누구도 워싱턴에 있는 트러스트 반대론자들과 싸우고 싶어 하지 않기 때문이다.

정부가 허락한 유일한 독점은 메이저리그 야구다. 야구는 미국의 국민 오락이기 때문에 의회는 반독점법에 대한 예외를 인정했다. 야구 선수들은 이런 조치에 대해 강하게 반발했다.

다우지수의 경제학

다우존스와 《월스트리트 저널》의 창시자 찰스 헨리 다우Charles Henry Dow. 그는 1884년 투자자들이 전체 주식시장의 변동을 따라갈 수 있도록 새로운 방법을 개발했다. 다우는 11개 주요 종목의 리스트를 만들어 매일 거래가 종료된 시점에 리스트에 있는 종목의 종가를 더해 합계를 구한 다음 이를 다시 11로 나눠 평균을 구했다. 다우는 이렇게 구한 평균을 〈고객을 위한 오후 시황 소식Customer's Afternoon Letters〉이라는 회보를 통해 공개했다.

처음에 다우의 평균은 단지 호기심에서 출발했지만 결과적으로 역사의 한 페이지를 장식하게 됐다. 다우의 평균은 다우존스 평균지수(존스는 다우의 동업자)로 알려지게 되었고, 100년 넘게 주가에 대한 주요 척도로 활용되고 있다. 현재까지도 "주식시장이 어때?" 또는 "시장이 어떻게 마감됐지?"라는 질문은 다우존스 평균지수를 의미한다. "30포인트 올랐어." 혹은 "50포인트 떨어졌어."라는 대답 역시 다우지수를 인용한 것이다.

11개로 구성된 최초의 다우존스 평균지수에는 철도회사가 9곳이나 포함돼 있었다. 당시 월가에서는 철도회사를 최고의 우량주로 평가하고 있었고, 사람들은 철도회사가 산업과 경제를 영원히 지배할 것이라고 믿었다. 그러나 12년 뒤 다우는 연료, 철강, 고무 등 원자재를 생산하는 정유업, 석탄, 철강 등을 포함한 산업평균지수를 만들었다. 초기 다우 산업지수는 오늘날의 마이크로소프트와 월마트 같은 막강하고 지배적인 기업으로 구성돼 있었다. 하지만 현재 대부분이 흔적도 없이 사라졌다.

아메리칸 코튼 오일American cotton oil, 시카고 가스Chicago Gas, 라클레드 가스Laclede Gas, 내셔널 리드National Lead, 테네시 석탄 철강Tennessee Coal & Iron, US 러버U. S. Rubber 등 최초의 다우 산업지수를 구성한 기업에 대해 들어본 적이 거의 없을 것이다. 최초의 다우 산업지수 리스트에 포함된 회사 가운데 사람들이 알 수 있는 유일한 기업은 제너럴 일렉트릭GE뿐이다. GE는 지금까지도 다우 공업지수를 구성하는 중요한 종목이다.

투자자들은 최초의 다우 산업지수를 구성한 기업들 상당수가 사라졌다는 사실에서 중요한 교훈을 얻을 수 있다. 스포츠에서 우승한 팀이 영원히 최고 자리를 지키기가 어렵다는 점에서 기업은 스포츠와 비슷하다. 스포츠나 기업이나 정상에 오르는 것보다 그 자리를 지키는 것이 더 어렵다. 앞에서 살펴본 것처럼 테네시 석탄철강 회사나 라클레드 가스, 아메리칸 코튼 오일 같은 기업도 정상을 지키지 못하고 사라졌다. GE는 정상을 유지하고 있는 보기 드문 사례이다.

현재 다우 산업지수를 구성하고 있는 30개 기업과 최초의 다우지수에 포함된 기업들을 비교해보면 미국이 얼마나 많이 변했는지를 알 수 있다. 지금 다우지수를 구성하는 종목에는 맥도날드가 포함돼 있다. 햄버거 제조사가 어떻게 산업지수에 포함될 수 있을까? 햄버거를 소화시키기 위해 강철로 만든 위가 필요하지 않은 이상 불가능한 일이다. 그러나 맥도날드는 매우 중요한 기업이고 그래서 다우존스 산업지수에 포함됐다. 다우가 최초로 산업 분야를 선택할 당시 맥도날드와 같은 거대한 외식업체는 존재하지 않았다. 코카콜라처럼 영향력이 큰 회사도 현재 다우지수에 포함된다. 코카콜라는 1920년대부터 지금까지 다우지수에 포함돼 있다. 당시 코카콜라는 상당히 작은 회사여서 대부분의 투자자들은 코카콜라라는 회사가 있는지도 잘 몰랐다. 디즈니도 다우에 포함되어 있지만 1940년에야 기업을 공개했다. 찰스 다우가 다우지수를 개발했을 때 월트 디즈니의 미키 마우스는 아직 세상에 태어나지도 못했다.

현대의 다우지수는 미국이 더 이상 탄광이나 철강 산업에 의존하는 거대 산업 국가가 아니라는 것을 보여주고 있다. 공장과 제철소가 월스트리트(주식시장을 비유)와 메인 스트리트Main Street(월가에 대비되는 실물경제를 비유)의 중심에서 서서히 밀려나는 반면, 식당이나 은행, 대형 유통업체, 연예오락 회사, 컴퓨터, 소프트웨어 회사들이 새로운 주요 산업으로 자리 잡아 가고 있는 것이다.

기업 도시의 탄생

농장에서 일하는 사람들의 수가 급격히 감소했다. 기업이 주로 도시에 위치하고 있고 일자리도 도시에서 생겼기 때문에 1920년 이후 많은 사람이 도시에 거주했다. 일부 기업이 자신만의 기업도시를 건설하면서 직원들은 더 좋은 환경에서 살게 되었다. US스틸은 인디애나 주에 개리Gary라는 도시를 건설했고 허쉬 초콜릿도 펜실베이니아에 허쉬 타운을 지었다. 영화 〈찰리와 초콜릿 공장〉의 주인공 윌리 웡카Willy Wonka처럼 진저 브레드와 껌으로 집을 짓고 막대사탕으로 가로등을 만들지는 않지만 직원들은 허쉬 타운을 좋아했다. 허쉬는 지금도 여전히 살기 좋은 도시로 남아있지만 다른 회사들이 건설한 도시는 명성을 유지하지 못했다. 시카고에 인접한 풀맨Pullman이 대표적인 사례이다.

풀맨에 거주하는 사람들은 철도 차량을 만드는 회사인 풀맨의 직원들이었다. 약 9,000명에 이르는 풀맨의 직원과 가족들은 공원과 호수 주변에 똑같이 지어놓은 집에서 거주했다. 풀맨은 환경이라는 단어가 일반인들에게 알려지기 훨씬 이전에 환경을 고려한 도시로 건설됐다. 호수는 공장 발전소에서 나오는 열을 냉각하는 역할을 했다. 도시 화장실에서 나오는 오물은 비료로 활용되었다.

주변 경관이 뛰어난 곳에 학교를 세웠고 직원들에 대한 복지 혜택도 다양했다. 풀맨은 철도 차량 사업이 사양길로 접어들면서 회사가 적자로 돌아서기 전까지 굉장히 살기 좋은 도시였다. 사세가 기울면서 풀맨은 복지와 임금을 줄이기 시작했다. 직원들은 파업을 시작했고 계속되는 파업과 회사에 대한 적대감이 풀맨을 망가트렸다. 회사는 집과 건물을 모두 매각했고 공장도 가동이 중단되면서 결국 파산하고 말았다.

기업이 주택과 교육, 의료보험, 기타 복지 시스템을 운영하는 데는 위험이 따른다. 회사의 재정 상태가 좋은 동안에는 사원 복지를 증진하는 데 아무런 문제가 없다. 하지만 재정 상태가 어려워지면 복지 혜택을 어떻게 할 것인지 고민할 수밖에 없다. 여기에는 2가지 선택이 있을 수 있다. 적자를 줄이기 위해 직원을 해고하고 경비를 절감하는 것이다. 경비 절감을 통해 회사가 살아남기 위해서는 학교, 병원, 공원을 폐쇄할 수밖에 없다. 아니면 모든 복지 혜택을 유지하는 대신 사업을 포기하고 파산하는 것이다.

자본주의는 손해를 보고 있는 기업이 다시 흑자를 내고 정상화될 가능성이 있을 때 가장 잘 작동한다. 만일 기업이 적자에서 벗어나지 못하면 망할 수밖에 없다. 따라서 비생산적인 기업은 도태되고 근로자들은 더 건전하고 생산적인 산업으로 이동할 수 있다. 그러나 기업이 근로자를 위한 의사, 선생님, 보호자와 같은 제2의 역할, 즉 공익적 역할을 담당하고 있을 경우 그 기업은 직원들이 모든 혜택을 누릴 수 있도록 기업을 운영하고 책임져야 한다.

이것이 공산주의가 붕괴된 원인 중의 하나이자 사회주의가 지니고 있는 문제점이다. 공산주의 기업은 기업이 아니다. 공산주의 기업은 지도자가 기업이 있어야 한다고 결정해서 존재하는 기업이다. 예를 들어 러시아 정부의 지도자들은 제철소를 건설하는 것이 좋겠다고 생각했고, 그 결과 러시아는 고품질 철강 제품을 만들게 되었다. 수많은 제철소가 러시아 전역에 우후죽순처럼 생겨났다.

반면 국민들이 사용하는 신발과 옷을 만드는 공장은 많지 않았다. 이 때문에 생필품 부족 현상이 발생했다. 러시아 국민들은 신발과 옷을 사기 위해 길게 줄을 서서 기다려야 했다. 러시아의 소비재 시장은 거대한 잠재력을 가진 시장이다. 러시아 국민들은 먹고 입을 것이 풍부했다면 더 행복했을 것이다. 그러나 중앙 정부의 지도자들은 국민의 소비생활에 관심이 없었다. 그들은 더 많은 제철소를 지었다. 수백만 러시아 국민이 무쇠로 만든 옷을 입을 것이라고 생각했는지도 모른다.

공산주의 경제에서 제조와 생산, 판매에 필요한 모든 자원은 소수의 관리자가 통제한다. 자본주의 경제에서는 제철소가 너무 많으면 공급 과잉이 일어나고 가격이 떨어진다. 제품 가격이 떨어지면 제철소는 손해를 보게 되고 투자자는 철강회사의 주식을 사지 않으려고 한다. 은행도 적자인 철강회사에 더 이상 대출을 하지 않는다. 결국 철강회사는 생산량을 줄일 수밖에 없고 투자할 자금이 없어 더 이상 확장이 불가능해진다.

이제 철강회사에 투자되지 않은 자금은 신발 공장, 청바지 공장, 쇼핑몰 건설, 주택 건설 등 수요가 포화 상태에 이르지 않은 다른 산업에 투자된다. 스미스의 '보이지 않는 손'은 결코 작동을 멈추지 않았다.

카를 마르크스의 치명적 오류

1818년에 태어난 철학자 카를 마르크스는 가장 영향력 있는 공산주의 경제 이론을 창시했다. 마르크스는 독일인이었지만 그의 이론은 런던에서 개발됐다. 마르크스의 아내와 자식들은 난방도 안 되는 런던의 한 아파트에서 제대로 먹지도 못하고 생활했다. 마르크스는 경제학을 가장 좋아했지만 정작 가정의 경제문제에는 관심이 없었다.

마르크스는 뉴턴이 중력의 법칙을 발견했듯이 자본주의를 하나의 공식으로 단순화시키려고 노력했다. 그의 책《자본론》은 공산주의자의 성경이 되었다. 성경을 제외하고 지금까지 출판된 책 중에서 가장 영향력 있는 책이라고 주장하는 사람들도 많다. 마르크스의 자본론은 러시아 혁명이 성공한 이후 레닌을 비롯한 러시아 공산주의자들에게 공산국가를 건설하도록 확신을 주었다.

마르크스에 따르면 자본주의는 망할 운명을 타고났다. 기업이 성장하면 더욱더 많은 사람이 기계의 노예가 되면서 노동의 가치는 떨어질 수밖에 없다. 세계의 노동자들은 더 오랜 시간을 더 적은 임금을 받고 일해야 한다. 결국 분노에 찬 노동자들이 공장을 태워버리고 공산당에 입당한다는 것이다.

사실 마르크스가 《자본론》을 집필할 당시 많은 사람이 공장 노동자로 일하는 것에 한계를 느끼고 있었다. 공장은 어둡고, 시끄럽고, 더럽고, 위험했다. 여자들과 어린이들이 하루 12~18시간 동안 기계에 매달려 일할 수밖에 없었고 노동에 비해 매우 적은 임금을 받았다. 자신의 의지와 상관없이 공장으로 내몰린 노동자들도 있었고, 많은 노동자가 병에 걸리기도 했다. 공기는 굴뚝에서 나온 그을음으로 오염됐다.

마르크스는 이 모든 것을 목격했고, 증오했다(그의 가족은 평균적인 공장 노동자들보다 못 살았다). 그리고 그는 공장 노동자들의 비극이 오래 지속되지 못할 것이라는 사실을 입증하기로 결심했다. 그러나 마르크스의 이론은 전혀 맞지 않았다. 노동자들이 더 적은 임금을 받고 더 많이 일하기는커녕 근로시간은 짧아졌고 월급은 더 많아졌다. 또한 공장에 최신 기계가 설치되면서 노동자들은 같은 노동 시간에 더 많은 상품을 생산할 수 있게 되었다.

기계와 장비가 효율화되면서 근로 시간의 가치는 더 높아졌고 임금을 인상할 수 있는 여유가 생겼다. 투쟁 없이 임금이 인상되지는 않았지만 가끔씩은 임금이 충분히 인상되기도 했다. 마르크스의 주장처럼 노동자 계층이 착취당하는 대신 근로 여건은 더욱 좋아졌고 임금도 증가했다. 공장이 많이 있는 영국, 미국, 서유럽 국가들은 번영했지만 나머지 국가들은 소수의 지주가 모든 것을 소유하고 있는 상태에서 더 이상 발전하지 못했다.

세상에 종언을 고한 것은 자본주의가 아니라 마르크스와 그의 허황된 공산주의 이론이었다. 자본주의 국가의 생활수준은 점점 더 향상된 반면 공산주의 국가의 생활수준은 계속 떨어지면서 공산주의는 붕괴됐다. 결국 러시아와 동유럽 노동자들은 공산주의 체제를 무너뜨리고 자본주의를 선택했다.

대공황 이전의 자본주의

1929년 대공황 이전의 월가는 매우 분주한 곳이었다. 특히 증권회사 직원들은 계산기나 타이프라이터 같은 원시적인 사무기기를 이용해 문서작업을 했기 때문에 눈코 뜰 새 없이 바빴다. 문서작업에 많은 시간이 소요됐고, 증권회사는 매일 쏟아지는 수많은 거래 기록을 보관하기 위해 커다란 창고까지 가지고 있었다.

뉴욕증권거래소에서 거래되는 모든 회사의 주식 가치는 870억 달러로 5조 4억 달러에 이르는 현재의 거래량과 비교하면 조족지혈에 불과하다. 지금은 엑손 한 회사의 시가총액만 870억 달러가 넘는다. 엑손은 상장기업 중 가장 주주가 많은 회사이다.

1929년 주주 수가 가장 많은 회사는 AT&T였다. AT&T는 단일 회사로는 세계 최대였지만, 산업으로 보면 여전히 철도가 최대 산업이었고 정유와 철강 산업이 그 뒤를 이었다. 손해 걱정이 없는 안전한 주식을 원한다면 당시에는 철도 주식을 사야 했다. 철도 주식은 꾸준히 높은 배당금을 지급했다. 나중에는 전기회사도 높은 배당금을 지급했다.

AT&T처럼 철도회사도 공황을 잘 견뎌냈지만 이전 상태로 회복하지는 못했다. 장기적으로 철도회사가 선도 산업의 자리를 빼앗기고 향후 철도 주식이 별 볼일 없는 주식으로 전락할 것이라고 예측한 경제학자나 예언자는 거의 없었다. 좋은 주식인지 나쁜 주식인지는 전적으로 시대에 달려 있다.

투자자들의 관심은 철도 산업의 쇠퇴에 가장 큰 영향을 미친 자동차 산업에 집중됐다. 자동차 산업도 새로운 산업이 발전하는 전형적인 경로를 걸었다. 초기 자동차 산업은 가내 수공업 수준으로, 미국 전역에 산재해 있는 크고 작은 차고에서 자동차가 조립됐다. 20세기로 접어들면서 자동차 제조업자들은 중부 대서양 지역에 위치한 뉴잉글랜드와 중서부 지역으로 이주했다.

듀크가 담배를 대량생산하고 하인즈가 피클을 대량생산한 것처럼 헨리 포드도 자동차 조립 라인을 만들어 대량생산을 시작했다. 포드는 저렴한 고품질의 자동차를 만들었고 미국인들은 포드가 만든 자동차를 좋아했다. 미국인들은 포드의 모델 T 자동차를 샀지만 포드 자동차의 주식은 살 수가 없었다. 포드 자동차는 포드와 그의 가족, 친구들이 소유한 개인 회사였기 때문이다. 다른 자동차 회사인 제너럴모터스는 공개 기업이었다. 1929년에 제너럴모터스는 사람들에게 가장 인기 있는 주식이었다. 당시 제너럴모터스 주식의 인기는 대단했고 AT&T와 US스틸 다음으로 세 번째로 큰 회사가 되었다. 포드가 모델 T만을 고집하고 있는 동안 제너럴모터스는 소비자의 선택의 폭을 넓히기 위해 다양한 모델을 생산했다. 제너럴모터스의 생산량이 포드 자동차를 앞섰고 포드는 뒤늦게 새로운 모델을 추가로 생산했다. 자동차 산업 분야에는 포드와 제너럴모터스 외에도 크라이슬러, 허드슨Hudson, 내시Nash 같은 군소 경쟁 업체도 있었다.

그즈음 모든 도시에서 대형 연쇄점을 쉽게 찾을 수 있었다. 가장 유명한 연쇄점은 19세기 펜실베이니아에서 설립된 울워스Woolworth였다. 그 뒤를 이어 맥코리McCory, 크레스Kress, 크레스지Kresge 같은 대형 잡화점이 탄생했다. A&P는 전국망을 가진 슈퍼마켓이었다. 최초의 쇼핑센터인 컨트리클럽 플라자Country Club Plaza는 1922년 캔자스시티 근처에 세워졌다.

잡화점이나 백화점 분야에서 현재 이름을 날리고 있는 유명 업체들은 당시에는 소규모 기업이었고, 당시의 US스틸이나 뉴욕 센트럴 같은 거대 회사와 비교하면 구멍가게에 불과했다. 그 당시 유명 식품업체는 유나이티드 프루트United Fruit, 내셔널 데어리 프로덕트National Dairy Products, 보덴Borden 정도였다. 제너럴 밀스General Mills, 필스버리 플라워 밀스Pillsbury Flour Mills는 시리얼과 제과업계에 새로 등장한 기업이었다. 코카콜라 주식의 전체 가치는 1억 3,400만 달러였다. 리글리의 주식 가치는 1억 3,600만 달러, 질레트의 가치가 2억 2,600만 달러 그리고 P&G 주식 가치도 3억 4,500만 달러에 달했다. 1994년에 코카콜라는 700만 달러의 순이익을 기록했다.

시어스는 소매 분야에서 가장 영향력이 있었고, 소비자들이 몽키 워드Monkey Ward라고 부르던 몽고메리 워드가 그다음이었다. 울워스는 미국 전 지역에 싸구려 잡화점 매장을 가지고 있었다. 소비자들은 이곳에서 모든 물건을 10센트 이하 가격에 살 수 있었다.

도시 주변에 작은 도시(교외 지역)가 생겨나기 시작했다. 그러나 교외 도시에는 쇼핑몰이 없었다. 교외 지역의 도시를 연결하는 도로와 고속도로가 아직 건설되지 않았던 탓이다. 예를 들어 도심에서 브루클린이나 나틱Natick 같은 교외로 가는 기차나 전차는 있지만 브루클린과 나틱을 연결하는 기차는 없었다. 브루클린에 쇼핑몰이 있다면 브루클린 거주자만 이용할 수 있었다. 도로는 부족했고 자동차 공급도 모자랐다.

사람들은 도시와 도심에 있는 백화점에서 쇼핑을 하거나 지역의 작은 소매점에서 쇼핑을 했다. 지역 소매점에서 파는 상품의 가격은 비싸고 종류도 제한돼 있었다. 시골 오지에 사는 사람들은 워드나 시어스의 카탈로그를 보고 통신판매로 쇼핑을 했다.

지금은 마을 곳곳에 상점이 들어서 있고 고속도로 진출입로마다 쇼핑몰이 있어 시어스처럼 단일 소매업체가 소비자를 독차지한다는 것은 상상하기 어렵다. 그렇지만 그 시절 시골 오지에 사는 이들에게 시어스는 단순한 통신판매 이상의 의미를 가지고 있었다. 시어스는 사람들의 단조로운 일상에 재미를 안겨주는 원천이었다. 또 충성스런 소비자들에게 시어스는 하늘이 준 선물과 같았다. 조지아주 주지사인 유진 탈마지Eugene Talmage는 한 농촌 지역에서 행한 선거 연설에서 다음과 같이 말했다.

"여러분의 유일한 친구는 예수님과 시어스 그리고 유진 탈마지뿐입니다."

빠르게 성장하는 작은 회사가 어느 순간 억만장자 기업이 되는 것이다. 이런 기업들은 1920년대 이후 수십 년 동안 꾸준히 나타났다. 1990년대에도 계속 출연하고 있다. 1929년 사무기기 산업의 규모는 아주 작았다. 사무기기 산업에 5대 회사가 있었는데, 각 회사의 개별 가치는 900만 달러에서 6,500만 달러 사이였다. 5개 가운데 4개가 거대 기업으로 성장했다.

1929년 대공황으로 수많은 개인 투자자가 전 재산을 잃었다. 그러나 투자자들에게 주식을 판 증권사는 공황을 극복했다. 일부 소규모 증권사가 파산하기는 했지만 대부분은 파산을 모면했다. 당시 사람들은 10% 증거금만 있으면 주식을 살 수 있었다(투자자가 1,000달러를 가지고 있다면 증권사에서 9,000달러를 빌려 총 1만 달러어치의 주식을 살 수 있었다 - 역자). 따라서 주가가 폭락하는 공황이 발생했을 때 투자자들은 전 재산을 날릴 수밖에 없었다. 투자자는 기본적으로 자신이 처음 투자한 금액보다 더 많은 돈을 증권사에 빚지게 되어 있었다. 증권사는 투자자의 빚을 회수하고 재산을 압류했다. 월가의 증권사도 대출을 받아 주식을 샀다. 은행은 증권사의 사정을 봐주었고 증권사는 채무 상환 기간을 연장했다. 그러나 개인 투자자는 은행처럼 특혜를 받지 못했다.

공황에 대한 공포

미국 역사상 1929년의 대공황보다 사람들을 불안에 떨게 한 사건은 없었다. 1929년에 세상에 태어나지도 않은 사람들은 물론 이들의 후손들마저 또다시 공황이 발생할까 봐 걱정하며 살았다.

미국은 독립전쟁과 남북전쟁, 두 차례의 세계대전, 한국전쟁, 베트남전쟁, 그 밖에 많은 국지전을 겪었다. 또 시카고 대화재, 샌프란시스코 대지진, 로스앤젤레스 대지진을 비롯해 수많은 소규모 지진과 수십 또는 수백 건의 태풍 피해를 극복했다. 미국은 장티푸스, 폐결핵, 소아마비, 가뭄, 홍수, 폭동, 파업, 성 밸런타인데이 대학살 사건도 겪었다. 그러나 미국은 아직도 1929년 대공황에 대한 두려움을 극복하지 못하고 있다.

대공황은 역사상 가장 치명적인 집단 공포였다. 이 때문에 수백만 명이 주식 투자를 기피하게 되면서 돈을 벌 수 있는 기회를 놓쳤다. 주식시장이 또다시 공황에 빠지면 재산을 잃어버릴 수 있다는 생각이 여전히 많은 사람들의 머릿속에서 떠나지 않고 있다. 투자로 재산을 날린 사람은 길거리에서 사과와 연필을 팔고, 노숙자 쉼터에서 잠을 자게 될 것이라는 두려움이 잠재하고 있는 것이다. 1930년대 미국인들은 이런 상황을 빗대어 "조 아저씨가 길에서 사과와 연필을 팔고 있다."라고 말했다.

물론 앞으로도 또 다른 공황이 올 수도 있다. 1987년에 블랙 먼데이 대폭락이 있었고, 1981년과 1982년에도 작은 폭락을 겪었으며 1973년과 1974년에 또 다른 대폭락을 경험했다. 그러나 주식시장은 항상 그래왔던 것처럼 다시 회복됐다. 긍정적으로 생각하면 폭락은 주식을 싸게 살 수 있는 절호의 기회인 것이다.

폭락과 관련된 중요한 문제는 주가가 회복하는 데 얼마나 시간이 걸리는가이다. 다우존스 산업평균지수는 1972년에 1,000포인트를 기록했는데 10년 뒤 어느 시점에는 800 이하로 추락했다. 이 기간 동안 투자자들의 인내심이 시험대에 올랐지만 1929년 이후만큼 심하지는 않았다. 대공황 직후로부터 주가가 회복되기까지 25년이라는 세월이 걸렸다. 주가가 회복되기를 기다리다 지친 미국인들은 절대로 다시는 주식을 사지 않겠다고 맹세했다.

주가 회복에 이렇게 오랜 시간이 걸린 이유는, 단순한 가격 폭락이 아니었기 때문이다. 당시 주가 폭락은 대공황the Great Depression과 관계가 깊었다. 미국 사회에 엄청난 고통을 안겨주었다는 사실을 제외하면 대great공황이라고 부를 만한 이유도 없다. 그래서 때로는 'great'를 떼어버리고 그냥 공황the Depression(대신 반드시 정관사 the를 붙인다 - 역자)이라고 부르기도 한다. 대공황 이전에도 이와 비슷한 공황이나 경기 침체는 종종 발생했기 때문이다.

약 10년 정도 지속된 대공황 동안에 돈은 씨가 말랐고 일자리 구하기는 하늘의 별따기만큼 어려웠다. 상점들은 점점 파산했고 직원들은 일자리를 잃었다. 실업으로 가계소득이 줄자 소비도 줄었다. 그 결과 수많은 상점이 문을 닫았다. 그리고 상점에서 일하던 점원들도 일자리를 잃게 되었다. 경제는 거의 빈사 상태에 빠졌다. 기업은 이익을 낼 수 없었고 결국 주가는 폭락해 바닥을 기었다.

흔히 월가의 대폭락이 대공황을 불러왔다고 잘못 알려져 있다. 사실 대부분의 역사학자들은 대공황이 1929년 주가 대폭락으로 발생한 것이 아니라는 사실을 알고 있다. 당시 주식을 소유한 미국인은 극히 일부에 불과했다. 따라서 대부분의 미국인들은 1929년 주가 대폭락에서

단 한 푼도 손해 보지 않았다. 대공황은 정부의 잘못된 통화정책과 부적절한 금리 인상이 세계적인 경기 침체와 겹치면서 발생했다. 미국 정부는 경제를 활성화시키기 위해 더 많은 돈을 공급하는 대신 돈줄을 죄는 정반대 정책을 폈고, 미국 경제는 '끼익' 소리를 내면서 멈춰버렸다.

그나마 미국 정부가 대공황의 실수에서 큰 교훈을 얻었다는 사실은, 후대 사람들에게 다행스런 일이다. 경제가 침체에 빠졌을 때 정부는 재빨리 돈의 공급을 늘리고 금리를 낮추어야 한다. 금리가 낮아지면 더 많은 돈이 시중에 유통되고 대출 부담도 줄어든다. 대출 금리가 낮아지면 사람들은 집을 사고 비싼 상품도 구입하게 된다. 이는 기업의 생산 확대로 이어진다. 주택 구매와 기업 생산의 급격한 증가라는 충격 요법은 죽어가던 경제를 다시 살려낼 수 있다. 경제가 회복될 때까지 여러 차례에 걸쳐 금리 인하 조치가 필요할지도 모른다. 미국은 제2차 세계대전 이전에 무려 9차례 경기 침체를 경험했지만 9번 모두 경제를 회복시킨 경험을 가지고 있다.

1930년 이전에 경기 침체와 공황은 자주 일어나는 일이었다. 그러나 1929년 대공황 이후 대공황과 같은 경기 침체를 겪은 적은 없다. 지난 50여 년 동안의 경험으로 보아 경기 침체가 공황으로 이어질 확률은 상당히 희박하다. 사실 과거 9번의 불황이 대공황으로 이어지지 않았다는 점에서 대공황이 발생할 확률은 제로에 가깝다. 여러분이 사는 동안 공황이 발생하지 않을 것이라고 어느 누구도 장담할 수 없다. 그러나 적어도 지난 반세기 동안 공황이 발생하는 쪽에 판돈을 건 사람들은 빈털터리가 됐을 것이다.

소아마비 예방 백신을 개발했듯이 불황을 영원히 해결하는 비책을 찾아내는 것이 가능할까? 나는 다음과 같은 이유로 공황을 사전에 예방하는 것이 가능하다고 생각한다. 첫째, 정부는 경제가 침체 조짐을 보일 때 다시 활력을 불어넣기 위해 연방준비은행Federal Reserve Bank을 통해 금리를 내리고 돈을 공급할 준비가 되어 있다. 둘째, 불황에도 지급이 보장되는 연금과 사회보장제도에 의존하는 수백만 명이 존재한다. 여기에 연방정부와 주정부에 근무하는 공무원이 1,800만 명에 이른다. 이들은 불황을 이길 수 있는 소비층에 포함된다는 사실을 기억할 필요가 있다. 이런 계층이 소비를 지속하는 한 경제 성장률이 낮아질 수는 있어도 1930년대처럼 경제가 완전히 멈출 수는 없다.

셋째, 은행과 저축은행에 예치한 예금은 법으로 보장된다. 은행이 파산하더라도 예금자는 전 재산을 잃지 않는다. 수백 개의 은행이 문을 닫은 1930년대에는 예금주들이 모든 것을 잃었다. 과거 국민들이 모든 재산을 잃은 시기에는 국가 전체가 빈사 상태에 빠졌지만 지금은 그렇지 않다.

정부가 경제의 주인공이 됐기 때문에 이런 변화가 가능해진 것이다. 오늘날 정부는 경제에서 가장 중요한 역할을 하고 있다. 반면에 1930년대의 정부는 경제의 조연이었고 1900년대에는 단지 단역배우에 불과했다. 거대한 정부가 국민의 생활을 어렵게 한다고 불평하는 사람들이 있다. 항공기를 통제해 서로 충돌하지 않도록 막아주고, 엄청난 소비력으로 제2의 대공황이 발생하지 않도록 막아주는 역할을 하는 것도 정부라는 사실을 명심할 필요가 있다.

미국이 또다시 불황으로 고생하지 않을 것이라는 주장을 믿는다면 주가 하락 현상에 대한 걱정을 덜게 될 것이다. 경제가 멈추지 않고 움직이는 한 기업은 돈을 벌 수 있다. 기업이 돈을 벌고 이익을 내는 한 주가는 0원이 되지 않는다. 대다수의 기업은 다음 호황기까지 살아남을 것이고 주가는 다시 회복될 것이기 때문이다.

역사는 반복되지 않는다. 누군가가 역사가 반복된다고 말하면 지금까지 50년 이상 과거와 같은 대공황이 발생하지 않았다는 사실을 상기시켜주기 바란다. 1929년과 같은 비극을 피하기 위해 주식 투자를 하지 않는 사람들은 주식 투자에서 얻을 수 있는 모든 이익을 놓치는 것이다.

투자 이익을 놓치는 것은 더 큰 비극이다.

공황과 관련된 소문들

1929년 대공황에 대한 불길하고 터무니없는 이야기가 여러 세대에 걸쳐 후대로 전해졌다. 독자들도 뉴욕의 고층 빌딩 창문에서 투신자살한 실성한 투자자에 대한 이야기를 들어봤을 것이다. 《1929년 대공황1929: The Year of the Great Crash》이라는 책에 따르면 월가의 대폭락 이후 몇 주일 동안에는 자살이 증가하지 않았다. 소수가 창문에서 뛰어내려 목숨을 끊었지만 모두 주식에 투자해 돈을 잃은 것은 아니었다.

얼 라디오 방송Earl Radio Corporation 부사장은 렉싱턴가 쉘튼 호텔 11층에서 투신자살했지만, 대공황이 발생하기 몇 주 전인 10월 초였다. 대공황이 발생한 지 며칠이 지난 10월 24일 건설 현장의 대들보에 걸터앉아있는 한 남자의 주위로 군중이 몰려들었다. 사람들은 그 남자가 주식 투자에 실패해 자살하려 한다고 생각했다. 하지만 그는 대들보에 앉아서 점심을 먹고 있는 건설 노동자였다.

영국 수상 윈스턴 처칠은 사보이 플라자 호텔에 머물고 있었다. 그가 머물렀던 방 바로 위층인 15층 객실에 투숙한 한 남자가 투신자살하는 사건이 발생했다. 주식과 관련이 있다는 증거는 없었지만, 이 사건은 주식시장의 위험성을 알리는 사건으로 알려졌다. 하지만 정작 대공황 기간 동안 주식 투자나 사업 실패로 자살한 사람들은 창문에서 뛰어내리지 않고 총으로 자살하거나 전기 오븐에 머리를 집어넣는 등 다른 방법을 택했다.

컨트리 트러스트 컴퍼니Country Trust Company 은행의 제임스 리오단 James Riodan은 머리에 총을 쏘아 자살했고, 유부남인 해리 크루 크로스비Harry Crew Crosby는 여자 친구와 함께 아편 과다 복용으로 자살했다(이 사건은 크로스비가 J. P. 모건의 아들이기 때문에 월가의 스캔들로 알려졌다. 실상 그는 기자로, 은행과는 아무 관련이 없을 뿐만 아니라 은행도 그와 아무런 관계가 없었다). 한 전기회사 임원은 자기 집 화장실에서 가스 중독으로 사망했다. 필라델피아의 한 금융업자는 헬스클럽에서 총으로 자살했다. 로드 아일랜드의 한 투자자는 증권사의 티커테이프 앞에서 숨진 채 발견되었다. 밀워키의 한 투자자는 총으로 자살하면서 다음과 같은 메모를 남겼다.

"내 육체는 과학 실험실로 보내고 내 영혼은 앤드류 멜론(피츠버그의 유명한 사업가)에게 바친다. 그리고 채권자들에게는 위로를 보낸다."

그렇다면 대공황의 희생자들이 뉴욕의 고층빌딩에서 투신했다는 이야기는 도대체 어디서 나온 것일까? 그 이야기의 진원지는 코미디언

윌 로저스Will Rogers인 것 같다. 월가의 주가가 폭락한 직후 로저스는 다음과 같이 말했다.

"대공황 소식이 뉴욕의 호텔로 전해지자 호텔 프론트 직원들은 손님들에게 이렇게 물었다고 합니다. '잠잘 방을 원하시나요? 아니면 투신할 방을 원하시나요? 창문이 있는 방을 원하시면 줄을 서야 합니다.'"

로저스는 사람들을 웃기기 위해 농담을 한 것일 뿐이다. 그는 월가의 거물 버나드 바루크Bernard Baruch의 충고를 따랐기 때문에 농담을 할 여유가 있었다. 바루크는 주식시장이 붕괴되기 직전에 모든 주식을 팔아버릴 정도로 똑똑한 금융가였다. 로저스도 바루크의 충고를 따라 모든 주식을 팔았다. 하지만 다른 연예인들은 로저스만큼 운이 좋지 못했다.

대공황의 진짜 희생자들은 마진margin, 즉 대출을 받아 주식을 산 투자자들이었다. 당시 투자자들은 10% 증거금만 있으면 주식을 살 수 있었다. 따라서 투자자가 1만 달러를 가지고 있다면 9만 달러를 빌려 총 10만 달러어치의 주식을 살 수 있었다. 대공황으로 주가가 반으로 떨어지자 남은 것이라곤 5만 달러 가치의 주식과 갚을 수 없는 빚 9만 달러뿐이었다.

공황 속의 희소식

대공황 시기라고 해도 모든 사람이 똑같이 암울한 것은 아니었다. 시중에 돈이 부족하고 수백만 명의 실업자가 발생하면서 전체적으로 경제 상황이 좋지 않았다. 그러나 일부 기업과 그 직원들 그리고 투자자들은 상대적으로 경기 침체를 겪지 않았다.

A&P 슈퍼마켓이 가장 좋은 사례이다. 모두가 상점 문을 닫고 있을 때 A&P는 오히려 점포 수를 늘리고 있었다. 매출은 상승했고 이익도 증가했다. 상황이 나빠도 여전히 사람들은 생필품을 살 수밖에 없기 때문이다. 1928년부터 1933년 사이에 국민소득이 절반으로 줄었다. 그러나 아무리 소득이 줄었다 하더라도 식비 지출은 계속되었다.

특정 종류의 기업은 경기 침체나 공황, 자금 조달이 힘든 시기를 다른 기업들보다 잘 극복할 수 있다. 이런 기업은 소비재 성장 기업이라고 불린다. 맥주, 음료수, 스낵 등 생필품과 의약품 등 저렴한 생활필수품을 제조하고 판매하는 회사들이다. 리글리Wrigley처럼 껌과 캔디를 만드는 회사는 불황을 견딜 수 있다. 리글리의 주장처럼 "사람들은 우울하면 우울할수록 그만큼 더 껌을 많이 씹는다."

1932년《비즈니스 위크》는 A&P가 선전하고 있다고 보도했다. 그러나 사업에는 항상 위험이 도사리고 있기 때문에 그 누구도 미래를 장담할 수 없다. 문제는 위험이 무엇인지 정확하게 모른다는 것이다. 투자자가 흔히 범하는 가장 큰 실수가 바로 이 점이다. 투자자는 모든 사람이 이야기하는 문제(지구온난화, 핵탄두, 보스니아 전쟁, 일본과 무역마찰 등), 즉 자신이 생각하기에 중요한 문제에 집중한다. 하지만 자신이 투자한 회사를 성공시키거나 망하게 할 수 있는 작은 문제점은 그냥 지나친다. A&P는 대공황을 극복하는 데 아무런 문제가 없었다. A&P는 대공황이 아니라 피글리 위글리Piggly Wiggly의 위협을 걱정해야 했다. 1916년 테네시주 멤피스에서 한 상인이 최초로 '피글리 위글리'라는 셀프 서비스 슈퍼마켓을 개업했다. 점원에게 진열돼 있는 상품을 가져다달라고 요청하는 대신 상점 이곳저곳을 돌아다니면서 사고 싶은 물건을 고른 다음 계산대로 가져오는, 당시로서는 완전히 혁신적인 쇼핑 방법이었다. 셀프 서비스는 더 적은 직원으로 슈퍼마켓을 운영할 수 있고 고객들에게 더 많은 상품을 노출시킬 수 있는 장점을 가지고 있었다.

셀프 서비스의 등장은 A&P의 비즈니스 측면에서 매우 중요한 사건이었다. A&P 관리자들이 피글리 위글리의 도전을 무시했다면 환경에 적응하지 못하고 멸종된 공룡처럼 사라지고 말았을 것이다. 기업 세계에서 이런 일은 흔하다. 기업은 불황과 전쟁 그리고 오존층에 뚫린 구멍 같은 문제를 극복할 수 있다. 하지만 경쟁은 기업을 망하게 할 수 있다.

기업은 시장의 변화에 빠르게 적응해야 한다. 적응하지 못하면 살아남을 수 없다. A&P는 시장에서 살아남기 위해서 무엇을 우선적으로 해야 할지 알았고 즉시 실천했다. 수천 개에 이르는 작은 점포를 폐쇄하고 대신 소수의 대형 슈퍼마켓을 개점했다.

1935년 기준으로 미국 전체 슈퍼마켓 수는 24개 도시에 96개에 불과했다. 그러나 피글리 위글리의 셀프 서비스 방식은 빠르게 확산되고 있었다. A&P는 작은 매장에서 대형 매장으로 매장 전략을 수정함으로써 제2차 세계대전 이후 시작된 대형 식품점 개설 붐을 타고 확고한 위치를 차지하게 되었다.

미국 경제의 회생

제2차 세계대전은 인류 역사에서 가장 끔찍한 일이었지만 아이러니하게도 미국 경제는 이 전쟁 덕분에 다시 회복됐다. 전쟁터에 나갔던 병사들이 돌아오자 도시 주변의 외곽 지역이 개발됐다. 사람들은 주택, 자동차, 냉장고, 세탁기, 진공청소기 등 가전제품을 사기 시작했다. 19세기 농장의 농기계가 사람의 노동력을 덜어주었듯이 20세기 가정에서는 가전제품이 가사를 대신했다.

새로운 발명품과 시간을 절약해주는 가전제품, 그리고 사람의 노동력을 덜어주는 혁신적인 상품이 나올 때마다 전통주의자들은 집에서 식사를 하고 가족이 모텔을 운영하면서 자연스러운 생활을 즐기던 시절이 사라지는 것을 안타까워했다. 그러나 거대한 진보의 물결을 거스를 수 는 없었다. 사람들은 문명의 이기를 접했을 때 이미 무엇이 좋은지 알고 있었다. 가정주부는 단순한 빗자루보다 진공청소기를 더 좋아했고 힘들 게 빨래하는 것보다 세탁기를 사용하고 싶어 했으며 집에서 요리하는 것보다 가공식품을 더 선호했다. 여행할 때도 더 좋은 서비스를 받기 위해 유명한 체인 모텔에서 자고 잘 알려진 체인 레스토랑에서 음식을 먹고 싶어 했다. 어린아이들은 하워드 존슨과 홀리데이인 같은 유명 체인 호텔이나 맥도날드의 둥근 M자 로고를 보고 즐거워했다.

제2차 세계대전 종전 이후 상장된 기업들은 활기가 넘쳤고 해마다 수백 개의 새로운 기업이 생겨났다. 그러나 미국인의 절대 다수는 여전히 주식 투자를 기피했다. 사람들은 1929년 대공황을 기억했고 주식에 투자해 전 재산을 날리는 위험을 감수하고 싶지 않아 했다. 이 때문에 주식시장에서는 우량 회사들의 주식이 헐값에 거래되고 있었다. 당시 주식을 산 일부 용감한 사람들은 높은 수익을 올렸다.

투자자 보호

주식이나 채권을 사고 뮤추얼펀드에 가입할 경우 잘못된 정보에 오도되거나 사기를 당하지 않더라도 이미 커다란 위험을 떠안게 된다. 투자자도 소매점에서 상품을 사는 고객처럼 사기와 과장 광고, 부당한 상품으로부터 보호받을 권리가 있다.

여러분이 상의 한 벌을 산다면 라벨에 표시된 재질로 제대로 만든 옷인지, 정당한 가격을 주고 사는 것인지 알고 싶을 것이다. 이 때문에 정부는 진실광고법truth in advertising laws(광고주가 상품에 대해 진실을 말하고 이를 증명할 수 있어야 한다는 법으로 미국 연방거래위원회가 법의 준수를 감시하고 있음 - 역자)을 만들었다. 주식을 살 때는 해당 회사가 자기들 주장대로 장사를 잘하고 있는지 아니면 엉터리로 일하고 있는지를 알아야 한다. 또 재무제표는 믿을 만한지, 그 회사 주식이 살 만한 가치가 있는지도 알아봐야 한다. 그래서 정부는 증권사와 주식 거래인, 뮤추얼펀드, 펀드매니저, 기업과 기업 임원에 대해 엄격한 규정을 적용하고 있다.

대공황 이전에는 이런 안전장치가 거의 존재하지 않았다. 기업은 자세한 보고서를 제출할 필요가 없었다. 아무것도 공표하지 않았고 투자자에게 회사의 문제를 감췄다. 내부자라고 불리는 사람들(좋은 일이든 나쁜 일이든 회사 사정을 먼저 알 수 있는 사람들)은 뉴스가 공개되기 전에 주식을 사고파는 '내부자 거래insider trading'로 큰 수익을 챙길 수 있었다. 원칙적으로 내부자 거래는 부당한 것이지만 많은 사람들이 실제로 내부자 거래를 했다.

1929년 대공황 이전에 부도덕한 자본가와 동료들이 자신의 이익을 위해 주가를 조작하는 것은 일반화된 관행이었다. 이들은 자신들에게 유리하도록 시장을 조작하는 방법을 누구보다 잘 알고 있었다. 대중에게 공포심을 조장해 낮은 가격으로 주식을 팔게 만든 다음 대중을 유혹해 똑같은 주식을 터무니없이 높은 가격에 사도록 했다.

자신이 주식을 소유한 회사에 대해 연구하려는 투자자도 거의 없었다. 투자자는 주가의 움직임이 회사의 펀더멘털fundamentals(기업의 재무 상태를 나타내는 매출, 영업이익, 순이익 등 각종 지표 – 역자)과 아무런 관계가 없다는 것을 알고 있었기 때문이다. 대신 투자자들은 이른바 스마트 머니smart money(장세 변화에 따라 신속하게 움직이는 자금으로 시장 정보에 민감한 기관들이 보유한 자금 – 역자)가 어디에 투자하는지 알고 싶어 했다. 그러나 내부 거래자가 아닌 이상 알아내기가 거의 불가능한 일이었다. 당시 주식을 사는 것은 전문 도박꾼과 포커를 하는 것과 비슷했다. 전문 도박꾼은 투자자의 카드를 볼 수 있지만 일반 투자자는 눈을 감고 있는 것과 같았다. 이들은 책임 회피 목적으로 "투자 위험은 투자자의 책임입니다."라는 경고 문구를 증권거래소에 내걸었다.

의회가 월가의 부정직한 행위에 대해 청문회를 개최하고 이를 금지시킨 것은 대공황이 발생한 이후였다. 증권거래위원회Securities and Exchange Commission(1934년 미국 증권거래법 제4조에 의해 증권시장을 규제하고 일반 투자자를 보호하기 위하여 창립된 대통령 직속의 독립된 증권 감독관청, 줄여서 SEC라고 함 - 역자)라고 알려진 정부 기관을 설립해 관련법을 만들고 위반자들을 처벌했다. 증권거래위원회는 주어진 임무를 충실히 수행했다. 덕분에 미국 주식시장처럼 투명하지 못하거나 소액 개인 투자자가 피해를 보는 여러 나라의 칭송을 듣고 있다.

월가는 완벽하지 못하고 그래서 내부자 거래에 대한 소문이 아직도 끊이지 않고 있다. 그러나 최근 부당 거래자는 대부분 적발되고 처벌을 받는다. 경영진부터 평직원까지 기업 직원들이 주가에 영향을 미치는 정보를 알고 주식을 사고파는 것은 불법이다. 친구, 친척, 은행가, 변호사, 심지어 화장실에서 내부 정보를 엿들은 사람도 그 정보를 이용해 이익을 취할 수 없도록 하고 있다. 증권거래위원회는 내부자 거래 금지 규정에 대해 매우 엄격하다.

당신이 보잉사 부사장인데 중국이 신형 점보기 500대를 사기로 했다는 소식을 방금 들었다고 가정해보자. 당신의 첫 반응은 십중팔구 주식 중개인에게 보잉 주식 5,000주를 추가로 매입하라고 전화하는 것일 것이다. 하지만 이런 행동은 불법이다. 당신의 아내, 남편, 여자 친구, 남자 친구, 자식, 손자, 이모, 아저씨, 사촌, 라켓볼 친구들에게도 보잉 주식을 사라고 알려줄 수 없다. 이런 행위는 내부자 거래이고 중대한 범죄에 해당된다.

그렇다면 이런 불법을 저지른 사람은 어떻게 처벌받을까? 증권거래소와 증권거래위원회는 거래 행위를 감시하는 자체 경찰과 전문가를 두고 있다. 비정상적인 거래가 발생하면 경보가 울리고 전문가들이 누가 거래를 했는지 조사에 나선다. 대량 매매를 한 사람이 그 기업과 관련이 있거나 거래한 사람과 관계가 있다면 더 조사를 하고 이들을 기소하기 위한 증거를 수집한다.

증권거래위원회는 또 기업, 증권사, 뮤추얼펀드 등이 제출한 모든 보고서와 재무제표, 기타 정보를 관리 감독한다. 3개월마다 기업은 영업활동에 대한 간략한 보고서를 발표해야 한다. 그리고 1년에 한 번 자세한 보고서를 공개해야 한다. 이 보고서에는 거짓 없이 진실만을 기록해야 한다. 그렇지 않으면 기업은 벌금을 내거나 경영자나 이사들이 법정에 서야 한다.

기업 경영자나 관리자들은 자기 회사의 주식을 사거나 팔 때 항상 증권거래위원회에 거래 내역을 통보해야 하는데, 거래 관련 정보는 일반인들에게 공개돼 있다. 내부자는 항상 회사 업무와 관련돼 있기 때문에 이들이 어떻게 투자하는지 알아보는 것은 상당히 도움이 된다. 내부자 가운데 일부가 주식을 갑자기 판다면 회사의 전망을 부정적으로 보고 있다는 뜻이다. 반대로 주식을 더 많이 사들이고 있다면 회사가 잘 돌아 가고 있다는 뜻이다.

증권거래소는 증권거래위원회와 자체 감사부서의 감시를 받는다. 이들이 증시의 경찰과 같은 역할을 한다. 이들은 거래소의 객장과 컴퓨터를 감시하면서 의심이 가는 거래 행위를 찾아낸다.

미국의 전형적 주주

뉴욕증권거래소는 2~3년마다 주식 보유 현황을 조사한다. 1950년대 이후 주식 보유자의 수가 점진적으로 증가하고 있다. 더 많은 사람이 주식을 보유할수록 더 많은 부가 고르게 분배되기 때문에 이는 긍정적인 현상이다.

공황이 발생한 지 20년이 지났지만 대부분의 미국인들은 여전히 주식 투자를 두려워하면서 안전하다고 생각하는 은행에 돈을 맡겼다. "나중에 후회하는 것보다 안전한 것이 더 낫다."라는 말을 들어봤을 것이다. 은행에 저축한 사람들은 돈을 안전하게 보관했지만 1950년대의 엄청난 상승장을 놓치고 나서 후회했다. 1952년을 기준으로 전체 인구의 4.2%, 약 650만 명이 주식을 소유하고 있었다. 그리고 이 주식의 80%는 전체 인구의 1.6%를 차지하는 일부 사람들에게 집중돼 있었다. 투자의 이익은 주식 투자를 두려워하지 않고 위험보다 이익이 더 크다고 생각하는 소수의 투자자에게 돌아갔다.

1962년(1960년대는 주식 투자자에게 또 다른 투자 기회를 제공했다)에는 주주의 수가 3배로 증가해 1,700만 명이 주식을 보유하고 있었다. 이는 대략 미국 전체 인구의 10%에 해당한다. 주식 가격은 더 많이 올랐고 주식을 보유한 사람들의 수도 더 늘었다. 1970년에는 전체 인구의 15%에 해당하는 3,000만 명이 주식을 보유한 주주였다.

주식시장은 1950년대처럼 일부 투자자들만 알고 있는 비밀이 아니었다. 주주의 수가 기록적으로 늘어난 것은 장기적으로 좋은 일이었지만 열광적으로 투자하는 사람들 때문에 주가는 위험스러운 수준으로 올랐고 1970년에는 거의 모든 주식의 가격이 지나치게 과대평가돼 있었다. 어떤 기준으로 평가해도 투자자들은 너무 비싼 가격으로 주식을 사고 있었다. 사람들은 이성을 잃고 증권거래소에서 거래되는 모든 종목을 맹목적으로 사들였다.

주식 투자 광풍은 한 세기에 두세 번 정도 발생하는데 그때마다 시장은 스스로 조정 능력을 발휘해 주가를 적절한 수준으로 떨어뜨려 고점에서 주식을 산 투자자들을 충격에 빠트린다. 투자자는 그렇게 짧은 시간에 그렇게 많은 돈을 잃었다는 사실을 믿지 못한다. 물론 폭락한 주식을 팔 때까지 실제로 손해를 본 것은 아니지만 투자자는 그렇게 생각한다. 그리고 더 큰 손실을 피하기 위해 겁에 질려 모든 주식을 투매한다. 고점에서 한 주에 100달러에 샀던 주식을 불과 2~3주 만에 70달러나 60달러에 판다. 이들의 손해는 다시 주식을 사는 사람들에게 이익이 되는 셈이다. 조정이 끝날 때까지 주식을 팔지 않고 기다렸다면 투자자가 얻었을 이익이 결국 새로 주식을 산 투자자에게 돌아가게 된다.

1970년대 초 미국 주식시장이 대규모 조정을 받을 때 전체 인구의 3%에 당하는 500만 명이 일시에 주식시장에서 빠져나갔다. 이들이 다시 주식시장으로 돌아오고 투자자 수가 3,000만 명 선으로 회복되기까지 무려 5년이라는 시간이 걸렸다.

1980년대 중반, 주주의 수는 4,700만 명으로 늘었다. 미국인 5명 중 1명은 주식에 투자하고 있었고 이 가운데 33%는 뮤추얼펀드를 통한 간접 투자였다. 뉴욕증권거래소에 상장된 모든 주식의 시가총액은 1조 달러를 넘어섰다.

1990년에는 주식에 투자하는 사람들의 수가 5,140만 명에 달했고 뮤추얼펀드를 통한 간접 투자자의 수도 10년 만에 4배로 증가했다. 평범한 주식 투자자는 주식 종목 선택에 더 이상 관심이 없었다. 투자 종목 선택은 펀드매니저가 담당했고 당시 펀드매니저가 운용하는 펀드 종류만 무려 4,000개에 달했다.

1990년에 미국의 전형적인 주주는 남자는 45살, 여자는 44살이었다. 남자 주주의 연 평균 소득은 4만 6,400달러였고 여자의 연 평균 소득은 3만 9,400달러로 조사됐다. 남자는 1만 3,500달러어치의 주식을 보유하고 있는 반면 여자는 7,200달러 상당의 주식을 가지고 있었다.

1982년 1조 2,000억 달러에 달했던 뉴욕증권거래소의 시가총액이 1995년 5조 달러가 되기까지 상당히 오랜 시간이 걸렸다. 투자자들이 일하고, 놀고, 자면서 자기 생활을 하는 동안 주식에 투자한 돈은 15년 만에 최소 4조 달러 이상 불어났다. 이제 다음 장에서 여러분의 돈이 불어나도록 하는 방법에 대해 자세히 설명하도록 하겠다.

2장

—

투자의 기초

LEARN TO EARN

하루라도 빨리 시작하라

대부분의 사람들은 30대, 40대, 50대에 이르러서야 돈을 모을 생각을 한다. 자신이 점점 더 나이 들어가고 있고, 머지않아 호숫가에 작은 별장을 사거나 세계 여행을 하기 위해서 은퇴 자금이 필요하다는 사실을 절실히 깨닫게 되기 때문이다.

하지만 더 젊은 시절에 투자를 했어야 한다는 사실을 뒤늦게 깨닫고 나면 그때는 이미 주식 가격이 상승할 수 있는 귀중한 시간이 다 흘러가버린 시점이 된다. 일찍 투자를 시작했으면 여러분의 투자금은 그동안 꾸준히 늘었을 것이다.

사람들은 투자를 하는 대신 마치 내일이 오지 않을 것처럼 소비 생활을 즐긴다. 그들의 지출 대부분은 자녀 부양, 의료비, 학교 등록금, 보험료, 집 수리비 등 반드시 필요한 곳에 들어간다. 월급을 다 써버리고 남은 돈이 없다면 어쩔 수 없다. 그러나 대부분의 사람들은 약간의 여유 자금을 갖고 있다. 하지만 그 돈을 투자에 쓰지 않는다. 근사한 레스토랑에서 저녁을 먹거나 비싼 차를 사고 할부금을 갚는 데 사용한다.

사람들은 빈손으로 인생의 황혼기에 접어들게 된다. 인생을 편안히 즐길 나이에 빠듯하게 살아야 한다. 나이 들어서 곤궁하게 사는 것은 젊어서 절약하며 사는 것보다 훨씬 더 우울하다.

이런 운명을 피하는 가장 좋은 방법은 부모님과 함께 사는 동안에 가능한 한 일찍 저축을 시작하는 것이다. 이 시기가 아니면 생활비가 들어가지 않는 때가 언제 또 있겠는가? 십중팔구 부모에게 의존하고 있기 때문에 부양할 가족도 없다. 부모가 집세를 내라고 하지 않으면 훨씬 더 좋다. 직장을 가지고 있다면 수입을 투자할 수 있다. 부모님 슬하에 있을 때 열심히 절약하면 분가해서 생활비가 더 많이 필요할 때 그만큼 더 여유롭게 살 수 있다. 한 달에 10달러든, 100달러든 감당할 수 있는 범위 안에서 정기적으로 저축하라.

뉴스 보도에 따르면 20대와 30대 상당수가 공짜로 잠을 자고 밥을 먹던 부모 집으로 돌아가고 있다고 한다. 이런 경향은 세상에 나가 스스로 성공하려는 진취성이 사라져버린 '새로운 무임승차a new generation of freeloaders' 세대가 증가했음을 뜻한다. 한 번은 《월스트리트 저널》에 "X세대 은퇴 대비 저축 시작"이라는 제목의 기사가 실렸다.

그 기사의 요점은 X세대로 불리는 20대들이 조용히 돈을 저축하고 있다는 것이다. X세대는 분명히 부모 세대보다 더 많이 저축하고 있었다. 부모 세대인 베이비붐 세대는 미래를 위해 저축하기보다 지금 소비하는 것을 더 좋아했다. 반면 X세대는 자신의 노년을 사회보장제도에 맡길 수 없다는 것을 일찍 깨달았다. 그들은 부모가 신용카드 대금을 지불하기 위해 열심히 일하는 모습을 지켜봤기 때문에 같은 실수를 반복하고 싶어 하지 않았다. X세대는 부모와 함께 살면서 부모가 생활비를 부담하는 동안 재정적 독립을 추구했다.

이는 매우 긍정적인 발전이다. 더 많은 10대 청소년이 X세대를 본받아 비싼 차를 사는 사치의 함정에 빠지지 않기를 바랄 뿐이다. 대부분의 젊은이들은 인내심이 부족하다. 그들은 안정적인 직장에 취직하자마자 자동차 할부금의 노예가 되고 만다.

중고 소형차 대신 번쩍이는 카마로Camaro(미국 GM이 만든 스포츠형 쿠페 자동차-역자)를 운전하는 것이 훨씬 근사해 보인다. 그러나 남들 눈 때문에 허세를 부리고 살려면 많은 돈이 필요하다. 허세에 들어가는 돈이 얼마나 될까? 다음 이야기에 나오는 빅벨리와 샐리의 사례를 비교해보자.

빅벨리는 월마트에서 매장 직원으로 일하고 있다. 그는 집에서 부모님과 함께 살기 때문에 모든 월급을 저축할 수 있다. 그런데 빅벨리는 2,000달러를 계약금으로 내고 2만 달러짜리 카마로Camaro를 샀다. 나머지 1만 8,000달러는 자동차 할부금융회사에서 대출을 받았다. 부모가 대출 서류에 서명을 했지만 돈을 갚는 사람은 빅벨리이다. 대출금은 연 이율 11.67%로 5년 동안 갚아야 한다. 한 달에 400달러씩 자동차 할부 금융회사에 지불한다. 빅벨리는 자동차 할부금융회사에 매달 400달러짜리 수표를 보낼 때마다 주눅이 들지만 친구들이 차가 정말 근사하다 고 말할 때면 모든 것을 잊는다.

몇 달이 지나 자동차 문에 흠집이 생기고 바닥 카펫에 얼룩이 생기면서 아무도 더 이상 카마로에 대해 찬사를 보내지 않는다. 이제 빅벨리의 카마로는 그저 그런 차일 뿐이다. 그는 아직도 할부금에 허덕이고 있다. 자동차 할부금을 내고 여자 친구와 데이트를 하려고 야근까지 한다. 하지만 야근 때문에 데이트를 할 수 있는 시간도 줄었다.

5년이 지나 겨우 할부금을 다 갚았지만 빅벨리는 이미 매력을 상실한 카마로가 지겨워지기 시작했다. 빅벨리가 추가로 지급한 이자만 6,000달러라는 점을 감안하면 자동차 구입에 들어간 돈은 모두 2만 6,000달러이다. 여기에는 세금과 보험료, 유류비, 수리비 등이 포함되지 않았다.

시간이 지나면서 빅벨리의 카마로는 여기저기 흠집이 생기고 엔진 소리도 거칠어졌다. 중고로 판다면 5,000달러 정도 받을 수 있을 것이다. 결국 빅벨리가 2만 6,000달러를 투자하고 얻은 것은 더 이상 좋아하지도 않는 5,000달러짜리 차 한 대뿐이다.

부모와 함께 사는 샐리도 빅벨리가 일하는 월마트에서 계산대 직원으로 일하고 있다. 그녀는 좋은 차를 사지 않았다. 그녀는 저축해서 모은 돈 2,000달러로 중고 포드 에스코트Escort를 샀다. 샐리는 갚아야 할 할부금이 없다. 자동차 할부금융회사에 한 달에 400달러를 지불하는 대신 그녀는 주식형 뮤추얼펀드에 가입해 한 달에 400달러씩 투자했다.

5년 후 빅벨리가 마지막 할부금을 지불한 시점에서 샐리가 투자한 뮤추얼펀드의 가치는 2배로 증가했다. 매달 400달러씩 꾸준하게 적립한 데다 뮤추얼펀드의 가치도 상승하면서 재산이 3만 달러로 늘었다. 샐리는 출퇴근에 아무런 문제가 없는 포드 에스코트를 여전히 소유하고 있다. 그녀는 자동차를 투자로 생각하지 않았기 때문에 흠집이나 얼룩에 전혀 신경 쓰지 않았다. 자동차는 단지 교통수단일 뿐이다.

이제 경제적 교훈을 알려주는 이야기를 마무리하도록 하자. 샐리는 집 할부금을 지불할 만큼 충분한 돈을 벌었고 부모에게서 독립하려고 한다. 그러나 빅벨리는 여전히 빈둥거리고 있을 뿐이다. 빅벨리가 샐리에게 데이트를 신청했지만 오히려 그녀는 자신에게 집을 소개해준 부동산 중개인에게 매력을 느끼고 있다.

투자의 시작, 저축

일단 투자를 시작해서 돈이 불어나기 시작하면 돈은 손가락 하나 까닥하지 않고 돈을 벌 수 있게 해준다. 이자가 5%인 예금 계좌에 500달러를 저축했다고 가정해보자. 1년 뒤에는 25달러를 벌 수 있다. 25달러를 벌기 위해 잔디를 깎거나 세차장에서 차 5대를 세차하지 않아도 된다. 돈이 돈을 버는 셈이다.

처음에는 25달러라는 금액이 커 보이지 않을 것이다. 그러나 여러분이 해마다 500달러씩 5%의 이자로 10년 동안 저축을 할 경우 10년이 지난 후에는 6,603.39달러가 된다. 저축한 원금은 5,000달러지만 원금에서 늘어난 1,603.39달러는 이자소득, 즉 원금이 벌어들인 돈이다.

은행에 저축하는 대신 500달러를 주식에 투자한다면 더 큰 수익을 올릴 기회를 잡을 수 있다. 평균적으로 주식에 투자할 경우 투자금은 7~8년마다 2배로 늘어난다. 똑똑한 투자자들은 주식 투자의 장점을 잘 활용한다. 그들은 미래를 준비하는 데 돈이 직업만큼 중요하다는 것을 알고 있다.

워런 버핏은 저축으로 모은 돈을 주식에 투자해 미국 2위의 갑부가 되었다. 버핏은 다른 소년들처럼 신문 배달로 투자의 길에 들어섰다.

그는 1달러라도 더 벌려고 노력했고 어린 나이에 돈의 미래 가치를 이해하고 있었다. 버핏에게 400달러짜리 TV는 400달러의 가치가 있는 상품이 아니었다. 그는 항상 400달러를 쓰지 않고 투자한다면 20년 후에 얼마로 늘어날 것인지 생각했다. 이런 사고방식 때문에 버핏은 불필요한 상품에 돈을 낭비하지 않았다.

일찍 저축과 투자를 시작한다면 돈이 당신을 먹여 살리도록 할 수 있다. 이것은 평생 동안 생활비를 대주는 부자 이모나 삼촌이 있는 것과 같다. 감사 편지를 쓸 필요도 없고 생일에 맞춰 방문할 필요도 없다. 투자한 돈이 대신 일을 하는 동안 여러분은 원하는 일을 하고 가고 싶은 곳에 맘대로 갈 수 있다. 이것이 바로 모든 사람들이 꿈꾸는 경제적인 독립이다. 젊을 때부터 매달 일정 금액을 저축하고 투자하는 습관을 기르지 않는 한 이 꿈은 결코 이뤄지지 않는다.

A 플러스 학점은 월급의 일정액을 저축하고 투자하는 것이다. 월급을 다 써버리는 것은 학점으로 따지면 C 마이너스이다. F학점은 신용카드로 구매하면서 카드 영수증만 쌓여가는 것이다. 카드를 사용하는 것은 신용카드 회사에 이자를 지급하는 것이다. 신용카드 회사의 돈이 여러분을 이용해 돈을 벌고 있는 것이다.

백화점이건 은행이건 신용카드 제도를 지지하는 회사는 현찰 대신 카드를 사용하기를 바라고 가급적이면 할부로 결제하기를 바란다. 카드회사는 회사 돈으로 소비자를 대신해 카드 대금을 지급한다. 카드사는 카드 대금을 사용자에게 대출하는 것이라고 생각한다. 카드사는 결제되지 않은 카드 미납금에 대해 최고 18%에 이르는 높은 이자를 청구한다. 18%의 이자는 카드사가 주식시장에서 벌어들일 수 있는 돈보다 훨씬 높은 수익률이다. 신용카드 회사의 입장에서 보면 카드 사용자는 주식보다 훨씬 더 좋은 투자 대상이다.

소비자가 18%의 이자를 지급하는 신용카드로 400달러짜리 TV를 구매하면 원래 결제 대금보다 연 72달러를 이자로 추가 부담해야 한다. 그리고 매달 최소 대금만 결제하는 방식으로 구매한 경우에는 400달러짜리 TV를 800달러를 주고 사는 결과가 될 수도 있다. 수백만 명의 카드 사용자는 이런 사실을 모르고 있다. 그렇지 않다면 은행에 빚진 카드 대금이 3,400억 달러가 될 수 없을 것이다. 1995년을 기준으로 신용카드 사용으로 은행에 지급된 이자가 총 450억 달러에 달했다. 해마다 미국인들은 450억 달러의 불필요한 돈을 지불하고 있기 때문에 현금이 없어도 즉시 상품을 살 수 있다.

이른바 즉흥적인 만족을 위해 소비자는 값비싼 대가를 치르고 있다. 광고를 보고 가장 싼 TV를 사기 위해 이곳저곳을 돌아다닌 다음 겨우 몇 달러 더 싼 곳에서 신용카드로 결제를 한다. 하지만 신용카드 결제 때문에 수수료나 연체 이자로 몇 백 달러를 추가로 지불해야 할지도 모른다. 소비자는 이런 상황에 대해서는 생각지도 않고 기꺼이 결제를 한다.

여러 곳에서 사용할 수 있는 최초의 신용카드인 다이너스 클럽Diner's Club 카드가 탄생하기 전에는 수중에 현금이 있어야 쇼핑을 할 수 있었다. TV, 가전제품, 가구를 사거나 휴가를 가기 위해서는 저축을 해야 했다. 고가 상품을 사려면 몇 개월 또는 1~2년 동안 돈을 모아야 했다. 하지만 이자는 물지 않았다.

독자들이 믿지 않을지도 모르지만, 이처럼 즉흥적인 만족을 주지 못하는 쇼핑을 하는 것은 즐거운 일이었다. TV를 사기 위해 저축을 하는 동안 거실에 모여 앉아 TV를 사게 되면 얼마나 재미있을지에 대해 이야기하기도 했다. TV와 세탁기, 새 옷에 대해 상상하는 것은 그 자체가 즐거움이었다.

사람들은 열심히 일해 번 돈으로 필요한 것을 살 때 대단한 자부심을 느꼈다. 은행에 빚을 지는 것은 불안한 일이었고 주택담보대출금을 모두 갚으면 이웃을 초청해 축하 파티를 벌였다. 미국인들이 신용카드를 사용하는 습관에 빠진 것은 1960년대였다. 그리고 1980년대에는 미국의 평균 가정이 주택담보대출, 자동차 대출, 주택저당대출, 카드 대금 연체 등과 같은 빚을 지게 되었다.

이는 스스로를 F학점 상황에 빠트리는 것이었다. 가정의 돈이 주식투자나 저축을 통해 불어나는 것이 아니라 은행의 돈이 불어나고 있었다. 미국 가정은 1년에 최소 수백 달러의 이자를 지불하고 있다. 가격이 오르는 집을 구입하는 비용에 이자를 지불하는 것은 괜찮다. 그러나 사용하면 할수록 가치가 떨어지는 자동차, 가전제품, 옷, TV 등을 이자까지 지급하며 사는 것은 바람직하지 않다.

부채는 저축과 반대이다. 부채가 쌓이면 쌓일수록 생활은 어려워진다. 각 가정은 각종 할부금을 내느라고 힘들어하고 정부는 5조 달러에 이르는 부채로 허덕이고 있다. 미국인이 내는 세금 1달러 중 15센트는 날마다 증가하고 있는 정부의 부채에 대한 이자이다. 정부가 거둬들이는 돈보다 더 많은 돈을 쓰고 있기 때문에 부채는 늘어날 수밖에 없다. 정부 예산에서 모자라는 부분은 개인이나 연금 펀드, 은행, 외국 정부에서 빌린다. 정부는 예산 균형과 적자 감소에 대해 이야기하지만 해마다 1,000억 달러, 2,000억 달러, 3,000억 달러씩 새로운 부채가 증가하고 있다.

지난해 여러분이 1,000달러 상당의 상품을 사고 신용카드로 결제하고, 올해는 900달러짜리 상품을 사고 같은 신용카드로 결제했다고 가정해보자. 이 상황을 두고 누구나 현재 여러분의 부채는 1,900달러이고 지난해 부채는 1,000달러였지만 올해는 부채가 900달러 늘었다고 말한다. 그러나 미국 정부는 그렇게 말하지 않는다. 정부 계산법으로 하면 부채가 100달러 줄었다. 지난해 부채는 1,000달러였지만 올해는 부채 규모가 900달러로 100달러 줄었다는 것이다.

정부의 부채는 계속 증가하고 있지만 이런 계산 방식을 적용해 적자가 줄었다고 자축한다. 정부는 부채가 올해 2,000억 달러 늘었지만 반대로 감소했다고 말한다. 왜냐하면 지난해에 부채가 2,500억 달러 증가한 것과 비교하면 올해 부채 증가 규모가 줄어들었기 때문이다. 실제로는 부채가 전혀 감소하지 않았다. 단지 우리의 자식과 자손들이 언젠가는 갚아야 하는 부채 2,000억 달러와 이자가 추가됐을 뿐이다. 정부의 부채는 세금으로 거둬들인 세수 범위 안에서 예산을 집행하고 더 이상 신용카드를 사용하지 않을 때까지 계속 늘어날 것이다. 정부의 살림살이는 F 마이너스 학점이다. 정부의 예산 집행 행태는 우리가 절대로 따라 해서는 안 되는 전형적인 본보기이다.

미국은 한때 저축률이 높은 국가였다. 소득 수준과 상관없이 거의 모든 국민이 열심히 은행에 저축을 했다. 저축한 돈에 이자가 붙으면서 재산이 불어났고 집을 사거나 상품을 사거나 급한 일이 생길 때 은행에서 돈을 찾아 사용했다. 은행은 예금을 받아 집을 사려는 사람들이나 건축업자 또는 기업에게 대출할 수 있었다.

저축률이 높은 국가는 도로, 통신, 공장, 기계설비 등 사회간접자본을 건설할 수 있다. 이는 기업이 저렴하고 품질 좋은 상품을 생산하는 데 도움이 된다. 일본이 훌륭한 사례이다. 일본은 제2차 세계대전으로 완전히 폐허가 됐지만 세계적인 경제 대국으로 성장했다. 일본은 처음에 플라스틱 장난감과 하찮은 장신구를 제조했다. 이런 이유로 그 당시 'made in Japan'이라는 표시는 단지 비웃음거리에 불과했다. 그러나 곧 미국 가정의 자동차 3대 중 1대가 일제이고 TV는 거의 일본제품이 점령하게 되었다. 지금은 'made in Japan'이라는 문구는 고품질과 하이테크 상품을 상징한다.

일본은 높은 저축률에 힘입어 전체 산업을 재편했고 여러 도시를 건설할 수 있었다. 일본은 지금도 저축률이 높은 국가이다. 미국이 일본을 따라가려면 아직도 고쳐야 할 점이 많다. 미국인은 더 이상 과거처럼 저축을 하지 않는다. 미국인은 1년에 소득의 4% 정도를 저축하지만 일본, 독일, 중국, 인도, 대만 등 다른 국가의 국민은 10%나 20% 또는 그 이상을 저축한다. 미국인은 구입할 여력이 없는데도 당장 갖고 싶은 것을 사기 위해 대출을 받거나 신용카드를 사용하는 일에는 단연 세계 최고다. 가능한 한 많이 저축하라. 저축은 당신을 위한 일이고 나아가 국가를 위한 일이다.

기본적인 5가지 투자방법의 장단점

돈을 투자하는 방법에는 기본적으로 5가지가 있다. 저축예금 등에 투자하는 방법, 골동품 등 수집품에 투자하는 방법, 아파트나 주택을 구입하는 방법, 채권을 사는 방법, 주식에 투자하는 방법이다.

1. 저축예금, MMF^Money Market Fund, 단기국채, 양도성예금증서

이런 상품은 모두 단기 투자 상품으로 나름대로 장점이 있다. 이자를 지급하고 상대적으로 짧은 기간에 돈을 되돌려 받을 수 있다. 저축예금이나 단기국채, 양도성예금증서는 손실을 보장한다(MMF는 손실 보장이 안 되지만 손해를 볼 확률이 극히 적다).

단기 투자는 한 가지 큰 단점이 있다. 이자율이 낮다는 것이다. MMF나 저축예금의 이자가 인플레이션(물가상승률)을 따라잡지 못하는 경우도 있다. 이런 관점에서 보면 저축예금은 추천할 만한 투자 방법이 아닐 수도 있다.

인플레이션은 상품 가격이 오르고 있다는 것을 어렵게 표현한 말이다. 휘발유 가격이 1갤런에 1.10달러에서 1.40달러로 오르거나 영화표 값이 4달러에서 5달러로 오르면 이것이 인플레이션이다. 다른 관점에서 인플레이션을 설명하면 달러의 구매력^buying power이 떨어지는 것을 뜻한다.

최근 인플레이션은 3% 이하로 유지되고 있다. 이것은 1달러의 가치가 매년 3%, 즉 3센트씩 떨어지고 있다는 뜻이다. 현재의 3% 인플레이션이 계속되면 10년 후에는 1달러당 약 30센트의 가치가 사라져버리게 된다.

저축과 투자의 첫 번째 목표는 인플레이션을 앞지르는 것이다. 여러분의 돈은 거꾸로 돌아가는 쳇바퀴 위에 올라와 있다. 최근의 인플레이

선을 감안할 때 손해를 보지 않기 위해서는 최소 3% 이상의 투자 수익률을 기록해야 한다.

다음에 나오는 표를 보면 MMF와 저축예금이 종종 인플레이션에 따

| 인플레이션과 MMF, 저축예금 수익률 비교 |

연도	MMF 수익률(%)	저축예금 수익률(%)	인플레이션(%)
1975	6.4	5.25	9.1
1976	5.3	5.25	5.8
1977	5.0	4.9	6.5
1978	7.2	4.9	7.7
1979	11.1	5.1	11.3
1980	12.7	5.2	13.5
1981	16.8	5.2	10.4
1982	12.2	5.2	6.2
1983	8.6	5.5	3.2
1984	10.0	5.5	4.3
1985	7.7	5.5	3.6
1986	6.3	5.5	1.9
1987	6.1	5.3	3.7
1988	7.1	5.5	4.1
1989	8.9	6.1	4.8
1990	7.8	5.8	5.4
1991	5.7	4.3	4.2
1992	3.4	2.9	3.0
1993	2.7	2.5	2.8
1994	3.8	2.6	3.0

자료: IBC 머니 펀드 리포트, 미국 노동통계국, 연방준비위원회

른 손실을 보전해주지 못한다는 것을 알 수 있다. 이자에 붙는 세금을 빼면 MMF와 저축예금은 20년 가운데 절반인 10년 정도는 손해인 것으로 나타났다.

앞의 표를 통해 확인한 것처럼 돈을 은행이나 저축은행에 예치했을 때 발생할 수 있는 문제는 인플레이션에 따른 돈의 가치 하락이다. 은행에 맡긴 돈은 예금자 보호제도가 있어 단기적으로 안전하지만 장기적으로는 세금과 인플레이션 때문에 불리하다. 다시 말해 인플레이션이 양도성예금증서, 단기 국채, MMF의 금리보다 높으면 가망성 없는 곳에 투자한 셈이다.

저축예금은 돈이 필요할 때 즉시 인출할 수 있다는 장점이 있다. 다른 곳에 투자할 목돈을 만들 때까지 은행 저축예금은 돈을 맡기기에 훌륭한 수단이다. 그러나 장기적으로 보면 별로 이득이 되지 않는다.

2. 수집품

수집품은 오래된 자동차나 우표, 동전, 야구카드, 바비 인형 등 무엇이든 가능하다. 골동품과 같은 수집품에 투자하는 이유는 미래에 이익을 내고 팔기 위해서다. 수익을 얻는 것은 다음 2가지 경우에 가능하다. 첫 번째는 수집한 물건이 시간이 지나면서 더 소장가치가 높아져 사람들이 기꺼이 비싼 가격을 주고도 사는 경우이다. 두 번째는 인플레이션이 구매력을 떨어뜨리면서 물가가 전반적으로 상승하는 경우이다.

수집품에 투자할 때 발생하는 문제점은 잃어버리거나 도난당하거나 망가질 수 있다는 것이다. 불이나 물, 바람이 문제가 될 수 있다. 고가구의 경우 흰개미가 훼손할 수 있다. 이것을 대비한 보험도 있지만 상당히 비싸다. 물건은 일반적으로 오래 사용하면 가치가 떨어지지만 시간에 따라 가치가 증가하는 것도 있다. 수집품의 상태에 따른 가격 하락보다 오래된 세월 때문에 가격이 더 많이 올라가기를 바라는 것이 수집가들의 공통적인 희망사항이다.

골동품 수집은 상당히 특화된 사업이다. 성공적인 수집가는 수집하는 물품에 대해 전문지식이 있을 뿐만 아니라 시장과 가격에 대해서도 상당한 전문성을 갖고 있다. 골동품을 수집하려면 배워야 할 것이 많다. 일부는 책을 통해서 배울 수 있지만 나머지는 경험을 통해 어렵게 배워야 한다.

수집가가 되려는 사람, 특히 젊은이들에게 해주고 싶은 첫 번째 충고가 있다. 새 차를 사는 것은 투자가 아니라는 것이다. 투자investment라는 단어는 최근 TV 자동차 광고에도 등장했는데, 이 광고에 유혹되지 마라. 오래된 골동품 자동차는 차고에 보관해두고 운전을 거의 하지 않아도 투자에 해당되지만 새로운 자동차는 매일매일 사용하기 때문에 돈보다 가치가 빠르게 떨어진다. 요트를 제외하고 자동차보다 은행 잔고를 더 빠르게 바닥내는 것은 없을 것이다. 앞서 예로 든 빅벨리와 같은 실수를 저지르지 말라.

3. 부동산

단독주택이나 아파트를 사는 것은 가장 큰 수익을 낼 수 있는 투자이다. 주택은 다른 종류의 투자에 비해 2가지 큰 이점이 있다. 가격이 오르기를 기다리는 동안 들어가 살 수 있고, 대출을 받아 구입할 수 있다는 것이다. 주택에 대한 투자 방법을 자세히 알아보자.

주택은 인플레이션과 거의 동일하게 가치가 상승하는 경향이 있다. 인플레이션, 물가상승률 측면에서 보면 무승부이다. 그러나 집값을 일시에 지급하는 경우는 거의 없다. 일반적으로 집값의 20% 정도를 먼저 지불하고 은행이 나머지 80%를 주택 담보로 대출하는 형식으로 집을 산다. 대출금을 다 갚을 때까지 대출 원금에 대한 이자를 물어야 한다. 그 기간은 은행과 맺은 계약에 따라 15년이 될 수도 있고 30년이 될 수도 있다.

이자를 지급하는 동안은 집에서 살 수 있다. 또 주식시장이 하락하면 주식을 다 팔고 떠나가지만 주택시장이 좋지 않다고 해서 집에서 쫓겨날 걱정은 하지 않아도 된다. 집에 살고 있는 동안은 집값이 오르더라도 증가분에 대한 세금을 낼 필요가 없다. 미국 정부는 집을 팔 때 평생에 한번 세금 우대 혜택을 준다.

1년에 3%씩 증가하는 10만 달러짜리 집을 산다면 1년이 지나면 처음 매입한 가격보다 3,000달러의 가치가 증가하게 될 것이다. 언뜻 보면 은행 저축예금에서 얻는 것과 같은 연 3% 수익을 거뒀다고 말할 수 있다. 그러나 주택을 훌륭한 투자 대상으로 만드는 비밀은 따로 있다. 주택 구입 자금 10만 달러 중 2만 달러만이 당신의 주머니에서 나온 것이다. 따라서 1년이 지난 후 집값 상승에 따른 3,000달러의 수익은 2만 달러에 대한 투자 수익으로 봐야 한다. 그래서 당신의 투자 수익률은 3%가 아니라 15%가 되는 것이다.

물론 그동안 당신은 담보대출에 대한 이자를 지불했지만 이자에 대해서는 나중에 세금 혜택을 받는다(정부가 세제 혜택을 없애기로 결정하지 않는다면 말이다). 당신이 대출금을 갚아가는 동안 집에 대한 당신의 투자금도 함께 증가하는 것이다. 이는 사람들이 생각하지 못하는 또 다른 형태의 저축이다.

만일 15년 주택담보대출을 이용하고 있고 그 집에서 15년 동안 산다면, 그래서 15년 뒤에 대출금을 모두 갚게 된다고 가정하면 당신이 10만 달러를 주고 산 그 집은 매년 3%의 가격 상승으로 인해 15만 5,797달러가 됐을 것이다.

빅벨리와 샐리의 이야기로 다시 돌아가 보자. 그들은 이제 월마트의 부매니저로 승진했고 동일한 임금을 받고 있다. 샐리는 자신의 집에서 살고 있는 반면 빅벨리는 부모 집에서 쫓겨났다. 그는 자기 힘으로 집이나 아파트를 사고 싶었지만 계약금이 없어서 아파트에 월세로 살고 있다.

빅벨리의 월세는 샐리가 매달 부담하는 주택담보대출 상환금과 보험료, 잔디 관리비 그리고 간간이 들어가는 집 수리 비용을 합친 것보다 적다. 그래서 빅벨리는 수중에 더 많은 현금을 쥐고 있다. 이론적으로 빅벨리는 여윳돈을 주식에 투자할 수 있고 미래를 대비해 다른 자산을 마련할 수도 있다. 하지만 빅벨리는 그렇게 하지 않고 있다. 그는 여윳돈을 오디오 기기, 스쿠버 장비, 골프 레슨 등에 사용하고 있다.

집을 사기 위해 저축을 하지 않는 사람이 저축으로 종잣돈을 마련한 다음 주식에 투자할 가능성은 크지 않다. 일반적으로는 사고 싶은 것을 사지 않고 절약해 집을 사는 경우가 대부분이다. 뮤추얼펀드에 가입하기 위해 가족들이 희생했다는 이야기는 들어본 적이 없다.

샐리는 주택을 소유하는 것 자체로 이미 저축하고 투자하는 습관을 시작한 것이다. 그녀가 대출금을 갚아가는 동안은 집에 계속 투자하는 셈이다. 그녀는 이미 주택 구입을 위한 계약금을 마련하기 위해 뮤추얼 펀드에 가입했기 때문에 여유 자금이 생기면 미래에도 뮤추얼펀드에 가입할 확률이 높다.

15년 뒤에 주택 대출금을 다 갚았을 때 샐리는 가치가 높은 집에서 살고 있을 것이고 가장 부담이 된 대출 할부금은 이제 없어질 것이다. 반면 빅벨리는 아파트 월세를 제외하고 자랑할 것이 하나도 없을 것이다. 그리고 처음 아파트에 입주했을 때보다 아파트 월세도 훨씬 비싸졌을 것이다. 빅벨리의 월세는 샐리가 마지막으로 갚은 대출 상환금보다 더 많아졌을 것이다.

4. 채권

여러분은 방송에서 채권시장이나 채권 가격의 강세, 또는 채권 가격의 전반적 하락 등에 대한 뉴스를 들어봤을 것이다. 이미 채권을 소유하고 있는 사람을 알고 있을 수도 있다. 또는 채권이 무엇인지 궁금해하는 독자도 있을 것이다.

채권이란 '빚지고 있다IOU: I Owe You'라는 것을 우아하게 표현한 말이다. 채권은 윗부분에 삽화가 있고 주변에 낙서 같은 것이 있는 근사한 종이에 인쇄된다. 하지만 내용은 종이에 아무렇게나 휘갈겨 쓴 차용증서와 비슷하다. 채권이란 여러분이 다른 사람에게 돈을 빌려주었다는 증거를 기록한 것으로, 빌려준 금액과 상환 날짜, 돈을 빌려간 사람이 부담해야 하는 이자율(채권금리)도 기록돼 있다.

흔히 채권을 산다고 말하지만, 채권을 매입해도 실제로는 아무것도 사는 것이 없다. 단지 채권에 기록된 금액만큼 대출을 해주는 것이다.

채권의 판매자 또는 발행자는 채권을 산 사람에게 돈을 빌리는 것이고, 채권 그 자체는 대출 행위가 발생한 데 대한 증거일 뿐이다.

세계에서 가장 큰 채권 판매자는 바로 미국 정부이다. 미국 정부는 돈이 필요할 때마다 새로운 채권을 발행한다. 이것이 바로 정부가 빚지고 있는 5조 달러의 정체이다. 미국 정부는 정부 채권, 국채를 매입한 모든 사람에게 빚을 지고 있는 것이다. 미국 기업과 해외의 기업, 개인들 그리고 외국 정부까지 미국에게 5조 달러를 빌려준 것이다. 이들은 미국 정부에 돈을 빌려주었다는 증거로 금고 속에 채권을 보관하고 있다.

이 돈을 갚는 것이 정부 재정 적자의 원인이다. 원금을 돌려주기 전까지 정부는 5조 달러에 대한 이자를 지급해야 한다. 미국 정부는 원금과 이자를 상환하려고 발버둥 치다 파산할지도 모른다. 이것이 미국 정부가 처해 있는 상황이다. 정부가 너무 많은 빚을 지고 있다 보니 전체 세수의 15%는 채권 이자를 지급하는 데 사용된다.

젊은 사람들이 가장 관심 있을 것 같은 채권은 미국 정부가 발행한 저축채권U. S. Savings Bond이다. 할아버지와 할머니들은 손자들에게 저축채권을 선물로 주는 경우가 많다. 이것은 손자들에게 돈을 우회적으로 증여하는 방법이다. 자손들에게 직접 돈을 주는 대신 할머니 할아버지는 저축채권을 매입해 정부에 돈을 지급한다. 일정 시간이 지나면 정부가 원금에 이자를 더해 손자들에게 돈을 되돌려주는 것이다.

미국 정부만 채권을 발행하는 것이 아니다. 주정부와 시청 등도 자금을 마련하기 위해 채권을 발행한다. 병원, 공항, 교육청, 스포츠 구장, 모든 종류의 공공기관, 수천 개에 달하는 기업도 채권을 발행한다. 채권은 공급이 풍부하기 때문에 모든 증권거래소에서 판매된다. 채권은 주식을 사거나 저축예금 계좌를 개설하듯이 쉽게 살 수 있다.

기본적으로 채권은 앞서 설명한 양도성예금증서와 미국 재무부 단기 증권Treasury bill과 비슷하다. 채권은 이자를 받기 위해 사기 때문에 얼마나 자주, 얼마나 많은 이자를 받는지와 언제 원금을 되돌려 받는지를 미리 알아봐야 한다. 채권과 양도성예금증서, 미 재무부 단기증권의 가장 중요한 차이점은 만기이다. 양도성예금증서와 재무부 단기증권은 비교적 만기가 짧아 더 빨리 원금을 돌려받는다(양도성예금증서와 단기채권의 만기는 몇 달에서 2년 정도이다). 반면에 채권은 회수 기간이 상대적으로 길어 5년이나 10년, 길게는 30년까지 기다려야 할지도 모른다.

채권의 만기가 길수록 인플레이션에 의해 돈의 가치가 떨어질 위험도 그만큼 커진다. 이 때문에 장기채권이 양도성예금증서나 저축예금 또는 MMF 같은 단기 상품보다 더 높은 이자를 지급한다. 투자자도 더 큰 위험을 감수한 대가를 보상받고 싶어 하기 때문이다.

다른 모든 조건이 동일하다면 30년 만기 채권은 10년 만기 채권보다 더 높은 이자를 지급한다. 10년 만기 채권도 5년 만기 채권보다 이자율이 높다. 채권을 사는 사람은 얼마나 오래 투자할 수 있는지를 결정해야 한다. 그리고 30년 만기 채권에서 벌 수 있는 수익이 그렇게 오랜 기간 동안 돈을 묶어둘 만한 가치가 있는지를 계산해봐야 한다. 이것은 상당히 어려운 결정이다.

이 책이 출판된 1995년을 기준으로 미국인들은 8조 달러 이상의 채권을 소유하고 있어 주식보다 더 인기 있는 투자 수단으로 밝혀졌다. 반면 뉴욕증권거래소 등 주요 주식시장의 거래를 통해 투자자가 소유하고 있는 주식의 가치도 7조 달러를 넘는다(지역에서 거래되는 주식은 포함돼 있지 않다). 채권과 주식의 장단점에 대해서는 논란이 많다. 주식은 채권보다 위험하고 잠재적으로 더 많은 수익을 얻을 수 있다. 수익률의 차이를 쉽게 이해하기 위해 2가지 경우를 비교해보도록 하자. 첫 번째는 맥도날드 주식을 사는 것이고 두 번째는 맥도날드 채권을 사는 경우이다. 맥도날드 주식을 사는 경우는 권리와 특권이 있는 주주, 즉 회사의 주인이 되는 것을 뜻한다. 맥도날드는 주주들에게 특별한 관심을 표시한다. 맥도날드는 보고서를 보내고 주주총회에 초대한다. 회사는 주주들에게 배당금 형태로 보너스를 지급한다. 미국 전역에 있는 1만 6,000개 점포의 수익이 늘어나면 배당금도 높아진다. 그러나 배당금이 없어도 맥도날드의 햄버거 매출이 증가하면 주가도 상승한다. 이렇게 되면 투자자들은 주식을 살 때보다 높은 가격에 팔 수 있어 주식 매매로 이익을 남길 수 있다.

하지만 맥도날드가 계속 발전한다고 장담할 수도 없고 주가가 오르거나 배당금을 계속 지급한다는 보장도 없다. 맥도날드의 주가가 매입 가격보다 떨어져도 회사는 보상을 해주지 않는다. 회사는 투자자에게 아무것도 약속한 것이 없고 손실을 보전해줄 의무도 없다. 주식을 소유한 사람으로서 투자자는 아무런 안전장치를 갖고 있지 않다. 주식 투자의 위험은 투자자 몫이다.

맥도날드 채권을 산 경우는 전혀 다르다. 채권을 산 투자자는 기업의 소유권과 전혀 관계가 없다. 채권 소유자는 정해진 기간 동안 맥도날드 회사가 채권에 표시된 금액만큼 돈을 사용할 수 있도록 빌려준 사람이다. 맥도날드의 햄버거 매출이 역대 최고를 기록할 경우, 만일 여러분이 채권 소유자라면 보너스를 받을 수 없다. 기업은 주주에 대한 보상을 강화하기 위해 주식 배당금을 늘린다. 그러나 채권 소지자를 위해 채권 이자를 더 많이 지급한다는 이야기는 들어본 적이 없을 것이다.

채권 매입자의 최대 단점은 주식 가격 상승으로 주주가 얻을 수 있는 이득을 단 한 푼도 얻을 수 없다는 것이다. 맥도날드가 가장 좋은 본보기이다. 맥도날드 주가는 1960년대 이후 22.50달러에서 1만 3,570달러로 상승하면서 603배의 투자 수익을 거뒀다. 100달러를 투자했다면 6만 300달러가, 1,000달러를 투자했다면 60만 3,000달러가 됐을 것이다. 그러나 맥도날드 채권을 매입한 투자자는 주식만큼 재미를 보지 못했다. 지난 수십 년 동안 이자를 받았지만 이를 제외하면 투자 수익은 없는 셈이다.

1만 달러짜리 10년 만기 채권을 사서 10년 동안 가지고 있다가 10년 뒤에 원금에 이자를 합쳐 돌려받으면 그뿐이다. 실제로는 인플레이션 때문에 손해를 보는 경우도 있다. 지난 10년 동안 채권이 연 8%의 이자를 지급해왔고 인플레이션이 매년 4%를 기록했다고 가정해보자. 여러분은 이자로 8,000달러를 받았다고 해도 인플레이션 때문에 약 1,300달러를 손해 본 것이나 다름없다. 당시의 1만 달러는 10년 뒤에 연 4%의 인플레이션 때문에 6,638달러로 실제 가치가 떨어졌다. 따라서 전체 10년 동안의 투자는 세전 연간 약 3% 정도의 수익률을 기록한 데 불과하다. 세금을 감안하면 수익은 거의 0에 가까워진다.

채권의 장점은 주가 상승에 따른 수익은 얻을 수 없지만 대신 주가 하락에 따른 손해도 없다는 것이다. 맥도날드 주식이 1만 3,570달러에서 22.50달러로 떨어졌다면 주식을 가지고 있는 사람들은 울고 싶은 심정이지만 채권을 가지고 있는 사람들은 웃고 있을 것이다. 맥도날드 채권은 주가의 영향을 받지 않기 때문에 주식시장에서 무슨 일이 벌어지든 채권 소유자는 만기일에 정해진 금액을 돌려받을 수 있다.

이것이 채권이 주식보다 덜 위험한 이유이다. 채권의 지급은 보증된다. 채권은 매입할 당시 사전에 이자로 얼마를 받는지 알 수 있어 주가가 오를지 내릴지 걱정하면서 잠을 못 자는 일은 없다. 채권 투자금은 보호를 받는다.

하지만 채권을 매입한 경우에도 손해를 볼 수가 있다. 첫 번째 위험은 채권 소유자가 만기 전에 채권을 팔 때 발생한다. 만기 전에 채권을 파는 것은 매일 채권 가격이 오르내리는 채권시장의 위험에 노출되는 것이다. 이것은 주식과 마찬가지이다. 만기 전에 채권을 팔면 원래 가격보다 할인해 싸게 팔아야 하는 경우가 생길 수도 있다.

두 번째 위험은 채권 발행자가 파산해 채권의 원금과 이자를 지불할 수 없는 경우이다. 이런 위험성은 누가 채권을 발행했는가에 따라 다르다. 예를 들어 미국 정부는 절대 파산하지 않는다. 미국 정부는 돈이 필요하면 원하는 만큼 더 채권을 발행할 수 있다. 따라서 정부 채권 매입자는 지급을 확실하게 보장받게 된다.

그러나 병원, 기업 같은 채권 발행자는 정부와 같은 보장을 할 수 없다. 이들이 파산하면 채권 소유자들은 큰 손실을 볼 수 있다. 일반적으로 채권 소지자는 채권 표시 금액의 일부는 돌려받을 수 있지만 전액을 회수하지 못하는 경우도 있다. 채권 투자자는 가끔 채권 금액 전체를 손해 보기도 한다.

채권 발행자가 지급을 할 수 없을 때 이를 채무불이행(디폴트: default)

이라고 한다. 디폴트를 피하기 위해 똑똑한 채권 투자자는 채권을 사기 전에 채권 발행자의 재정 상태를 꼼꼼하게 살핀다. 일부 채권은 보험에 들어 있는 것도 있는데 이것은 지급을 보장하는 또 다른 방법이다. 또 채권에 대한 등급을 매기는 기관도 있다. 그래서 채권을 사려는 사람은 사전에 어느 채권이 위험하고 어느 채권이 위험하지 않은지 알 수 있다. 맥도날드 같은 우량회사의 채권은 신용등급이 높다. 맥도날드가 채무불이행 상태에 빠질 확률은 거의 제로에 가깝다. 부실한 회사는 신용등급이 낮다. 독자들은 아마 정크본드Junk bond라는 말을 들어봤을 것이다. 정크본드는 신용등급이 가장 낮은 채권을 이르는 말이다.

정크본드를 매입할 경우 원금을 돌려받지 못할 확률이 높다. 이 때문에 정크본드는 일반 채권보다 더 높은 이자를 준다. 높은 이자율은 추가 위험을 부담하는 데 대한 보상이다.

정크본드 가운데서도 가장 위험한 채권을 제외하면 실제로 채무불이행이 발생하는 경우는 매우 드물다. 채권의 가장 큰 위험은 세 번째 위험인 인플레이션이다. 앞에서 인플레이션이 어떻게 투자자에게 손실을 안겨주는지 살펴봤다. 주식은 장기적으로 인플레이션을 따라잡을 수 있고 수익이 증가하지만 채권은 그렇지 않다.

5. 주식

주식은 집을 제외하면 가장 좋은 투자 대상이다. 주식은 말이나 고양이처럼 먹이를 줄 필요도 없다. 주식은 자동차처럼 도로에서 고장이 나지도 않고 집처럼 물이 새지도 않는다. 정원의 잔디를 깎듯이 관리할 필요도 없다. 애장품인 베이스볼 카드는 홍수로 젖거나 도둑맞거나 불에 타서 없어질 수도 있다. 그러나 주식은 그렇지 않다. 주식 소유증서는 도난당하거나 타버릴 수 있지만 그렇다 하더라도 회사가 다시 발행해주면 그만이다.

채권을 사는 것은 단지 돈을 빌려주는 것이다. 그러나 주식에 투자하는 것은 한 회사의 일부를 사는 것이다. 회사가 발전하면 열매를 공유하게 된다. 배당금을 지급하면 배당금을 받고 배당금을 인상하면 혜택도 늘어난다. 수많은 기업들이 이처럼 매년 배당금을 늘려왔다. 배당금이 주식을 더 가치 있게 만드는 보너스인 것이다.

아래 표를 보면 주식이 다른 투자 대상과 비교해 수익이 훨씬 높다는 것을 알 수 있다. 주식은 일주일이나 1년 동안에는 수익이 발생하지 않을 수도 있다. 그러나 장기적으로 보면 항상 주주들에게 수익을 가져다주었다.

5,000만 명 이상의 미국인이 주식 투자로 재미와 이익을 누리고 있다. 이는 5명 중 한 사람의 비율이다. 이들은 롤스로이스를 몰고 다니는 전문 투자자들이 아니다. 투자자 대부분은 교사, 버스 운전기사, 의사, 목수, 학생 그리고 여러분의 친구와 친척 등 보통 사람들이다.

주식 투자를 시작할 때 백만장자나 억만장자처럼 많은 돈이 있어야 하는 것은 아니다. 직업이 없거나 각종 청구서를 지불하고 남은 돈이 하나도 없어도 종목을 고르는 것만으로 주식 투자를 시작할 수 있다. 사실 이것은 위험 부담이 전혀 없는 훌륭한 투자 연습이다.

비행기 조종사 훈련을 받는 사람들도 비행 시뮬레이터에 들어가 실제 비행기를 추락시키지 않고 조종하는 훈련을 한다. 여러분도 돈을 잃지 않는 자신만의 투자 시뮬레이터를 만들 수 있다. 이런 방식으로 쉽게 투자 훈련을 받을 수 있는데도 매우 어렵게 투자 훈련을 받는 투자자가 많다.

주변 친구나 친척들이 주식 투자를 하지 말라고 경고했을 수도 있다. 주식시장은 도박과 같기 때문에 주식을 사면 돈을 잃을 것이라고 말했을지도 모른다. 그들은 이미 주식으로 손해를 봤거나 주식에 대해 자세히 모르기 때문에 그럴 수도 있다. 앞서 설명한 표를 보면 그 주장이 틀

| 투자 상품별 연간 투자 수익 비교(%) |

	1945~1994	1984~1994	1989~1994
S&P500*	11.9	14.4	8.7
소형 주식	14.4	10.0	11.8
미 재무부 증권	4.7	5.8	4.7
인플레이션	4.4	3.6	3.5
미 정부 채권	5.0	11.9	8.3
미 정부 중기 채권	5.6	9.4	7.5
회사채	5.3	11.6	8.4
주택	N/A	4.3	2.9
금(1977년 이후)	6.4	0.7	0.1
은(1950년 이후)	4.6	(4.2)	(0.8)
일본 주식(도쿄거래소, 1973년 이후)	14.6	16.6	(4.2)
외국 채권(J. P. 모건 글로벌 국채)	N/A	N/A	9.1
신흥시장주식(모건스탠리 신흥시장펀드)	N/A	N/A	22.7

* S&P500지수는 주식시장 전체에 대한 벤치마크 기준으로 사용된다.
자료: 하버, 이봇슨 연감, 데이터 스트림, 이코노미스트
작성: 에쿼티 리서치 인포센터

리다는 것을 알 수 있다. 주식이 정말 도박이라면 어떻게 수십 년 동안 수익을 낼 수 있었을까?

사람들이 주식시장에서 계속 돈을 잃는 것은 주식 자체의 잘못이 아니다. 일반적으로 주식은 시간이 지나면 가치가 상승한다. 그런데 100명 중 99명은 항상 손해를 본다. 계획이 없기 때문이다. 높은 가격에 사서 주가가 곤두박질치는 기간을 견디지 못하고 공포에 질려 낮은 가격에 판다. 이들의 표어는 '높은 가격에 사서 낮은 가격에 판다'이다. 그러나 여러분은 이들의 전철을 밟아서는 안 된다. 손해를 보지 않으려면 치밀한 전략과 계획이 필요하다.

다음 장부터는 주식과 주식을 발행한 기업들에 대한 이해에 초점을 맞출 것이다. 평생 투자를 꿈꾸는 초보 투자자를 위한 초석이 되기를 바란다.

시장을 이기는 장기투자

주식 투자를 성공적으로 하기 위해 수학에 능통할 필요는 없다. 기초적인 회계를 공부하면 도움이 되겠지만 그렇다고 회계사 수준으로 되어야 한다는 뜻은 아니다. 파이 베타 카파Phi Beta Kappa(성적이 우수한 미국 대학생·졸업생으로 조직된 사교클럽) 회원이나 멘사 클럽Mensa Club(인구 대비 상위 2%의 지능지수를 가지면 가입할 수 있는 모임) 회원일 필요도 없다. 5학년 정도의 수학 실력과 책을 읽을 수 있다면 투자를 위한 기본은 갖추었다고 볼 수 있다. 이후에 필요한 것은 계획이다.

주식시장은 나이 든 사람들보다 젊은 사람이 더 유리한 곳이다. 여러분의 부모나 조부모가 주식에 대해 더 많이 알고 있을지도 모른다. 대부분 실수를 통해 어렵게 투자 방법을 배웠을 것이다. 또 젊은 사람들보다 투자할 돈도 많다. 그러나 젊은 세대는 '시간'이라는 가장 중요한 자산을 가지고 있다. 다음에 나오는 그림은 시간이 여러분의 재정 상태에 어떻게 영향을 미치는지를 보여준다. 투자는 일찍 시작할수록 좋다. 장기적으로 볼 때 일찍 투자한 작은 돈이 나중에 많은 돈을 투자하는 것보다 더 이익이다.

'시간은 돈이다Time is money'라는 말이 있다. 이는 '시간은 돈을 벌어준다Time makes money'로 수정해야 한다. 시간과 돈은 투자 성공을 위한 조합이다. 여러분이 뒤로 물러앉아 결과를 기다리는 동안 시간과 돈이 일을 하도록 내버려두라.

채권 대신에 주식에 투자하기로 결정했다면 현명한 선택을 한 것이다. 이 말은 여러분이 시장에서 어떤 일이 벌어지더라도 주식을 팔지 않고 보유하기로 결심하고 있는 장기 투자자라고 가정한 것이다. 1년, 2년 또는 5년 안에 자금을 회수할 필요가 있는 사람들은 주식에 투자해서는 안 된다. 주식 가격이 내년에 어떻게 될지 말해줄 수 있는 사람은 없다. 주식시장이 조정을 받으면서 손실이 날 때 투자금을 회수해야 하는 사람은 손해를 보고 시장을 떠나게 될지도 모른다.

20년이나 그 이상이 적절한 투자 기간이다. 20년 정도면 역사적으로 볼 때 가장 심각했던 조정을 겪고도 수익을 낼 수 있는 기간이다. 그리고 수익이 충분히 쌓일 수 있는 기간이다. 전체 수익을 보면 주식은 1년에 11%의 수익률을 기록해왔다. 아무도 미래를 예측할 수 없다. 그

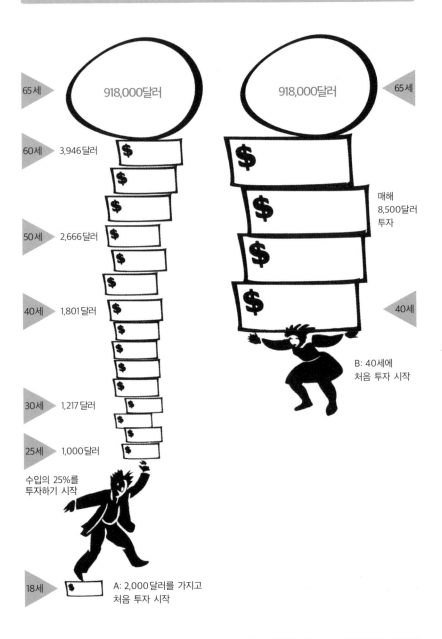

65세 918,000달러

918,000달러 65세

60세 3,946달러

매해
8,500달러
투자

50세 2,666달러

40세 1,801달러

40세

B: 40세에
처음 투자 시작

30세 1,217달러

25세 1,000달러

수입의 25%를
투자하기 시작

18세 A: 2,000달러를 가지고
처음 투자 시작

러나 연 11%의 수익률로 20년이 지나면 1만 달러는 8만 623달러로 증가하게 된다.

11%의 수익률을 얻기 위해서는 주식시장이 좋든 나쁘든 주식에 대한 충성을 맹세해야 한다. 당신의 돈과 주식이 결혼한 것과 마찬가지이다. 어떤 회사 주식이 좋은지 분석하는 업무에는 탁월한 능력이 빛을 발휘한다. 하지만 아무리 능력이 뛰어나도 주식을 오랫동안 보유하고 있을 용기와 인내심이 없다면 평균 수준의 투자자에 불과하다. 훌륭한 투자자와 그렇지 못한 투자자를 구별하는 기준은 지적 능력이 아니라 원칙이다.

무슨 일이 있어도 주식을 팔지 말고 보유하고, 이런저런 방법을 알려 주는 똑똑한 충고를 무시하면서 멍청한 당나귀처럼 행동하라. 이것이 프레드 슈워드Fred Schwed가 이미 50년 전에 《고객들의 요트는 어디 있는가?Where Are the Customers' Yachts?》라는 책에서 투자자에게 한 충고이다. 그 충고는 현재도 여전히 유효하다.

사람들은 지금까지 돈을 버는 비밀 공식 같은 것을 찾아 월가를 돌아 다녔다. 수익을 내는 우량 회사의 주식을 사서 충분히 타당한 이유가 없다면 팔지 말고 보유하라. 주가 하락은 매도해야 하는 이유가 아니다.

거울 앞에 서서 여러분의 주식에 끝까지 충실하겠다고 맹세하기는 쉽다. 어느 강연장에 가서 스스로 장기 투자자라고 생각하는 사람만 손들어 보라고 보면 모든 사람이 손을 든다. 요즘에는 오히려 장기 투자자가 아니라고 말하는 사람을 찾아보기 어렵다. 하지만 진짜 장기 투자자는 주식 가격이 크게 떨어질 때 알 수 있다.

폭락, 조정 그리고 하락장에 대해서는 이 책 후반부에서 자세하게 설명할 것이다. 어느 누구도 하락장이 언제 올지 정확하게 예측할 수 없다. 그러나 하락장세가 시작되면 10개 종목 중 9개 종목의 주가가 거의 동시에 떨어지고 많은 투자자가 손해를 볼까 두려워하게 된다.

투자자는 뉴스 진행자가 재앙이나 재난이라는 용어를 사용해가면서 시장 상황을 설명하는 말을 듣게 된다. 주식 가격이 0으로 하락해 투자금을 모두 날릴지 모른다고 걱정한다. 투자자는 남은 돈이나마 건지기 위해 손해를 감수하고 낮은 가격에 주식을 팔아치운다. 그러면서 모든 것을 잃어버리는 것보다 조금이라도 손해를 줄이는 것이 좋다고 스스로 위안한다.

스스로 장기 투자자라고 주장하지만 이 시점에서 모두 단기 투자자로 돌변한다. 감정이 이성을 지배하면서 우량 회사의 주주가 되겠다는 처음 결심을 잊게 된다. 투자자는 주가가 하락하면서 겁에 질려 주가가 회복되기를 기다리지 못하고 낮은 가격에라도 팔아치운다. 아무도 주식을 팔라고 압력을 행사하지 않지만 투자자는 스스로 손해를 자처한다.

이런 사실을 깨닫지 못하면 시장의 고점과 저점을 맞추려고 노력하는 함정에 빠질 수밖에 없다. 주가의 등락에 따라 거래를 하는 투자자를 추세 거래자market timer라고 부르는데, 정작 자신은 이런 사실을 부인한다. 그러나 주가가 올랐을 때 팔고 내렸을 때 사는 사람은 누구나 추세에 따라 투자를 하는 사람이다.

시장의 흐름이나 추세에 따라 거래하는 사람들은 단기간에 수익을 내기 위해 주가의 단기 변동을 예상하려고 노력한다. 하지만 이런 방법으로 수익을 낼 수 있는 사람은 거의 없다. 어느 누구도 아직까지 완벽한 방법을 개발하지 못했다. 사실 시장을 지속적으로 예측하는 방법을 알아낸 사람이 있다면 아마 세계 최고의 부자 리스트에서 워런 버핏과 빌 게이츠보다 순위가 높을 것이다.

시장의 추세를 찾으려고 노력하면 주가가 바닥을 치고 올라가는 시점에서 주식을 팔고 주가가 상승했다가 하락하는 시점에서 주식을 사는, 거꾸로 된 투자를 하게 된다. 사람들은 자신이 운이 없기 때문에 이런 일이 생긴다고 생각한다. 사실은 불가능한 일을 하려고 하기 때문에 그런 일이 생기는 것이다. 어느 누구도 시장을 이길 수 없다.

사람들은 또 폭락이나 조정을 받을 때 주식에 투자하는 것은 위험하다고 생각한다. 그러나 이 시기에 주식을 파는 것이 위험한 행동이다. 이들은 주가가 가파르게 상승하는 얼마 안 되는 짧은 시간에 주식에 투자할 수 있는 기회를 놓치는 위험을 안고 있는 것이다.

어떻게 며칠 안 되는 짧은 기간이 전체 투자 계획을 성공시키기도 하고 실패로 돌아가게 할 수도 있는지 정말 신기할 따름이다. 전형적인 사례를 살펴보도록 하자. 1980년대 5년 동안의 상승 기간 동안 주가는 1년에 26.3%씩 올랐다. 자신의 계획에 따라 원칙을 지킨 투자자는 2배의 수익을 거뒀다.

이 수익의 대부분은 5년 동안 증시가 개장한 1,276일 중 단지 40일 동안에 발생했다. 다음번 조정을 기다리면서 수익이 집중적으로 발생한 40일 동안 주식시장에서 빠져 있었다면 연간 26.3%의 수익률은 4.3%로 감소했을 것이다. 주식보다 위험성이 적은 은행의 양도성예금증서에 투자했어도 아마 4.3%보다 높은 수익을 얻었을 것이다.

따라서 주식 투자로 큰 수익을 거두기 위한 가장 좋은 방법은 여윳 돈을 따로 떼어내 주식에 투자하고 비가 오나 눈이 오나 그냥 묻어두는 것이다. 특히 여러분이 아직 젊다면 시간은 여러분의 편이라는 점을 명심하라. 주가가 하락하면 불안하고 마음이 아플 것이다. 그러나 주식을 팔지 않으면 손해는 실현되지 않는 것이다. 주식시장에 장기적으로 투자하고 있어야 시장이 최대의 수익을 올리는 예측 불가능한 상승세에 편승해 이익을 충분히 거둘 수 있다.

가장 손쉬운 투자, 뮤추얼펀드

이제 우리는 2가지 결론에 도달했다. 첫째는 가능하다면 주식에 투자해야 한다는 것이고 둘째는 기업이 수익을 내고 있는 동안에는 주식을 팔지 말고 계속 보유해야 한다는 것이다. 다음으로 결정해야 할 것은 여러분이 직접 주식을 선택할 것인가 아니면 누군가에게 좋은 주식을 대신 골라달라고 할 것인가이다.

숫자와 친하지 않고, 나이키가 리복보다 더 좋은 신발을 만드는지 어떤지 관심이 없다면 쉬운 방법을 선택할 수도 있다. 뮤추얼펀드가 개발된 것도 바로 이 때문이다. 뮤추얼펀드는 주식을 사고 싶지만 세부적인 일에 신경을 쓰기 싫은 투자자들을 위한 펀드다. 뮤추얼펀드에 가입하고 나서 여러분이 하는 일은 주식을 살 수 있는 돈을 송금해주는 것뿐이다. 송금된 돈은 다른 투자자들의 돈과 합쳐 하나의 거대한 투자자금이 된다(실제로는 만나본 적이 없지만 많은 사람들이 뮤추얼펀드에 투자하는 것은 주지의 사실이다). 이 자금은 펀드를 운용하는 전문가인 펀드매니저가 맡는다.

투자자들은 책임지고 자금을 운용해줄 전문가를 원한다. 그리고 그 전문가가 어떤 종목을 언제 사고 언제 팔아야 하는지에 대해 끊임없이 고민하도록 만든다.

뮤추얼펀드에는 투자자금을 운용하는 펀드매니저가 있다는 것 외에도 또 다른 장점이 있다. 동시에 여러 회사에 투자할 수 있다는 것이다. 펀드 가입 청약서에 서명하는 순간 당신은 뮤추얼펀드가 사들인 수십 또는 수백 개 회사의 주주가 되는 것이다. 단돈 50달러를 투자했거나 거금 5,000만 달러를 투자했거나 금액에 상관없이 여러분은 펀드의 일부분을 소유한 주주이다. 펀드에 투자하는 것은 한 종목의 주식을 가지고 있는 것보다 위험성이 적다. 특히 처음 주식 투자를 시작하는 사람은 종목 하나에 모든 자금을 투자할 수도 있기 때문이다.

일반적인 뮤추얼펀드는 50달러나 100달러로 투자를 시작할 수 있다. 여유 자금이 생기면 더 많은 주식을 살 수 있는 기회가 언제든지 있다. 얼마나 자주 그리고 얼마나 많은 돈을 투자할지는 당신이 결정하면 된다. 한 달이나 세 달 또는 여섯 달마다 동일한 금액을 투자할 수도 있다. 지속적으로 투자한다면 한 달이든 세 달이든 투자 간격은 중요하지 않다.

이처럼 분할해서 투자하는 계획의 이면에는 깊은 지혜가 숨겨져 있다. 사람들은 올해와 내년에 주식시장이 어떻게 될지 걱정한다. 조정장이나 약세장에서는 펀드에 편입된 주식의 가격이 하락하고 그래서 낮은 가격으로 더 많은 주식을 살 수 있다. 반면에 강세장에서는 더 높은 가격으로 주식을 사야 한다. 시간이 지나면서 매입한 주식은 평균 가격으로 수렴하고 이익은 증가할 것이다.

많은 펀드가 배당금 형식으로 현금 보너스를 지급한다는 것은 펀드 투자의 또 다른 매력이다. 배당금은 1년에 4번, 2번 또는 12번 정기적으로 지급된다. 배당금으로 영화표, CD, 선글라스 등 갖고 싶은 상품을 살 수도 있고 더 많은 주식을 사 더 큰 이익에 투자할 수도 있다.

이것을 재투자 옵션Reinvestment option이라고 부른다. 재투자 옵션을 선택하면 배당금은 자동으로 재투자된다. 더 많은 주식을 가지고 있을수록 펀드 성공에서 얻을 수 있는 투자자의 수익도 그만큼 커진다. 이때문에 배당금을 펀드에 재투자할 경우 수익은 훨씬 빠르게 증가한다. 펀드 수익률은 신문에서 디즈니나 웬디스 주가를 보듯이 쉽게 찾아볼 수 있다. 펀드에 편입된 개별 주식 종목의 가격은 매일 오르내린다. 따라서 펀드의 가격도 포트폴리오에 포함된 주식의 가격 움직임에 비례해 함께 오르내린다. 이 때문에 투자자는 좋은 종목을 선택하는 안목을 가진 펀드매니저들이 운용하는 펀드에 가입하고 싶어 한다. 펀드매니저의 성과가 좋아야 투자자의 수익도 높아지기 때문에 매니저가 좋은 결과를 낼 수 있도록 응원해야 한다.

펀드를 해지하는 것도 쉽다. 투자를 그만두고 싶을 때 언제든지 펀드 환매를 요청할 수 있다. 일부를 환매해도 되고 전체를 환매해도 된다. 펀드 환매를 요청하면 지정된 계좌로 펀드회사가 돈을 입금시켜줄 것이다. 그러나 비상 상황이 발생하거나 급히 현금이 필요할 경우가 아니라면 펀드는 환매하지 않는 것이 좋다. 매입한 가격보다 높은 가격에 주식을 파는 것이 목적이라면 펀드에 더 오래 투자하면 할수록 잠재적

수익이 그만큼 더 커지기 때문이다.

펀드의 수익을 공유하는 대신 투자자는 펀드 운용비와 각종 수수료를 부담해야 한다. 각종 수수료와 비용은 펀드에서 차감되는데 일반적으로 0.5%에서 2% 사이다. 이는 펀드에 가입해 있는 동안 매년 0.5%에서 2%의 펀드 운용보수를 지불한다는 것이고 운용보수 외에도 펀드에 편입된 주식을 사거나 팔 때 발생하는 거래 비용도 펀드 투자자가 부담한다는 뜻이다. 보수와 비용을 지불한 투자자는 펀드매니저가 올바른 종목 선택을 통해 좋은 성과를 내주기를 기대한다.

펀드매니저는 자신이 직접 종목을 선택하는 수백만 명의 일반 투자자와 비교해 훨씬 우월한 이점을 가지고 있다. 일반 투자자에게 있어 종목 선택은 취미지만 펀드매니저에게는 직업이다. 펀드매니저는 경영대학원을 다니면서 기업을 연구하는 방법과 각종 기업 보고서를 분석하는 방법을 배운 사람들이다. 이들에게는 도서관, 고성능 컴퓨터 그리고 연구와 분석을 도와주는 직원들이 있다. 또 어떤 기업에서 중요한 뉴스가 나오면 일반 투자자보다 펀드매니저가 더 빨리 알 수 있다.

하지만 다른 한편으로는 펀드매니저도 한계를 가지고 있다. 이런 한계를 이용하면 펀드매니저와 경쟁이 쉬워진다. 여러분도 나도 당구 게임에서 프로 선수를 이길 수 없고 신경외과 의사보다 뇌수술을 더 잘할 수 없지만 월가의 전문가를 이길 수 있는 기회는 있다.

월가의 많은 펀드매니저는 동일한 종목을 선택하는 경향이 있다. 이들은 다른 펀드매니저가 사들이는 종목을 사면서 안도감을 느끼고 친숙하지 않은 종목을 기피한다. 이런 속성 때문에 펀드매니저는 자신의 영역 밖에 있는 매력적인 기회를 놓치곤 한다. 특히 나중에 업계에서 스타로 성장하거나 시장에서 최고의 수익을 내는 신생 기업을 간과하는 경우가 많다.

펀드의 역사

역사에 기록된 최초의 뮤추얼펀드는 1882년 네덜란드의 윌리엄 1세에 의해 시작되었다. 뮤추얼펀드에 대한 개념은 스코틀랜드까지 퍼졌고 검소한 스코틀랜드인들은 뮤추얼펀드에 열광했다. 스코틀랜드인들은 무절제한 소비를 싫어하고 절약이 몸에 밴 사람들이었다. 그들은 많은 돈을 저축하고 있었고 그 돈을 새로운 상품인 뮤추얼펀드에 투자했다.

미국 대륙의 거주자들도 뮤추얼펀드에 대해서 알고 있었지만 19세기 말에야 관심을 갖기 시작했다. 당시에 뮤추얼펀드는 주식신탁stock trusts이라고 불렸다. 미국 최초의 주식신탁은 1889년에 뉴욕주 신탁New York Stock Trust으로 출범했다. 주식신탁은 투자회사로 발전했고, 투자회사는 1920년대 대중에게 널리 알려졌다.

미국에서 처음으로 탄생한 뮤추얼펀드는 쇼 루미스 세일즈Shaw Loomis Sayles 펀드였다. 쇼 루미스 세일즈 펀드는 1929년 11월 대공황이 발발하기 불과 몇 주일 전에 만들어졌다. 대공황부터 1932년까지 주가가 계속 하락했기 때문에 펀드 운용자들에게 있어 이 시기는 최악이었다. 1936년 공황의 그늘이 걷혔을 때 이전에 설립된 펀드 중에서 절반은 파산했다(당시에는 투자회사로 불렸다).

투자자들은 주식이 폭락할 때는 펀드도 함께 폭락할 수밖에 없다는 중요한 교훈을 배웠다. 오늘날도 마찬가지이다. 월가의 최고 펀드매니저라 하더라도 1929년 대공황, 1972년의 대폭락, 1987년의 블랙 먼데이, 1990년 불황 또는 2020년에 올지도 모를 대폭락 등 어떤 종류든 주가 하락으로부터 투자자를 보호해줄 수 없다. 여러분이 직접 투자를 하거나 전문가를 통한 간접 투자를 하거나, 폭락으로부터 안전한 포트폴리오는 이 세상에 존재하지 않는다.

1929년 대공황이 발생한 지 11년이 지난 1940년에 미국 의회는 투자 회사법Investment Act of 1940을 통과시켰다. 현재까지 유효한 이 법은 뮤추얼펀드의 애매모호한 부분을 명확하게 밝히도록 했다. 이 법은 펀드에 투자한 고객이 얼마의 수익을 얻을 수 있고 이를 위해 얼마나 투자를 해야 하는지에 대해 펀드 운용사가 자세히 설명하도록 의무화했다. 미국에 등록된 모든 뮤추얼펀드(1995년 당시 6,000개가 넘는다)는 전체적인 펀드의 투자 전략과 위험도를 설명하도록 돼 있다. 또 자금이 어떻게 투자되는지에 대해 고객들에게 설명해야 할 의무가 있다. 포트폴리오의 내용과 주요 보유 종목 그리고 각 종목에 얼마나 많은 주식을 보유하고 있는지를 공개해야 한다.

또한 운용보수와 운용회사가 징수하는 기타 비용도 모두 밝혀야 한다. 이익과 손실에 대한 보고서를 공개해서 모든 사람이 과거 펀드의 운용 실적을 알 수 있도록 해야 한다.

거짓 없이 진실을 보고하는 의무 외에도 펀드 회사는 투자에 대한 엄격한 규정을 지켜야 한다. 펀드는 한 종목에 전체 투자 자금의 5% 이상을 투자할 수 없다. 이것은 한 바구니에 너무 많은 계란을 담지 못하도록 하여 분산 투자를 유도하기 위한 것이다.

증권거래위원회에 있는 정부 감시기구가 모든 거래를 감시한다. 펀드 회사는 정부의 감시 때문에 규정을 어기는 불법 거래의 유혹에 빠지지 않는다. 전반적으로 펀드업계는 스스로 규정을 잘 지키고 있고 증권거래위원회라는 엄격한 감시자와 원만한 관계를 유지하고 있다.

최근에 여러 펀드회사가 증권거래위원회의 지지에 힘입어 중요한 프로젝트를 추진했다. 펀드회사는 펀드 설명서에서 이해하기 힘든 조항을 삭제하고 고객이 거의 읽지 않는 난해한 법조항을 축소하려고 노력하고 있다. 설명서에 있는 법조항의 대부분은 당국의 규정에 따른 것으로 시간 낭비와 투자자의 혼란, 그리고 비용 낭비를 유발한다는 지적을 받아 왔다. 장문의 법조항을 인쇄하는 데 들어가는 비용이 펀드 비용에 포함되기 때문이다.

이 새로운 프로젝트의 목적은 고객이 법을 전공하지 않고도 이해할 수 있도록 짧고 간결한 설명을 제공하는 것이다. 이 새로운 프로젝트가 성공하면 펀드회사와 펀드에 투자한 고객 모두에게 유익할 것이다.

오랜 시간 동안 대중에게 외면 받았던 뮤추얼펀드는 교사와 가게 주인, 점원 등 거의 모든 사람이 외판원으로 펀드 판매 아르바이트를 하던 1960년대 말에 다시 관심을 끌게 되었다. 하지만 1929년 대공황 이후 최악의 폭락을 겪었던 1969~1973년의 약세장과 맞물리면서 펀드에 가입한 수백만 명의 투자자가 또다시 커다란 실패를 경험하게 되었다.

하락장세가 오래 지속되는 동안 일부 뮤추얼펀드의 가격은 75%나 떨어졌다. 펀드에 들어 있는 주식도 안전하지 않다는 증거가 더욱 확고

해졌다. 엄청난 손실에 놀란 투자자들은 가입 당시 주가보다 훨씬 싼 가격으로 펀드 환매에 나섰고 저축예금 계좌로 돈을 이체했다. 그리고 펀드 가입을 권하는 전화를 받으면 듣지도 않고 끊어버리겠다고 다짐했다.

이후 약 10년 동안 투자자들은 주식형 뮤추얼펀드 가입을 회피했다. 아무리 펀드가 훌륭해도 가입하는 사람이 없었다. 펀드매니저는 저렴한 가격에 좋은 주식을 살 수 있었지만 고객이 없어서 주식을 살 자금이 없었다.

1980년대 들어 주식시장이 회복되면서 뮤추얼펀드 업계도 다시 활기를 찾았다. 1980년대 이후 5,655개 펀드가 설립되면서 펀드 붐이 일었고 2년 동안에만 무려 1,300개 펀드가 새로 생겨났다. 채권형 펀드, 머니마켓 펀드, 주식형 펀드 등 거의 매일 새로운 펀드가 설립되고 있고 주식형 펀드만 210개가 늘었다. 미래엔 주식 종목보다 펀드의 종류가 더 많아질지도 모른다.

좋은 펀드를 고르는 방법

시장에 출시된 주식형 펀드의 종류를 설명하는 것만으로도 책 한 권을 쓸 수 있을 것이다. 다목적 펀드, 단일 산업 펀드, 복합 산업 펀드, 중소기업 펀드, 대기업 펀드, 순수 펀드, 혼합형 펀드, 국외 펀드, 국내 펀드, 성장형 펀드, 가치형 펀드, 수익형 펀드, 성장-수익형 펀드 등 펀드의 종류는 셀 수 없이 많다. 펀드 종류가 이렇게 복잡하다 보니 다른 펀드의 주식을 사는 펀드 오브 펀드fund of fund도 등장했다.

펀드의 종류가 너무 다양하다 보니 좋은 펀드를 선택하기 위해 며칠 동안 연구해도 관련 정보의 절반도 얻기 힘들다. 아마도 펀드 관련 서적과 논문 그리고 안내서를 당신 주변에 쌓아 놓는다면 119 구조대가 당신을 책 더미 속에서 구조해내는 데 몇 시간이 걸릴 것이다. 사실 해마다 좋은 펀드를 고르는 방법에 대한 안내서가 너무 많이 쏟아져 나와 오히려 투자자를 정신없게 만들고 있다. 투자자가 완벽한 뮤추얼펀드를 찾는 일을 그만둔다면 스스로도 더 행복을 느끼고 아이들에게도 더 친절할 것이며 정신과 상담 비용도 줄일 수 있을 것이다.

좋은 펀드를 고르는 일은 이처럼 바람직하지 않은 집착을 키울지도 모른다. 하지만 이런 위험을 감수하겠다고 생각한다면 좋은 펀드를 고르는 방법에 대해 몇 가지 조언을 하고자 한다.

1. 투자자들은 펀드를 직접 운영하는 회사에서 직접 뮤추얼펀드를 살 수 있다. 주식 중개인이 고객이 원하는 펀드를 판매하지 않을지도 모르지만 증권사 직원을 통해 펀드에 가입할 수 있다.

2. 증권사 직원도 월급쟁이이다. 그래서 자기 회사의 펀드 상품을 팔면 더 많은 수수료를 받는 경우도 있다. 자사 펀드를 고객에게 사도록 권하는 행위가 자신의 이익에는 부합하지만 고객의 이익과 반드시 일치하는 것은 아니다. 증권사 직원이 상품을 권할 때는 항상 그 직원이 무엇을 얻게 되는지 알아보라. 증권사 직원에게 가능한 모든 정보를 제공해달라고 요청하라. 그 직원이 추천하는

것과 비슷하지만 과거 수익률 실적이 더 좋은 상품이 있을지도 모른다.

3. 만일 장기 투자를 생각하고 있다면 채권 펀드와 혼합 펀드(채권과 주식을 섞어 투자하는 펀드)를 무시하고 순수한 주식형 펀드에 가입하라. 지난 80년 동안 주식의 수익률이 채권 수익률보다 높았다(1980년에는 채권 수익률이 주식과 비슷했지만 주식이 조금 더 높았다). 1990년대 전반기에 주식은 또다시 채권 수익률을 크게 앞섰다. 여러분이 주식에 100% 투자하지 않는다면 장기적으로 자신을 기만하는 것이다.

4. 올바른 펀드를 선택하는 것은 정직한 자동차 정비공을 고르는 것보다 쉽지 않다. 그러나 펀드에는 여러분이 참고할 수 있는 과거 성과에 대한 기록이 있다. 수십 명의 고객을 인터뷰하지 않는 한 자동차 정비공이 좋은지 나쁜지 알 수 있는 방법은 없다. 그러나 좋은 펀드는 펀드에 적용되는 평가 등급을 알면 쉽게 구별할 수 있다. 펀드의 등급은 연간 수익률이 말해준다. 지난 10년 동안 연간 18%의 수익률을 기록한 펀드라면 14%의 수익률을 기록한 비슷한 종류의 펀드보다 좋은 것이다. 그러나 과거 실적이 훌륭한 펀드에 가입하기 전에 그 실적을 달성한 펀드매니저가 현재도 펀드를 운용하고 있는지 반드시 확인해야 한다.

5. 역사적으로 볼 때 중소기업에 투자한 펀드가 대기업에 투자한 펀

드보다 수익률이 더 높았다. 성공 가능성이 높은 중소기업은 미래의 마이크로소프트와 월마트가 될 것이다. 그렇다면 중소기업에 투자한 펀드의 수익률이 대기업 펀드보다 월등히 높은 것이 놀라운 일이 아니다. 경쟁에서 살아남은 중소기업 가운데 한 기업의 주식이 20년 뒤에 250배 이상 오를 것이다. 중소형주가 대형주보다 변동성이 높기 때문에 중소형주 펀드는 다른 종류의 펀드보다 손익의 변동 폭이 심하다. 그러나 마음을 다부지게 먹고 시장에서 변동성을 견뎌낼 수 있다면 중소형주에 투자하는 것이 더 좋을 수 있다.

6. 여러 해 동안 시장에서 높은 수익률을 검증 받은 스타 펀드에 투자할 수 있는데 왜 군이 새로운 펀드에 가입하는 모험을 하는가? 수년 동안 수익률 상위를 기록한 펀드 리스트는 쉽게 찾아 볼 수 있다.

7. 펀드를 자주 갈아타는 것은 금물이다. 일부 투자자는 시장의 추세를 따라가기 위해 한 펀드에서 또 다른 펀드로 자주 이동한다. 하지만 이는 득보다 실이 많다. 어떤 해에 수익률 1위를 기록한 펀드가 그다음 해에도 수익률 1위를 기록한 경우는 거의 없었다. 승자를 따라 잡으려고 노력하는 것은 헛수고일 뿐이고 결국 패자로 전락할 확률이 높다. 장기적으로 탁월한 성과를 낸 펀드를 선택한 다음 끝까지 원칙을 고수하는 것이 더 좋다.

8. 일부 펀드는 연간 비용에 더해 펀드에 가입할 때 판매보수load라
는 것을 부과하기도 한다. 최근 평균 판매보수는 3~4%에 달한다.
이는 여러분이 펀드에 투자하는 순간 3~4%의 손실을 본다는 뜻
이다.

판매보수를 부과하는 펀드도 있지만 그렇지 않은 펀드도 많다.
이처럼 판매 수수료가 없는 펀드를 '노 로드 펀드No load fund'라고
부른다. 노 로드 펀드도 판매 수수료가 있는 펀드 못지않게 실적
이 좋다. 판매보수를 내는 펀드가 반드시 더 좋은 실적을 기록하
는 것은 아니다. 펀드 가입 기간이 오래될수록 펀드 판매보수의
중요성은 점점 줄어든다. 10년이나 20년 뒤에 펀드의 성과가 여
전히 좋다면 펀드 가입 당시 부담했던 3~4%의 판매보수는 충분
히 보상받을 수 있다.

판매보수보다는 해마다 펀드에서 빠져 나가는 연간 수수료를
더 유심히 살펴봐야 한다. 수수료를 최소로 유지하는(일반적으로
1% 이하) 펀드는 수수료가 높은 펀드(일반적으로 2% 이상)보다 기본
적으로 이점이 있다. 수수료가 높은 펀드의 펀드매니저는 불리한
여건에서 펀드를 운용하는 것이다. 수수료가 낮은 펀드의 펀드매
니저와 동일한 수익률을 기록하려면 1.5%에서 2% 정도 더 높은
성과를 내야 하기 때문이다.

9. 대다수의 펀드 운용사는 시장 평균 수익률을 상회하는 것을 목표
로 하는 펀드매니저를 고용한다. 시장 평균보다 높은 수익을 내는
종목을 발굴하는 펀드매니저에게 보수를 지급하는 것도 이 때문

이다. 하지만 펀드매니저가 시장 평균을 밑도는 수익을 기록하는 경우도 흔하다. 어떤 경우에는 펀드매니저의 절반 이상이 시장 평균에도 못 미치는 수익률을 기록하기도 한다. 평균보다 못한 수익률을 기록하는 원인 중 하나는 각종 보수와 수수료가 펀드의 수익에서 차감되기 때문이다. 일부 투자자는 수익률이 평균을 웃도는 펀드를 고르는 일이 어렵다며 포기한다. 대신 시장 평균을 그대로 따라가는 펀드를 선택하는데, 이런 펀드를 '인덱스펀드'라고 부른다. 인덱스펀드는 펀드매니저가 필요 없고 자동으로 시스템에 의해 운용된다. 인덱스펀드는 특정 지표에 포함된 종목을 매입한 다음 보유하는 전략을 구사한다.

인덱스펀드에는 보수를 지급해야 하는 전문가도 없고 관리비와 주식을 사고파는 데 들어가는 수수료도 없다. 특별한 결정을 내려야 하는 경우도 없다. 예를 들어 S&P500지수 펀드는 S&P 지수를 구성하는 500개 종목을 모두 사들인다. S&P500은 널리 알려진 시장 평균 지수이다. 따라서 이 펀드에 투자하면 항상 시장 평균 수익 정도는 거둘 수 있다. 최근의 펀드 실적을 보면 펀드매니저가 운용하는 대다수 펀드의 수익률보다 시장 평균 수익률이 오히려 더 높은 것으로 나타났다.

아니면 중소기업의 잠재력을 이용한 고수익을 얻기 위해 중소형주 펀드에 투자한다면 러셀 2000Russel 2000(미국의 투자자문사 프랭크 러셀에서 1982년부터 발표하고 있는 중소형주 2,000개를 대상으로 만든 지수로 중소기업의 증시 시황을 알 수 있음 - 역자)과 같은 중소형주 지수를 추종하는 펀드에 가입할 수 있다. 이 펀드에 투자하면 러셀 지수에 포함된 2,000개 종목에 투자금이 분산되는 효과를 얻는다. 또 다른 방식은 투자금의 일부를 S&P500지수 펀드에 투자해 대기업의 성과에서 수익을 얻고, 나머지는 중소기업 지수 펀드에 투자해 수익을 내는 것이다. 대기업과 중소기업 펀드에 나눠투자하는 방식을 선택하면 높은 수익을 내는 펀드를 고르기 위해 신문이나 잡지의 기사를 뒤적일 필요가 없다. 이런 방법을 통해 시장을 주의 깊게 연구하고도 평균 수익률보다 낮은 펀드에 투자한 일부 투자자보다 더 좋은 투자 성과를 얻을 것이다.

돈 되는 주식 종목 직접 고르기

시간과 의지만 있다면 흥미진진한 평생의 모험을 시작할 수 있다. 직접 좋은 주식을 선택하는 것이다. 이는 뮤추얼펀드에 투자하는 것보다 훨씬 더 많은 노력이 필요하다. 그러나 자신만의 주식을 선택함으로써 더 큰 만족을 얻을 수 있다는 이점도 있다. 시간이 지나면 여러분의 실적이 대부분의 펀드보다 더 좋을 것이다. 여러분이 선택한 주식의 가격이 모두 상승하는 것은 아니다. 역사상 어느 펀드매니저도 100% 성공률을 보인 적이 없다. 세계 최고의 갑부인 워런 버핏도 실수를 했고 월가의 전설로 불리는 피터 린치 또한 자신이 저지른 실수를 기록하면 노트 몇 권을 채울 수 있을 것이다. 하지만 여러분은 10년 동안 2~3개의 대박 종목만 있으면 충분하다. 만일 10개 종목을 선택해 보유하고 있다면 이 가운데 3개 정도는 주가가 크게 오를 것이고 여기서 얻은 수익은 투자에 실패한 1~2개 종목의 손실을 만회하고 남을 것이다. 그리고 6~7개 종목은 평균 정도의 수익을 기록할 것이다.

평생 동안 3배의 수익(주가가 매입할 때보다 3배가 오른 경우)을 낼 수 있는 기회를 몇 번만 잡을 수 있으면 종목 선택에 실패한 경우가 많더라도 상당한 재산을 모을 수 있다. 기업의 발전을 어떻게 따라가는지 요령을 터득하게 되면 성공적인 기업에 더 많은 돈을 투자할 수 있고 실패 위험을 줄일 수 있다.

주식에 투자해 3배의 수익을 거두는 경우는 매우 드물다. 하지만 평생 동안 3배의 수익을 내는 종목을 2~3개 정도 보유하면 상당한 규모의 재산을 모을 수 있다. 1만 달러로 주식 투자를 시작해 3배 수익을 내는 경우를 5번 정도 기록했다고 가정해보자. 그러면 처음 1만 달러는 240만 달러로 증가했을 것이다. 또다시 10번에 걸쳐 3배의 수익을 내면 투자 금액은 5억 9,000만 달러로 늘게 된다. 그리고 3배 수익이 13번에 이르면 미국 최고의 갑부가 된다.

뮤추얼펀드에도 투자하고 동시에 직접 종목을 선택해 투자하는 것도 가능하다. 실제로 많은 투자자가 직접 투자와 간접 투자를 병행하고 있다. 앞서 뮤추얼펀드를 고르는 방법에서 설명한 여러 조언 중 많은 부분(가능한 일찍 투자 시작하기, 투자 계획 세우기, 주식시장의 하락과 조정에 대해 걱정하지 말고 원래의 계획에 충실하기 등)이 자신이 직접 종목을 고르는 데도 그대로 적용된다. 여러분은 이제 2가지 문제에 직면하게 될 것이다. 어떤 주식을 선택해야 할까? 그리고 주식을 살 돈을 어디서 구할 것인가? 어떤 주식을 살지 결정하기에 앞서 주식 투자는 위험하기 때문에 실전 연습을 해보는 것이 중요하다.

여러분은 사전에 준비 없이 주식에 투자했다 돈을 잃는 사람이 얼마나 많은지 알고 나면 기겁을 할 것이다. 하지만 이런 일은 항상 일어난다. 평생 투자라고는 해보지 않은 사람이 갑자기 거액의 퇴직금을 탄 후, 무작정 주식에 투자하는 경우도 있다. 운전하기 전에 운전학원에서 교육을 받는 것처럼 주식 투자에도 교육이 필요하다. 교통 법규를 모르거나 주차 연습을 하지 않은 초보 운전자를 고속도로에 내보내지 않는 것과 같다.

가르쳐줄 사람이 없다면 다양한 전략을 종이에 기록해보고 주식의 움직임을 살펴보면서 혼자서 연습할 수도 있다. 이것도 역시 젊은 사람이 유리한 부분이다. 앞으로 남은 시간이 많은 젊은 투자자는 나이 든 사람들보다 머릿속으로 투자 연습을 할 시간이 더 많다. 투자할 돈이 모아질 때쯤이면 실제로 투자 준비가 다 갖추어져 있을 것이다.

혹시 가상야구fantasy baseball(현역 선수들로 가상 야구팀을 만들어 즐기는 게임)에 대해 들어본 적이 있는가. 메이저리그 선수들 중 타율과 홈런 등 선수의 기록을 보고 맘에 드는 선수들을 골라 다른 가상 야구팀이나 실제 팀과 경기를 벌이는 것이다. 주식 투자에서도 야구 게임처럼 가상 포트폴리오를 만들어 훈련을 할 수 있다. 10만 달러나 100만 달러 정도의 가상 계좌를 만들어 투자하고 싶은 회사의 주식을 사라. 예를 들어 디즈니, 마이크로소프트, 벤앤제리, 펩시 등에 투자하고 싶다면 10만 달러를 5등분하여 각 회사에 2만 달러씩 투자하는 것이다. 만약 1995년 4월 21일에 투자를 시작했다고 가정하면 여러분의 포트폴리오는 다음과 같다.

종목	주식 가격(1995년 4월 21일 기준)	2만 달러로 매입한 주식 수
디즈니	$54\frac{3}{4}$	365
나이키	$73\frac{1}{8}$	274
펩시	$41\frac{1}{4}$	485
벤앤제리	$12\frac{5}{8}$	1,584
마이크로소프트	75	267

일단 투자 종목을 선택하고 가격을 기록했으면 실제 돈을 투자한 것처럼 수익과 손실을 기록하면서 수익률을 추적할 수 있다. 가상 투자의 수익률을 실제 돈을 투자하고 있는 부모님의 수익률과 비교해보거나 다른 뮤추얼펀드의 수익률과 비교할 수도 있고 친구의 가상 포트폴리오 수익률과 비교할 수도 있다.

경제교육 증권 산업 재단Securities industry foundation for economic education 이 후원하는 주식시장 게임Stock Market Game이라는 가상 주식 투자 게임을 학교에서 실시하고 있다. 지난 한 해 동안에만 무려 60만 명 이상의 학생들이 가상 주식 투자 게임에 참여했다.

우선 학생들을 여러 팀으로 나눈다. 각 팀은 가상 계좌를 통해 매입할 종목을 결정한다. 가상 주식 투자 게임은 10주 동안 진행된다. 10주 동안 결과를 집계해 투자한 종목의 가격이 가장 많이 오른 팀이 우승을 차지하는 것이다. 각 학교의 우승팀은 다른 학교 우승팀이나 지역의 우승팀 그리고 각 주의 우승팀과 또다시 경쟁을 하는 방식으로 진행된다.

참가자들이 투자의 기본 지식과 결과를 너무 심각하게 받아들이지 않는다면 주식시장 게임은 교육적일 뿐만 아니라 재미도 있다. 이런 종류의 투자 훈련은 13주, 26주 또는 1년 동안에 나타난 주가 변동이 순전히 운에 의한 것이라는 데 문제가 있다. 가상 투자 연습은 여러분에게 진정한 결과를 보여줄 정도로 오래 지속되지 않는다. 13주 동안 어떤 한 종목이 하락할 수 있지만 3년이나 5년 뒤에는 상승할 수도 있다. 또 13주 동안에는 주가가 올랐지만 그 이후 계속 떨어질 수도 있는 것이다.

장기적으로 성과가 좋은 주식은 장기적으로 실적이 좋은 기업의 주식이다. 성공적인 투자의 열쇠는 성공적인 회사를 찾는 것이다. 가상 투자 게임에서 교훈을 얻기 위해서는 단순히 주가의 변화를 살피는 것 이상으로 노력을 해야 한다. 투자한 기업에 대해 가능한 많은 것을 배우고, 무엇 때문에 그 기업의 주가가 올랐는지에 대해서도 연구해야 한다.

이제 사람들이 주식 종목을 선택하는 5가지 기본적인 방법에 대해 알아보자. 말도 안 되는 어리석은 방법부터 가장 발전된 방법의 순서로 설명을 하겠다.

1. 다트 게임으로 결정하는 임의 선택

가장 낮은 수준의 주식 종목 선택 방법이다. 주식 종목을 그려놓은 판에 다트를 던져 주식을 고르는 것이다. 아니면 눈을 감은 채로 다트 대신 손가락을 사용해 종목을 선택할 수도 있다. 운이 좋다면 오를 종목을 고를 것이다. 다트 방식의 가장 좋은 점은 노력을 하지 않아도 된다는 것이다. 임의로 주식을 선택할 생각이 있다면 기업 선택을 하지 말고 뮤추얼펀드에 투자하는 것이 더 유리하다.

2. 불확실한 정보와 조언

두 번째 방법은 누군가가 확실히 오를 것이라고 조언해주는 주식을 사는 것이다. 이런 정보나 조언을 해주는 사람은 친구일 수도 있고 영어 선생님일 수도 있고 자동차 정비공이나 정원사일 수도 있다. 또는 버스를 타고 가다가 남들이 하는 이야기를 들었을 수도 있다. 어떤 면에서는 주변 사람들이 알려주는 정보보다 다른 사람들이 주고받는 정보에 더 관심이 가기도 한다.

삼촌이 어떤 회사와 직접 관련이 있어 정보를 더 정확히 알고 있을 가능성도 있다. 이런 종류의 정보는 상당히 유익할 수 있지만 조금 더 조사해볼 필요가 있다. 근거가 없는 위험한 정보일 수도 있다. 예를 들면 "홈쇼핑 네트워크를 사라. 기관 자금이 이 주식을 매집하고 있다. 늦기 전에 지금 당장 사라. 곧 오를 것 같다."와 같은 정보이다.

50달러짜리 토스터를 사려고 최저가를 찾기 위해 여러 곳을 돌아다니는 사람들도 위에 있는 '홈쇼핑 네트워크'와 같은 정보에 귀가 솔깃해 수천 달러를 투자하려고 할 것이다. 사람들은 홈쇼핑 네트워크에 대한 정보를 무시했다가 그 주식이 4배로 오르면 그만큼의 이익을 챙길 기회를 놓치게 될까 봐 무턱대고 투자한다. 홈쇼핑 네트워크를 사지 않았는데 그 주식이 4배로 올랐다면 배가 아플 것이다. 하지만 여러분이 깨달아야 할 진실은 단 한 푼도 손해를 보지 않았다는 것이다.

투자하지 않은 주식에 대해서는 절대 손해를 보지 않는다. 홈쇼핑 네트워크를 샀는데 가격이 하락해 매입한 가격보다 더 싼 가격에 주식을 처분할 경우에만 손해를 보는 것이다.

3. 전문가의 정보와 분석

전문가의 분석은 신문이나 잡지의 인터뷰 기사나 방송에 출연하는 분석가에게 얻을 수 있다. 여러분은 펀드매니저나 투자자문 회사, 월가의 많은 전문가로부터 잘 정리된 정보를 지속적으로 접할 수 있다. 그러나 이런 정보와 분석은 다른 사람들도 모두 접한다. 수백만 명의 독자나 시청자가 여러분이 보고 듣는 정보를 공유하고 있는 것이다.

그럼에도 이 같은 정보와 분석을 활용하고 싶다면, 삼촌의 정보는 무시하고 전문가의 정보를 믿는 것이 더 좋다. 소위 전문가라는 사람들은 정보를 제공하기 위해 충분히 연구했을 가능성이 높다. 반면 삼촌은 "그냥 그 주식이 오를 것 같다."라는 것이지 정확한 판단의 근거나 전문 지식은 없다.

전문가의 분석이나 조언에 따라 종목을 선택하는 방법은, 분석이나 생각이 변할 경우 이를 즉시 알 수 없다는 문제점이 있다. 전문가가 TV에 출연해 바뀐 점을 알려주지도 않을 뿐더러 여러분이 그 프로그램을 시청한다는 보장도 없기 때문이다. 이런 문제점 때문에 전문가가 더 이상 그 주식을 좋게 평가하지 않는데도 투자자는 예전에 추천했다는 이유로 무작정 끝까지 보유하고 있을 가능성이 높다.

4. 증권사의 추천 종목

풀 서비스를 제공하는 증권사 직원들은 고객이 사야 하는 종목을 추천해준다. 추천 종목은 증권사 직원의 생각이 아닌 경우가 많다. 고객을 위한 추천 종목 리스트는 증권사 연구소의 애널리스트가 작성한 것이다. 증권사 애널리스트는 기업의 예상 실적 등 관련 정보를 분석하는 일이 직업인 사람들이다. 이들은 자신이 분석한 자료를 근거로 매수와 매도 의견을 낸다.

증권사는 애널리스트의 매수 의견을 취합해 이를 매수 추천 종목 리스트에 올린다. 이렇게 만들어진 매수 추천 종목 리스트를 각 지점에 있는 직원들에게 보낸다. 일반적으로 매수 종목 리스트는 보수적인 투자자를 위한 종목, 공격적인 투자자를 위한 종목, 배당금 지급 종목 등 다양하게 분류돼 있다.

투자자는 추천 종목 리스트를 근거로 증권사 직원의 도움을 받아 종목을 선택하면 훌륭한 포트폴리오를 구성할 수 있다. 이렇게 하면 증권사의 막강한 연구 능력을 활용할 수 있지만 리스트에 나열된 추천 종목 가운데 투자할 종목을 고르는 일은 여전히 투자자의 몫이다. 이 방법은 전문가의 정보와 조언을 이용하는 것보다 큰 이점이 있다. 증권사가 추천 종목을 매수 종목에서 매도 종목으로 변경하면 증권사 직원이 이를 바로 알려주기 때문이다. 만일 증권사 직원이 고객에게 변동된 사항을 알려주지 않았다면 고객이 담당 직원의 교체를 요구할 수 있다.

5. 스스로 연구하는 방법

주식 종목을 선택하는 방법 중에서 가장 수준 높은 방법은 투자자 스스로 기업에 대해 샅샅이 연구한 후 자신이 좋아하는 기업의 주식을 사는 것이다. 이 방법은 앞에서 설명한 디즈니, 나이키, 펩시, 마이크로소프트로 구성된 가상 포트폴리오 투자 연습을 통해 이미 경험해본 방법일 수도 있다.

기업에 투자하는 방법에 대해 더 연구하면 할수록 다른 사람들의 의견에 의존하는 경우도 줄어든다. 또 다른 사람들의 분석이나 의견을 정확하게 평가할 수 있게 된다. 어떤 주식을 사고 언제 팔아야 하는지 스스로 결정할 수도 있다.

이를 위해 투자자에게는 2가지 종류의 정보가 필요하다. 하나는 평소에 눈을 크게 뜨고 주변을 주의 깊게 살펴보는 방법으로 얻는 정보이고, 또 다른 하나는 숫자를 연구해 얻을 수 있는 정보이다. 첫 번째 정보는 맥도날드나 선글라스 헛 인터내셔널Sunglass Hut International 같은 상장된 기업의 점포에서 쇼핑을 하면서 얻을 수 있다. 만일 여러분이 이런 기업의 소매점에서 일하고 있다면 훨씬 더 유리하다.

점포를 효율적으로 운영하는지 아니면 대충 운영하는지, 직원들이 과도하게 많은지 아니면 모자라는지, 직원들이 조직적으로 움직이는지 아니면 중구난방인지 분명하게 알 수 있을 것이다. 또 동료 직원들의 사기가 어떤지도 알 수 있다. 경영진이 돈을 함부로 낭비하는지 아니면 계획적으로 사용하는지도 잘 살펴볼 수 있다.

직접 고객과 접촉하고 있다면 고객의 수를 짐작할 수 있다. 손님들이 계산대 앞에 줄을 서서 기다리고 있는가? 아니면 매장이 텅 비어 있는가? 고객들이 상품에 만족하고 있는가 아니면 불만이 끊이지 않고 있는가? 매장에서 관찰할 수 있는 이런 세세한 사항은 본사에 대한 많은 정보를 알려준다. 여러분은 너저분한 갭Gap 매장과 텅 빈 맥도날드를 본 적이 있는가? 이미 오래 전부터 영업이 잘된다는 사실을 알았던 갭 아웃렛과 맥도날드 매장의 직원들은 여유 자금을 투자했을 수도 있다.

점포가 망해야만 고객을 빼앗기는 것이 아니다. 같은 가격이나 더 싼 가격에 더 좋은 제품을 파는 경쟁업체가 들어서면 고객을 잃게 된다.

경쟁업체에 고객을 빼앗길 때 이를 가장 먼저 아는 사람은 매장 직원들이다. 고객들이 경쟁업체에 투자하는 것을 막을 방법은 없다.

상장 기업의 직원이 아니더라도 그 기업에서 무슨 일이 벌어지고 있는지 고객의 입장에서 분석할 수 있다. 쇼핑을 하거나 햄버거를 사 먹을 때마다 여러분은 소중한 정보를 얻을 수 있다. 단지 매장을 둘러보는 것만으로도 어떤 상품이 잘 팔리고 어떤 것이 팔리지 않는지 알 수 있기 때문이다. 주변 친구들을 살펴보는 것도 좋은 방법이다. 그들이 어떤 회사의 컴퓨터를 사고, 어떤 음료수를 마시며, 무슨 영화를 좋아하는지 파악할 수 있다. 이 모든 것이 올바른 주식 종목을 고르는 데 도움을 주는 중요한 단서들이다.

이런 단서를 무시하는 사람들이 얼마나 많은지 알면 아마도 놀랄 것이다. 의사들은 어떤 제약회사가 가장 좋은 약품을 만드는지 알고 있지만 반드시 그 회사의 주식을 사지는 않는다. 은행가들도 어떤 은행이 가장 건실하며 비용을 적게 사용하고 대출을 잘하고 있는지 알고 있지만 언제나 그 은행 주식에 투자하지는 않는다. 상점 매니저나 쇼핑몰을 운영하는 사람들은 매달 매출액을 집계해보면 어떤 상품이 가장 잘 팔리는지 알 수 있다. 그러나 그 상품을 제조하는 회사의 주식에 투자해 부자가 된 매니저가 몇 명이나 될까?

일단 모든 것을 투자 대상으로 여기는 전문 투자자의 시각에서 세상을 바라보면 여러분이 관심을 갖고 있는 기업과 거래하는 회사를 주의 깊게 살펴볼 것이다. 당신이 병원에서 일하고 있다면 수술용 가운, 엑스레이 장비, 침대 등을 만드는 회사와 접촉할 것이다. 비용을 절감하는 데 도움을 주는 기업이나 보험회사도 만나게 될 것이다. 대형 슈퍼마켓은 기업들의 전시장이다. 상품 진열대에서 수십 개 기업을 만날 수 있다.

전문 투자자의 관점을 유지하면 여러분의 회사보다 경쟁업체가 더 좋은 제품을 만든다는 사실에도 주목하기 시작할 것이다. 크라이슬러의 미니밴을 사려고 사람들이 줄을 서 있을 때 크라이슬러가 기록적인 수익을 내고 있다는 사실을 크라이슬러 직원들만 알 수 있는 건 아니다. 텅 빈 뷰익 매장을 지키고 앉아 있는 영업사원도 수많은 고객이 뷰익 대신 크라이슬러를 사고 있다는 사실을 알고 있다.

이 대목에서 숫자에 대해 이야기해보도록 하자. 어떤 기업이 사람들에게 인기 있는 제품을 만들고 있다는 사실이 그 기업의 주식을 무조건 사야 한다는 뜻은 아니다. 기업에 투자하기 전에 이것저것 살펴봐야 할 것들이 많다. 그 회사가 자금을 현명하게 사용하는지 아니면 낭비하는 지도 조사해봐야 한다. 은행에 진 빚, 즉 부채의 규모도 살펴봐야 한다. 또 매출이 증가하고 있는지, 그렇다면 얼마나 빠르게 늘고 있는지도 알아봐야 한다. 해당 기업이 과거에 얼마나 많은 수익을 올렸고 앞으로 예상되는 수익이 얼마인지도 관심을 가지고 살펴봐야 한다. 그 기업의 주식이 낮은 가격에 팔리는지(저평가됐는지) 아니면 높은 가격에 팔리는지(고평가됐는지) 또는 적절한 가격에 팔리는지도 반드시 분석해야 한다.

그 기업이 배당금을 지급하고 있는지, 배당금을 지급하고 있다면 얼마이고 얼마나 자주 배당금을 인상하는지도 알아봐야 한다. 수익, 매출, 부채, 배당금은 주식 종목을 선택하는 데 가장 중요한 숫자이다.

경영대학원(비즈니스 스쿨)에 진학하면 기업 회계와 관련된 숫자에 대해 심도 있게 공부할 것이다. 때문에 주식 투자 초보자를 위한 입문서인 이 책에서 이런 숫자에 대해 깊게 다루는 것은 바람직하지 않다. 이 책에서는 기업 회계와 관련된 기본적인 요소와 재무제표를 보는 방법을 간단하게 설명할 것이다. 이와 관련된 설명은 이 책 뒷부분에 나오는 '대차대조표 보는 방법'에서 다시 다룰 것이다.

미국 주요 주식시장에 상장돼 거래되고 있는 1만 3,000개 기업을 모두 분석하는 일은 불가능하다. 이 때문에 전문 투자자나 일반 투자자나 모두 자신의 전문 투자 분야를 한두 가지로 좁힐 수밖에 없다. 예를 들어 어떤 투자자는 배당금 지급을 늘려온 기업의 주식을 사는 반면 다른 투자자는 1년에 20% 이상 수익이 성장하는 기업을 투자 대상으로 한다.

가전제품이나 외식산업 또는 은행 등과 같은 특정 산업 분야를 정해 투자할 수도 있다. 중소기업이나 대기업, 신생 기업이나 오래된 기업을 전문 투자 분야로 정할 수도 있다. 한때 주가가 크게 떨어졌다 다시 정상을 되찾은 기업 등 전문 분야를 정하는 방법도 수백 가지에 달한다. 투자는 정확한 과학이 아니다. 기업의 회계를 열심히 분석해도, 기업의 과거 실적에 대해 많이 연구한다 하더라도 그 기업의 주가 움직임이 어떻게 될지는 절대 알 수 없다. 내일 주가가 어떻게 될지는 언제나 예측일 뿐이다. 투자자로서 여러분이 해야 할 일은 맹목적인 예측이 아닌 분석과 정보에 근거해 예측하고 예상하는 것이다. 투자할 종목을 선택해 저렴한 가격에 주식을 사고 그 기업과 관련된 좋은 뉴스와 나쁜 뉴스에 주의를 기울이는 것이다. 투자 위험을 최소화하기 위해 여러분의 지식을 최대한 활용하는 것이 좋다.

생애 최초의 실전 주식 투자를 위한 조언

아침부터 밤까지 하루 종일 모의 주식 투자 게임을 할 수 있지만 주식 투자 게임이 실제로 주식에 투자하는 흥분과 재미를 대신할 수 없다. 사람들은 보통 처음으로 투자한 주식을 오랫동안 기억한다. 앞으로 수십, 수백 개의 주식에 투자하더라도 생애 최초로 투자한 주식은 결코 잊지 못할 것이다.

실제 투자에 나서기로 했다면 문제는 투자 자금이다. 청소년이나 대학생 등 젊은 사람들은 투자할 시간은 있지만 자금이 없다. 주식 투자 자금은 그냥 주식을 사는 돈이 아니다. 투자 자금이 4~5배 이상 불어날 때까지, 긴 시간 동안 그 돈이 없어도 생활할 수 있는 여유자금이어야 한다. 여러분이 아르바이트를 하고 있고 월급의 일부를 투자할 수 있다면 더 좋다. 그렇지 못하다면 크리스마스처럼 온 가족이 모이는 휴일에 도움을 요청할 수도 있다.

아버지, 어머니, 할머니, 할아버지, 고모, 삼촌들이 도움이 될 수 있다. 친척들은 여러분의 가장 좋은 자금원이다. 생일이나 크리스마스에 무슨 선물을 원하느냐고 물어보면 주식을 갖고 싶다고 말하라. 나이키 신발과, 신발값하고 비슷한 나이키 주식 중에서 하나를 선택한다면 주식을 갖는 것이 더 좋다고 설득하는 것이다.

이렇게 말하면 대부분의 어른들은 감동받을 것이다. 어른들은 미래를 내다보는 여러분의 능력과 성숙함에 놀랄 것이고 가족이나 친척들의 평가도 좋아질 것이다. 친척 중에 주식을 갖고 있는 사람이 있다면 주식을 선물로 받을 수도 있다. 서류작업은 어렵지도 않고 비용이 들지도 않는다. 수천 명의 젊은이들이 어른에게 주식을 물려받는 방법으로 주식 투자에 첫발을 내디뎠다. 지금도 할아버지와 할머니 세대에서 손자, 손녀에게 조금씩 주식이 전해지고 있다.

과거에 많은 할아버지와 할머니가 주식 대신에 저축 채권을 손주들에게 물려주었다. 이런 할아버지와 할머니에게 앞에서 설명한 투자 상품의 연간 수익률 비교표를 보여드려라. 그들은 앞으로 기회가 있을 때마다 저축 채권을 없애고 대신 우량 기업의 주식을 주는 것이 훨씬 더 좋다는 사실을 알게 될 것이다.

증권거래소의 역할

국가에서 없어서는 안 되는 꼭 필요한 기관 5곳을 꼽으라고 한다면 여러분은 뭐라고 대답하겠는가? 군대, 경찰, 의회, 법원, 전기회사, 수도국, 병원? 지금 눈을 감고 5곳을 생각해보라.

명단에 주식이나 채권 시장이 포함돼 있는가? 대부분의 사람들이 필수 기관 명단에 주식시장이나 채권시장을 포함시키지 않았을 것이다. 우리가 사는 데 필수적인 서비스를 제공하는 기관을 손꼽을 경우 월가는 포함되지 않는다. 그러나 금융시장은 주식이나 채권 소유자뿐만 아니라 전체 국민들의 생활에 매우 중요한 역할을 한다. 백악관이 한 달 동안 휴가에 들어가도 세계는 잘 돌아간다. 그러나 주식이나 채권시장이 한 달 동안 정지된다면 전체 경제 시스템이 가동을 멈출 것이다.

주식을 팔아 자금을 조달해야 하는 기업이나 개인은 시장도 없고 살 사람도 없어 큰 어려움에 빠질 것이다. 이미 5조 달러의 빚을 지고 있는 미국 정부도 채권을 팔아 비용을 충당해야 하는데, 방법이 없다. 이렇게 되면 남은 선택은 2가지뿐인데 결과는 모두 끔찍하다. 엄청난 양의 지폐를 찍어내 달러의 가치가 떨어지고 결국 물가가 천정부지로 치솟을 것이다. 아니면 정부가 지출을 중단해 수백만 시민이 소득을 잃을 것이다. 기업이 파산하고 은행도 망할 것이다. 수많은 사람이 돈을 인출하려고 가까운 은행으로 몰려가지만 은행의 돈은 이미 바닥이 난 상태이다. 상점이 문을 닫고 공장이 가동을 멈추고 수백만 근로자가 일자리를 잃을 것이다. 실직자들은 먹다 남은 피자 조각을 찾아 길거리를 배회할 것이다. 우리가 지금까지 알고 있는 현대의 문명생활은 주식시장이 폐쇄되면서 종말을 고할 것이다. 이 때문에 주식시장은 우리가 생각하는 것보다 더 중요하다. 오랫동안 주식시장이 작동을 멈춘다면 우리의 생존 자체가 위협을 받을 수도 있다.

증권회사와 중개인의 역할

보통 증권사의 이름은 두 사람 이상의 이름을 합쳐 만든 것이다. 메릴과 린치, 스미스와 바니, 그리고 페인과 웨버 등이 이에 해당한다.

증권사들은 그동안 많은 합병을 거쳤고 이름도 자주 바뀌었기 때문에 역사적으로 오래됐고 상당히 안정적이라는 인상을 고객들에게 심어주려고 노력한다. 증권업계는 편의에 따른 정략적 합병으로 인해 변동성과 부침이 매우 높고 이 과정에서 많은 희생자가 생겨나기 때문이다.

한 예를 들면, 증권사 분석가들이 당시에 디즈니를 좋아하지 않을 가능성도 있고 과대평가됐다거나 입장객 수의 감소로 디즈니의 영업 실적이 나빠질 수 있다고 분석할 수도 있다. 또 디즈니에 투자하지 말고 증권사가 추천하는 다른 종목에 투자하라고 권유할 수도 있다.

그러나 스스로 연구한 결과 여전히 디즈니가 좋다고 생각하면 디즈니 주식을 사달라고 요청하면 된다. 돈의 주인은 여러분이기 때문이다.

다음으로 고려해야 할 것이 디즈니 주식을 얼마를 주고 살 것인가이다. 여기서도 역시 선택의 문제가 발생한다. 주문 당시 가격이 얼마이든 그 가격을 주고 시장 가격으로 살 것인지 아니면 특정 가격을 정해 지정가로 주식을 살 것인지를 결정해야 한다. 지정가로 주식을 사기 위해서는 기다려야 하지만 지정가에 주식을 살 수도 있고 못 살 수도 있다.

담당 중개인이 컴퓨터를 조회한 다음 디즈니가 한 주에 50달러에 거래되고 있다고 말했다고 가정해보자. 시장 가격에 사겠다고 결정하면 중개인은 컴퓨터를 통해 뉴욕증권거래소로 주문을 전송한다.

뉴욕증권거래소는 세계에서 가장 오래되고 권위 있는 거래소로 뉴욕 브로드웨이 82번가에 위치하고 있는데 정면에 있는 고대 그리스 양식의 기둥은 법원을 연상시킨다. 다른 주식거래소도 있지만 디즈니는 뉴욕증권거래소에 상장listed된 종목이다. 뉴욕거래소에 상장되어 있다는 말은 뉴욕증권거래소에서 항상 디즈니 주식을 거래할 수 있다는 뜻이다.

뉴욕에 갈 기회가 있다면 다른 곳보다 뉴욕증권거래소는 방문해볼 만한 가치가 있다. 뉴욕증권거래소에 가면 1790년 나무 아래서 거래가 시작됐다는 유래를 알려주는 여러 사진과 전시물이 가득한 방에서부터 견학이 시작된다. 최초의 투자자들과 말 상인들이 야외 나무 아래에서 말과 밀, 설탕 등을 거래했다. 독립 전쟁이 승리로 끝난 이후 상인들은 전쟁 비용을 감당하기 위해 정부가 발행한 채권을 경매를 통해 사고팔 수 있는 기회를 갖게 되었다. 스크립scrip(가주권, 임시발행 차용증서)이라고 불린 정부 채권이 미국 시장에서 최초로 팔린 금융 상품이다.

채권 거래가 시작되기 오래전부터 월가에는 침입자로부터 거래자를 보호하기 위한 담장이 건설됐는데 여기서 현재의 이름인 월스트리트Wall Street가 유래됐다. 나무 아래에서 거래를 하던 상인들은 강인한 사람들이었지만 시간이 지나면서 눈과 비를 맞으며 서 있기를 싫어하게 됐고 인근 커피숍으로 옮겨 거래를 하게 되었다. 거래가 활성화되면서 상인들은 장기 임대할 곳을 찾기 전까지 근처에 있는 지하실과 다락방을 빌려 거래했다. 1864년에야 현재의 뉴욕증권거래소가 있는 곳에 건물을 신축했고 지금까지 이어지고 있다. 결국 뉴욕증권거래소는 원반던지기 놀이처럼 처음 그 자리로 되돌아왔다.

과거 사진과 전시물 관람이 끝나면 안내원에게 짧은 설명을 듣고 가장 재미있는 방문객용 관람석으로 이동한다. 그곳에서 거대한 유리창을 통해 30미터 아래에 있는 거래소 객장을 내려다볼 수 있다. 객장은 경기 당일의 미식축구 경기장처럼 번잡하고 시끄럽다.

다양한 색상의 실험실 가운을 입고 운동화를 신은 사람들이 거래소를 분주히 돌아다닌다. 사람들은 주의를 끌기 위해 손을 흔들거나 소리를 지른다. 바쁘게 돌아다니지 않는 사람들은 포스트post라고 불리는 곳에 무리지어 있다. 각 포스트에는 마치 복잡한 배관처럼 보이는 여러

기둥에 TV 모니터가 걸려 있다. 머리 위에 달려 있는 모니터 아래에서 2,500개 기업의 주식이 거래되는 모습을 볼 수 있다.

방문객 관람석에서는 디즈니 포스트도 볼 수 있다. 엘리베이터를 타고 아래층으로 내려가면 거래소 객장이 나오는데, 군중을 헤치고 디즈니 포스트로 가서 직접 주식을 살 수도 있을 것 같다. 그러나 주식 거래는 그런 방식으로 진행되지 않는다. 주문은 증권사를 통해 거래소의 장내 중개인에게 전달된다. 장내 중개인이 실제로 주식을 사고파는 사람이다. 가끔씩 자신의 주식도 거래하지만 대부분은 전 세계에서 들어온 고객들의 주문에 따라 주식을 매수하고 매도한다.

각 포스트의 기본적인 업무는 지난 수십 년 동안 변하지 않았다. 알기 쉽게 설명하면 같은 주식에 대해 끊임없이 경매가 진행된다는 뜻이기도 하다. 디즈니 주식을 예로 들어보자.

디즈니 포스트에 있는 한 장내 중개인이 "$49\frac{7}{8}$달러에 1,000주."라고 소리쳤다고 가정하자. 이는 자신의 고객이 $49\frac{7}{8}$달러에 디즈니 주식을 팔고 싶어 한다는 뜻이다. 디즈니 주식을 $49\frac{7}{8}$달러에 사고 싶은 고객을 대신하는 중개인이 있으면 거래가 이루어진다. 그러나 항상 거래가 성사되는 것은 아니다. 그 당시 그 가격에 디즈니 주식을 사고 싶어 하는 사람이 아무도 없을 수도 있다. 그렇게 되면 디즈니를 팔고자 하는 중개인은 매수자가 있을 때까지 주식 가격을 $49\frac{3}{4}$달러와 $49\frac{5}{8}$달러, 이런 식으로 조금씩 계속 낮추게 된다.

또는 디즈니 주식을 $49\frac{7}{8}$달러로 사고 싶은 사람은 있는데 그 가격에 팔고 싶은 사람이 없을 수도 있다. 이런 경우에는 매도자가 나타날 때까지 매수자가 50달러나 $50\frac{1}{8}$달러처럼 가격을 조금씩 올린다. 오전

9시 30분 개장 시각부터 오후 4시 폐장 시각까지 거래가 계속 이어진다. 매매가 진행되는 동안 주식 가격은 1분 간격으로 오르내림을 반복한다. 스페셜리스트specialist라고 불리는 특정 종목의 거래를 담당하는 장내 중개인은 포스트에서 매수 매도 주문을 듣고 매도자와 매수자를 연결해주면서 모든 거래를 빠짐없이 파악한다.

뉴욕증권거래소에서는 매일 백만 주 이상의 디즈니 주식과 2,600개 상장기업의 3억 3,800만 주가 거래된다. 어떻게 디즈니 스페셜리스트 한 명이 하루 백만 주 이상의 거래를 감당할 수 있는지 궁금할 것이다. 사실 한 사람이 백만 주의 거래를 중개한다는 것은 불가능하다.

투자자들은 모르고 있지만 주문의 85%는 컴퓨터를 통해 스페셜리스트의 포스트로 전달된다. 컴퓨터는 증권거래소 밖에서보다 증권거래소 안에서 더 많은 주식을 거래한다. 월가 증권사의 거래담당 부서는 다른 증권사의 거래담당 부서와 컴퓨터를 통해 직접 거래한다. 방문객 관람석에서 내려다볼 때 벌어지는 분주한 광경은 구식 거래 방법이다.

컴퓨터 네트워크가 잘 갖추어져 있기 때문에 신발이 닳도록 바쁘게 돌아다니거나 소리를 지를 필요가 없다. 대부분의 주식 거래는 컴퓨터 모니터 상에서 이루어진다.

뉴욕증권거래소는 소량 거래자를 위한 특수한 중개 시스템을 갖추고 있다. 디즈니 주식에 대한 매입 주문은 직접 증권거래소 컴퓨터로 전달되고, 거기서 다른 사람이 보낸 매수 주문과 자동으로 연결된다.

주식 거래는 완전히 무기명 거래이다. 벼룩시장과 달리 주식 거래에서는 상대방의 얼굴을 볼 필요가 없다. 당신이 이웃에게서 중고차를 살 때는 파는 이유를 물어보지만 증권거래소 객장에서는 왜 디즈니 주식을 처분하는지 이유를 물어볼 필요가 없기 때문이다.

상대방이 주식을 파는 이유는 여러 가지가 있을 수 있다. 대학 등록금을 내거나 집에 페인트칠을 하는 데 돈이 필요하거나 휴가를 가기 위해서 주식을 팔 수도 있다. 또는 최근에 디즈니 영화가 흥행하지 못해서 주식을 파는지도 모르고 디즈니의 미래가 낙관적이지 않기 때문일 수도 있다. 아니면 사고 싶은 다른 주식을 발견했기 때문일지도 모른다. 주식을 파는 이유가 무엇이든 여러분에게 중요하지 않다. 사고 싶은 종목에 대해 연구를 했다면 그 종목을 사는 이유를 이미 알고 있기 때문이다.

컴퓨터가 매수와 매도 주문을 일치시켜 거래를 성사시키면 거래 소식은 금융네트워크로 연결된 TV 화면 아래에 전자티커 형식으로 표시된다. 화면 하단에 계속 이어지는 숫자를 본 적이 있을 것이다. 여기에 나타나는 모든 숫자가 실제 주식 거래의 기록이다. 예를 들어 'DIS 50, $50'라는 표시는 디즈니 주식 50주가 주당 50달러에 팔렸다는 뜻이다. 여러분이 50주를 50달러에 샀다면 'DIS 50, $50'라는 표시가 보스턴에서 북경까지 모든 증권사와 투자회사의 TV 스크린과 컴퓨터 모니터에 나타나기 때문에 전 세계가 거래 사실을 알게 된다.

캠벨 수프 깡통에 그림을 그린 유명한 팝 아티스트 앤디 워홀Andy Warhol은 우리 주위에 있는 수많은 미디어 때문에 모든 사람이 15분이면 유명해질 수 있다고 말했다. 하지만 50주 이상의 모든 주식 거래는 단 5초 만에 전 세계에 알려진다.

나스닥과 마켓메이커

약 100년 전 미국에는 뉴욕증권거래소와 미국증권거래소라는 두 개의 큰 증권거래소 외에도 많은 중소 주식거래소가 있었다. 야구팬이 다른 구장의 경기를 보러 다니듯 광적인 주식 투자자는 미국 전역에 있는 증권거래소를 돌아다니면서 휴가를 보낼 수도 있었다. 그러나 중소 주식거래소는 점점 중요성을 상실했고 대부분 사라졌다.

현재 가장 큰 시장 두 곳은 뉴욕증권거래소와 나스닥NASDAQ이다. 'National Association of Securities Dealers Automated Quotations System'의 약자가 나스닥인데, 월가에도 나스닥이 무엇의 약자인지 모르는 사람들이 많다. 상당히 긴 어구여서 어느 누구도 전체를 다 말하거나 표시하는 경우가 없기 때문이다.

나스닥에 속한 회사는 정규 시장에 상장하기에는 규모가 너무 작아서 지역의 작은 거래소에서 주식을 사고팔았다. 당시에는 가장 마지막으로 거래된 가격을 추적할 수 있는 티커 테이프가 없었기 때문에 디트로이트에 있는 투자자가 같은 날에 동일한 주식을 사면서 샌안토니오에 있는 투자자보다 10%에서 20% 더 비싼 가격으로 매입할 수도 있었다. 장외 거래소는 도박꾼과 무모한 투기꾼들이 선호하는 곳이었고 일반 투자자는 거의 참여하지 않았다.

장외시장 관리인은 컴퓨터가 어떻게 주식 거래를 혁명적으로 변화시킬 수 있는지 알게 된 최초의 사람들이었다. 이들은 뉴욕증권거래소처럼 대규모 거래소가 필요하지 않다는 사실을 알고 있었다. 근사한 건물이나 가운을 입고 분주하게 객장을 돌아다니는 장내 중개인도 필요 없었다. 장외시장 관리자에게 필요한 것은 몇 대의 컴퓨터와 컴퓨터 앞에 앉아서 거래를 성사시키는 사람들이었다. 나스닥은 자체적으로 전자 거래소를 가지고 있었다. 엄밀히 말하면 거래소가 아니라 컴퓨터 네트워크였다.

예를 들어 마이크로소프트처럼 나스닥에 상장된 회사의 주식을 사고 싶다면 주식 중개인은 나스닥 컴퓨터 시스템에 주문을 전달한다. 나스닥 컴퓨터 시스템의 스크린에는 마이크로소프트를 사고 싶거나 팔고 싶은 모든 사람의 주문이 표시된다. 나스닥의 '마켓메이커market maker (뉴욕증권거래소의 스페셜리스트와 비슷한 중개인)'는 자신의 사무실에 있는 단말기 앞에 앉아서 거래를 종합한다.

뉴욕증권거래소의 스페셜리스트는 하루 종일 자신의 포스트에 서 있어야 하기 때문에 다리에 쥐가 날 수도 있는 반면 나스닥의 마켓메이커는 안락의자에 앉아서 일한다. 뉴욕증권거래소의 스페셜리스트가 단순히 중개 업무만 하는 것과 달리 나스닥의 마켓메이커는 모든 주식 거래에 관여한다. 마켓메이커는 매도자에게 주식을 사서 매수자에게 스프레드spread라고 하는 수수료를 더해 약간 더 높은 가격으로 판다.

나스닥은 설립된 지 25년밖에 안 됐지만 매우 빠르게 성장해 현재는 미국에서 뉴욕증권거래소 다음으로 큰 시장이 되었다. 1970년대와 1980년대에 잘 알려지지 않았던 작은 회사(마이크로소프트, 애플 컴퓨터, MCI, 인텔 등)가 나스닥에서 시작해 수천 명의 직원과 수십억 달러의 매출을 자랑하는 세계적인 거대 기업으로 성장했다. 이들 기업은 여전히 나스닥에서 거래되고 있다.

경제신문의 주식 시황 분석

디즈니의 주식을 산 다음 날 여러분은 틀림없이 신문 경제면을 펼쳐 디즈니의 주가가 얼마나 되는지 알아보고 있을 것이다. 이것이 주주들의 매일 아침 일상이다. 아침에 일어나 샤워하고 이를 닦고 옷을 입고 커피 한 잔을 마신 후에 하는 가장 중요한 일이 경제면에서 주가를 확인하는 것이다.

사람들이 신문을 읽는 방식을 살펴보면 그 사람이 주식 투자자인지 아닌지를 구별할 수 있다. 투자자는 일반 독자들처럼 만화나 스포츠부터 읽지 않는다. 주식 투자자는 바로 경제면을 펼쳐 자신이 투자한 기업의 어제 종가를 확인하기 위해 손으로 주식 종목을 짚어가면서 읽는다.

주주의 기분은 주가의 변화에 따라 한순간에 변할 수 있다. 이런 장면은 가정에서도 목격할 수 있다. 아들은 아침 식탁에 앉아 있고 아버지는 주식 시세표를 살펴보고 있다(주식 시세표를 읽는 사람은 주로 아버지들이었지만 점점 더 많은 여성이 주식 투자에 관심을 갖기 시작했다). 아버지의 표정이 일그러지면서 화장실 불을 끄라고 말한다면 주가가 떨어졌다는 것을 알 수 있다. 반대로 아버지가 콧노래를 부르고 용돈을 인상하거나 졸업 파티에 리무진을 타고 가라고 말하면 주가가 오른 것이 틀림없다.

주식 거래가 활발하게 진행되는 개장 시간 동안에 주가는 1분 단위로 오르고 내린다. 오후 4시 폐장을 알리는 벨이 울리고 거래가 정지되면 당일 모든 주식 거래는 종료된다. 폐장 직전에 마지막으로 거래된 가격을 종가closing price라고 부른다. 이 종가가 다음 날 아침 경제면 주식 시황표에 게재된다. 투자자가 경제면을 펼쳐 찾아보는 숫자는 바로 이것이다. 주식 시황표는 다음과 같은 항목으로 정리돼 있다.

연중최고 연중최저	종목	배당	배당 수익률%	주가 수익비율	거래량	고가	저가	종가	변동
$62\frac{7}{8}$ $37\frac{3}{4}$	디즈니	.36	.06	23	11090	$57\frac{3}{4}$	$56\frac{4}{4}$	$57\frac{5}{8}$	$+\frac{1}{4}$

이 좁은 공간에 상당히 많은 정보가 집약되었다. 종목 이름을 나타내는 디즈니는 왼쪽에서 두 번째 항목인 종목 아래 표시돼 있다. 첫 번째 연중 최고와 최저 항목 아래에는 $62\frac{7}{8}$과 $37\frac{3}{4}$라는 두 숫자가 있다. $62\frac{7}{8}$달러는 지난 12개월 동안 거래된 가장 높은 가격이고 $37\frac{3}{4}$달러는 가장 낮은 가격이다. 이렇게 보면 많은 사람이 다양한 가격으로 같은 주식을 거래했다는 것을 알 수 있다.

사실 뉴욕증권거래소에 상장된 주식은 한 해 동안 기준 가격 base price 에서 대략 57% 정도 오르고 내린다. 더욱 놀라운 것은 뉴욕증권거래소에서 거래되는 주식 3종목 중 하나는 일 년 동안 기준가격 대비 50%에서 100%까지 가격이 오르내린다는 것이다. 그리고 상장 주식의 8%는 100% 이상 등락한다.

표 우측의 고가·저가·종가 변동은 전날 거래 상황을 알려준다. 전날 최고 거래 가격이 $57\frac{3}{4}$이었고, 최저 거래 가격이 $56\frac{4}{4}$이었는데 마지막에는 $57\frac{5}{8}$로 거래되면서 장을 마감했다는 뜻이다. $57\frac{5}{8}$달러가 모든 사람이 신문에서 찾아보는 종가이다. 어제 종가는 그 전날 종가보다 0.25달러 올랐는데 이것은 변동 항목 아래 $+\frac{1}{4}$이라고 표시돼 있다.

종가 바로 오른편에 있는 배당금은 회사가 주주에게 주는 보상을 알려주는 지표이다. 어떤 기업은 배당금을 많이 지급하는 반면 어떤 기업은 배당금을 적게 지급한다. 또 일부 회사는 아예 배당금을 지급하지 않는 경우도 있다. 배당금에 대해서는 이 책 후반부에서 더 자세하게 다룰 것이다.

.36이라는 숫자는 배당금이 36센트라는 뜻이다. 즉 디즈니 주식을 가지고 있으면 1년에 주당 36센트의 배당금을 받는다는 의미이다.

배당금 다음 항목인 배당수익률은 배당금에 대한 더 자세한 정보이다. 이를 채권이나 저축예금의 수익률과 비교해볼 수 있다. 디즈니의 연간 배당금 36센트를 종가인 57$\frac{5}{8}$달러로 나누면 0.006 정도가 나오는데 이를 %로 환산하면 0.6%가 된다. 이는 현재 가격으로 디즈니에 투자하면 투자자가 배당금에서 얻을 수 있는 수익률을 의미한다.

0.6%는 저축예금 이자인 3%와 비교해 매우 낮은 수익이다. 따라서 디즈니는 배당금을 보고 투자하는 종목이 아니라는 의미로 해석할 수 있다. 주가수익비율P/E, price earning ratio은 기업의 현재 주가를 주당 순이익으로 나눈 것이다. 주가수익비율은 신문에 매일 표시되기 때문에 여러분이 직접 계산할 필요가 없다.

사람들이 특정 기업의 주식을 사야 할지를 고민할 때 주가수익비율은 그 주식이 비싼지 싼지를 판단하는 데 도움을 준다. 주가수익비율은 업종에 따라 다르고 기업에 따라 다르다. 주가수익비율을 이용하는 가장 단순한 방법은 기업의 현재 주가수익비율을 과거의 평균과 비교해보는 것이다.

현재 시장의 평균 주가수익비율은 약 16인데 디즈니의 주가수익비율이 23이라면 이는 평균보다 상대적으로 가격이 높다는 의미이다. 그러나 디즈니의 주가수익비율이 과거 40년 동안 12에서 40으로 상승한 점을 고려하면 디즈니의 현재 주가수익비율인 23은 과도한 것이 아니다. 디즈니의 실적이 좋기 때문에 평균 주식보다 더 비싼 것이다.

마지막으로 거래량이다. 거래량은 어제 주식시장에서 거래된 주식의 수를 말한다. 거래량은 표시된 숫자에 100을 곱해야 한다. 따라서 표에 나타난 11,090은 11,090×100 = 1,109,000이다. 즉 110만 9,000주가 거래됐다는 뜻이다. 거래량은 중요한 지표가 아니고 주식시장에서 디즈니 주식이 매우 활발하게 거래되고 있다는 의미이다. 뉴욕증권거래소, 미국증권거래소, 나스닥, 이 3개 주요 증권시장을 모두 합치면 하루 거래량은 5억 주에 달한다.

지금은 가정의 컴퓨터로 거래하는 홈트레이딩 시스템과 전자 티커 테이프 때문에 투자자가 다음 날 신문을 기다리지 않고 주식 가격을 확인할 수 있다. 장 중에는 TV나 컴퓨터 또는 증권사 고객전용전화를 통해 주가를 확인할 수 있다. 인공위성과 연결되는 휴대폰도 있어 래프팅을 하거나 크루즈를 타고 바다 한가운데 있어도 장소에 상관없이 주가를 확인할 수 있다.

그러나 첨단 기술에도 단점이 있다. 투자자는 하루 주가 변동에 너무 얽매이게 된다. 주가 등락에 따라 감정이 오르내리는 것은 매우 소모적인 일이고 투자자에게 전혀 도움이 되지 않는다. 디즈니 주가가 오르거나 내리거나, 오랫동안 주가가 횡보를 하거나 말거나 장기 투자자라면 단기적인 주가 변동은 전혀 걱정할 필요가 없다.

주주의 혜택

주식은 매우 민주적이다. 편견도 없고 누구의 소유가 되든지 전혀 상관하지 않는다. 흑인, 백인, 여성, 남성, 외국인, 내국인, 성자, 죄인은 주식을 하는 데 있어 아무 문제가 되지 않는다. 고급 골프 클럽의 회원가입을 하려면 회원 심사위원회를 통과해야 하지만 주식 매입은 다르다. 여러분이 한 공개 기업의 주식을 매입해 주주가 되고자 한다면 그 기업은 이를 막을 방법이 없다. 일단 주주가 되고 나면 기업은 주주를 쫓아낼 수 없다.

또한 디즈니 주식을 단 한 주만 소유하고 있어도 수백만 주를 가진 기업주와 동등한 권리와 특권을 누릴 수 있다. 캘리포니아에 있는 디즈니랜드에서 열리는 연례 주주총회에 초청을 받아 월가의 투자 전문가들과 나란히 앉을 수 있고, 디즈니 최고경영자들이 설명하는 경영 전략을 들을 권리가 있다. 무료 커피와 도넛을 먹고 디즈니의 이사 선임 문제와 같은 중요한 안건에 대해 투표권을 행사할 수도 있다.

이사는 디즈니 직원이 아니고 회사 경영진에게 설명하지도 않는다. 이사는 전략적 결정을 내리고 경영진이 하는 일을 한다. 최종적으로 기업은 주주를 위해 존재하는 것이고 이사는 주주의 이익을 대변하기 위해 그 자리에 있는 사람들이다.

기업은 투표에서 1주 1표 시스템을 채택하고 있다. 따라서 디즈니 주식 한 주를 가지고 있는 주주는 수백만 주를 가진 사람이 행사하는 수백만 표에 비하면 중요성이 크게 떨어진다. 그럼에도 기업은 한 표의 행사를 중요하게 받아들인다. 대부분의 주주들이 일상생활을 중단하고 중요한 문제를 결정하는 연례 주주총회에 참석할 수 없다는 사실을 알고 있기 때문에 부재자 투표를 할 것을 권고한다. 깜박 잊고 투표를 하지 않으면 기업이 다시 통보해준다.

경영진이나 회사 정책 또는 회사가 지향하는 방향이 맘에 들지 않는다고 판단되면 거부권을 행사하고 주식을 팔면 된다. 주주는 1년에 4번, 매출은 얼마나 되고 최근에 벌어들인 돈이 얼마인지 등에 대한 보고서를 받는다. 1년에 한 번 기업은 한 해를 총 정리하는 자세한 보고서를 보내준다. 대부분의 연차 보고서는 고급 종이로 제작되고 사진도 여러 장 있다. 연차 보고서를 고급 잡지로 오인할 수도 있다.

주주총회의 연차 보고서에는 앞부분에 한 해를 되돌아보는 최고경영자의 메시지가 있지만 진짜 메시지는 숫자이다. 숫자는 여러 페이지에 걸쳐 계속된다. 각종 수치를 읽는 방법을 배우지 않았다면 보고서는

| 각 기업의 주주들이 누리는 혜택 사례 |

기업	혜택
랠스턴 퓨리나	콜로라도 키스톤 리조트 이용 시 스키, 숙박 할인
리글리스	주주 1인당 매년 껌 20팩 무료 제공
디즈니	골드카드 프로그램 가입 시 테마파크 입장료와 기념품 30% 할인
탠디	크리스마스 시즌에 라디오색(Radio Shack)에서 10% 할인
3M	테이프와 포스트잇 포함 무료 선물 패키지 제공
콜게이트 팜올리브	15달러 상당의 할인 쿠폰
슈퍼컷	이용료 3달러 할인 쿠폰
메리어트	일부 메리어트 호텔에서 주말 10달러 할인

자료: 《월가의 공짜 점심》, 찰스 칼슨, 맥그로힐, 1993

지루하고 혼란스러울 뿐이다. 회계학을 공부하면 필수적인 훈련을 받을 수 있다. 일단 회계학을 공부하고 나면 이런 수치가 매우 흥미롭게 보일 것이다. 평생 동안 성공하는 투자자로 만들어주는 암호를 해독하는 것보다 더 재미있는 일이 무엇이겠는가?

기업은 모든 보고서를 의무적으로 보내주어야 한다. 보고서를 작성하는 것을 잊었다거나 강아지가 먹어버렸다는 핑계는 있을 수 없다. 연차 주주총회를 취소할 수도 없고 주주총회를 소집하지 않는 핑계를 만들어 낼 수도 없다. 아무리 기업 실적이 나쁘다 하더라도 그런 사실을 숨길 수 없다. 기업은 좋은 것이든 나쁜 것이든 진실을 말해야 하고, 모든 주주가 기업에 관한 모든 일을 정확하게 알 수 있도록 해야 한다. 이 모든 것이 법으로 정해져 있다.

조립 라인에 문제가 있거나 상품이 잘 팔리지 않아 회사가 손해를 보고 있거나 CEO가 돈을 빼돌려 도망갔거나 누군가가 회사를 상대로 소송을 걸었어도 회사는 주주들에게 모든 것을 사실대로 알려야 한다.

정치판에서는 선출직 공무원과 후보자들이 자신에게 유리하도록 사실을 왜곡하는 것이 일반적인 관행이다. 정치인이 사실을 왜곡하면 사람들은 정치란 원래 그런 것이라고 말한다. 그러나 금융계에서는 사실을 왜곡하면 부도덕한 행위가 된다.

의도적으로 주주들을 속인 회사는 중형에 처해진다. 그리고 법을 어긴 범법자는 벌금형을 받거나 감옥에 간다. 설사 의도하지 않은 일이라도 주주들을 기만한 기업은 주식시장에서 그 대가를 치르게 된다. 기업이 주주들에게 사실을 말하지 않았다는 것을 깨닫는 순간 보유 주식 수가 많은 주주들이 한꺼번에 주식을 처분할 것이다. 대량 매도는 주가를 하락시킨다. 회사의 부도덕한 행위에 대한 뉴스가 보도되고 하루도 안 돼 주가가 반토막 나는 경우도 드물지 않다.

주가가 하루 사이에 절반으로 떨어지면, 많은 주식을 보유하고 있는 최고경영자 등 내부자와 투자자들 모두가 혼란에 빠진다. 이 때문에 과장하지 않고 사실을 말하는 것이 기업에게는 최선의 이익이 되는 것이다. 수백, 수천 명의 주주들이 지켜보고 있기 때문에 진실은 조만간에 밝혀진다. 야구선수가 매일 스코어 박스를 보면서 선수의 타율이 2할 2푼이라는 것을 알고 있는 팬들에게 평균 타율이 3할 2푼이라고 자랑할 수는 없다. 월가에서도 마찬가지이다. 주식시장에 참여하는 수많은 투자자들이 주의 깊게 살펴보고 있기 때문에 수익이 나지도 않았는데 기록적인 수익을 달성했다고 기업이 허풍을 떨 수는 없다.

기업의 이윤 추구

기업이 존재하는 기본적인 이유는 '이익'이다. 공개된 기업이든 개인 기업이든, 주주가 한 사람이든 아니면 수백만 명이든 기업의 목표는 동일하다. 기업의 목표는 이윤 추구이다.

이익은 모든 비용을 제외하고 남은 돈이다. GE나 펩시, 마블 코믹, 당신이 주말에 운영하는 세차 사업 등 모든 기업의 이익은 사주들에게 분배된다. 이익을 기대하지 않는다면 아무도 뜨거운 태양 아래 비누 묻은 걸레와 양동이를 들고 세차를 하려고 하지 않을 것이다. 여름에는 호스로 물을 뿌리면서 더위를 식힐 수 있기 때문에 차를 닦는 일을 즐길 수 있을지도 모른다. 그렇다고 세차를 무료로 할 수 있다는 뜻은 아니다.

기업의 주식을 가지고 있는 주주들도 마찬가지다. 주주총회에 초대받고 우편으로 연차 보고서를 받는 재미 때문에 주식에 투자를 하는 것이 아니다. 투자자는 주식을 가지고 있는 기업이 이익을 내고 그 이익의 일부를 주주에게 나눠주기를 기대하기 때문에 주식을 사는 것이다. 이익을 추구하기 위해 일하는 사람들을 욕심이 많거나 공정하지 않다고 보는 잘못된 생각이 여전히 존재한다. 한 사람이 이익을 보면 다른 누군가가 손해를 보기 때문에 이익을 추구하는 사람은 다른 사람들을 속이려고 노력할 수밖에 없다는 것이다.

한 세대 전에는 그렇게 생각하는 사람들이 지금보다 더 많았다. 물론 아직까지도 일부 사람들의 마음속에는 이런 생각이 남아 있다. 한 사람의 이익이 다른 사람의 고통이라는 것은 공산주의의 기본적인 사고방식이다. 이런 생각은 사회주의자들 사이에 널리 퍼져 있다. 이들은 자본가는 자신의 이익을 최우선으로 하고 노동자를 착취해 부유해진 사람이라고 비난한다.

앞서 언급한 애덤 스미스의 《국부론》은 200년이 지난 지금까지도 여전히 널리 읽히고 있다. 자본주의 체제를 유지하고 이윤을 추구하는 노력이 지속되는 한 그의 '보이지 않는 손'은 최선의 이익이 되는 곳으로 돈이 흘러가도록 할 것이다.

개인용 컴퓨터가 보이지 않는 손이 작동한 최근의 사례이다. PC가 발명되고 사람들에게 큰 인기를 얻자 새로운 기업이 많이 생겨났고 투자자들이 주식을 사기 위해 줄을 섰으며 수십억 달러를 컴퓨터 산업에 쏟아부었다. 더 좋고 빠른 컴퓨터가 더욱 저렴하게 제조됐고 기업 간의 치열한 경쟁은 가격 하락을 부채질했다. 치열한 경쟁은 상당수 기업을 파산시켰지만 생존한 기업은 가장 저렴한 가격으로 가장 좋은 컴퓨터를 만들어냈다.

적자생존의 법칙은 동물의 세계에만 있는 것이 아니다. 자본주의 세계에도 마찬가지로 적용된다. 좋은 경영진과 이익을 내는 기업은 주식 시장에서 보상을 받는다. 기업 실적이 좋아지면 주식 가격이 오르기 때문이다. 주가 상승은 투자자뿐만 아니라 주식을 가지고 있는 그 기업의 직원과 관리자들도 행복하게 만든다.

경영이 부실한 기업의 경우 결과는 정반대이다. 주가는 하락하고 부실한 경영진은 대가를 치른다. 주가 하락은 투자자들을 화나게 하고 성난 투자자들은 기업에 압력을 가해 무능력한 경영진을 축출하고 이익을 회복하기 위한 조치를 취한다.

모든 것을 고려할 때 수익성이 높은 기업은 수익성이 낮은 기업보다 더 많은 투자자금을 모을 수 있다. 수익성이 높은 기업은 여유 자금을 가지고 경쟁력을 더욱 강화하고 성장과 확장에 필요한 자원을 확보할 수 있다. 반면 수익이 적은 기업은 자금 확보에 어려움을 겪고 결국 재정적인 어려움으로 쇠퇴하거나 사라지고 만다.

적응하는 기업은 살아남고 약한 기업은 파산한다. 따라서 경쟁력이 없는 기업에는 자금이 들어가지 않는다. 약한 기업이 사라지면 자금을 더 잘 활용할 수 있는 기업으로 자금이 흘러들어간다.

모든 직원은 자신이 일하는 기업이 이익을 내지 못하면 직장을 잃기 때문에 회사가 잘되기를 원한다. 이익은 성취의 상징이다. 이익을 냈다는 것은 사람들이 사고 싶어 하는 가치 있는 어떤 것을 만들었다는 뜻이다. 이익을 내는 사람은 자신의 성공을 더 크게 키우고 싶어 한다. 이는 더 많은 일자리와 더 많은 이익 창출을 의미한다.

자본가와 투자자가 이기적이고 욕심이 많으며 자신의 이익을 키우는 일에만 신경을 쓰고 있다는 주장이 사실이라면, 세계 최고의 부자 국가인 미국이 가장 기부를 많이 하고 있다는 사실을 어떻게 설명할 수 있겠는가? 미국인은 기부금 명단에서 가장 윗부분을 차지하고 있다. 1994년 미국인은 노숙자, 실직자, 병원, 교회, 박물관, 학교, 유나이티드 웨이United Way(미국의 자선단체), 제리스 키드Jerry's Kids(근육위축증 아동을 돕는 단체) 등을 위해 무려 1,050억 달러를 기부했다.

자본주의는 제로섬Zero-sum 게임이 아니다. 소수의 사기꾼을 제외하면 다른 사람들을 가난하게 만드는 방법으로 부를 축적하지 않았다. 부자들이 더 부유해지면 가난한 사람들도 더 잘살게 된다. 부자들이 가난한 사람들을 희생시켜 부자가 된 것이 사실이라면, 미국은 세계 최고의 부자 국가이니 지금쯤 미국에는 가난한 사람들이 가장 많이 넘쳐나고 있을 것이다. 하지만 완전히 그 반대이다.

미국에도 빈곤층이 존재한다. 그러나 이제 막 자본주의가 자리를 잡기 시작한 인도, 라틴아메리카, 아프리카, 아시아, 동유럽 등지에서 볼 수 있는 가난과는 거리가 멀다. 기업이 성공하고 수익성이 높아지면 일자리는 늘어나고 가난은 줄어든다.

기업의 성장

주식을 가지고 있는 사람들은 누구나 기업이 성장하기를 바란다. 더 큰 건물로 이전하는 것이 성장의 한 단면인 것은 분명하지만 성장이 반드시 규모가 커져서 큰 빌딩으로 본사를 옮기는 것을 뜻하는 것은 아니다. 투자자나 주주에게 있어 성장은 이익이 늘어나는 것을 말한다. 기업이 올해도 지난해보다 더 많은 돈을 벌어들인다는 의미이다. 투자자가 말하는 성장이란 기업의 크기가 아니라 수익성이 높아지는 것이다.

차 한 대당 6달러를 받고 3대를 세차했는데 2달러는 세제 값으로, 1달러는 걸레 값으로 지출했다면 남은 이익은 15달러가 된다. 18달러에서 재료비 3달러를 뺀 것이다. 같은 세제와 걸레를 사용해 차 5대를 추가로 세차했다면 새로운 재료비가 추가되지 않아 30달러가 모두 이익이 된다. 이렇게 되면 이전 15달러와 30달러를 합해 이익은 3배로 늘게 된다. 수중에 돈이 더 들어왔다는 것은 CD와 영화표, 새로운 옷, 더 많은 주식을 살 수 있다는 뜻이다.

12개월 안에 수익을 2배로 늘리는 기업은 월가에서 엄청난 환대를 받을 것이다. 그러나 1년에 이익이 2배로 늘어나는 기업을 찾아내는 일은 쉽지 않다. 안정된 대기업은 1년에 10%에서 15% 정도 이익이 늘어도 만족한다. 보다 역동적인 신생 기업은 이익이 한 해 25%에서 30% 정도 증가할 수도 있다. 대기업이든 중소기업이든 역시 중요한 것은 이익의 성장이다. 이것이 주주들이 원하는 것이고 주가를 올리는 힘이다.

록 밴드 사례를 들어 이익의 성장을 설명하도록 하겠다. 한 친구가

록 그룹을 시작했다고 가정해보자. 그 친구는 음악 장비를 사기 위한 자금이 필요하다. 친구는 당신에게 고출력 앰프를 사는 비용 1,000달러를 부담하면 록 밴드 지분 10%를 주겠다고 제안했다. 두 사람은 계약서에 사인했다.

그런데 사인을 하고 보니 어리석은 계약을 했다는 생각이 든다. 재산이라고는 앰프밖에 없는 밴드의 지분 10%를 갖기 위해 1,000달러를 투자했기 때문이다. 현 시점에서 당신이 가진 것이라고는 앰프에 대한 지분 10%가 전부이다. 그러나 록 밴드가 지역 클럽에서 매주 금요일 밤에 열리는 댄스파티에서 200달러를 받고 연주를 하기로 했다고 가정해보자. 이렇게 되면 밴드에 투자한 1,000달러는 앰프 이상의 가치를 갖게 된다. 록 밴드가 매주 200달러의 수익을 창출하게 되면 10%의 지분을 가진 당신은 일주일에 20달러의 이익을 얻는 것이다. 만일 밴드가 손님들에게 인기를 끌어 공연료가 400달러로 오르면 이익은 하룻밤 사이에 2배가 되고 당신의 수익도 40달러로 증가한다.

이렇게 보면 당신이 사인한 계약서는 더 이상 가치 없는 것이 아니다. 당신이 마음만 먹는다면 그 계약서를 팔아버렸을 수도 있었다. 그러나 록 밴드에 대한 믿음이 있다면 지분을 끝까지 가지고 있을 것이다. 언젠가 그 밴드가 음반을 내고 MTV에 출연해 유명해질 수도 있기 때문이다. 만일 그렇게 된다면 당신은 일주일에 수천 달러를 벌게 될 것이고 10%의 지분은 앰프를 제공해준 당시에 생각한 것보다 훨씬 가치가 높아진다.

디즈니나 리복 같은 상장기업에 투자한 사람들도 앞에서 설명한 록 그룹 투자와 같은 이유로 주식을 산다. 투자자는 디즈니나 리복의 이익이 증가하기를 바라고 있다. 그리고 늘어난 이익이 주가 상승이라는 형태로 보상을 해주기를 원한다.

노련한 투자자조차 주가가 기업의 수익성과 직접 관련이 있다는 단순한 사실을 간과하는 경우가 많다. 티커 테이프를 보는 사람들은 주가에도 라이프 사이클이 있다고 생각한다. 이들은 조류학자가 날개를 퍼덕이는 오리를 관찰하듯이 주가의 상승과 하락을 지켜보며 거래 패턴을 연구하고 주가 상승과 하락 차트를 만든다. 또 투자한 기업의 수익을 따라가야 할 때 시장이 무슨 일을 하고 있는지 알아내려고 노력한다.

이익이 지속적으로 성장한다면 주가는 상승할 수밖에 없다. 주가가 당장 상승하지는 않더라도 결국은 오르게 될 것이다. 기업의 이익이 줄어들면 주가는 떨어진다고 보는 것이 안전하다. 이익이 낮아지면 기업의 가치가 떨어진다.

성공적인 주식 투자자의 출발점은 앞으로 수년 동안 이익이 성장할 가능성이 높은 기업을 찾는 것이다. 장기적으로 연평균 8%씩 주가가 오르는 현상은 결코 우연이 아니다. 기업이 1년에 8%씩 이익을 향상시키고 있고 꾸준히 3%의 배당금을 지급하기 때문에 가능한 것이다.

이런 가정에 근거해 기업에 투자한다면 성공할 확률이 높다. 일부 기업은 다른 기업들보다 실적이 더 좋을 것이다. 기업의 이익이 연간 8% 정도 향상되고 3%의 배당금을 지급하면 여러분은 연간 11%의 수익을 얻게 된다.

주식 가격 자체만 놓고 보면 그것이 좋은 투자인지 아닌지 알 수가 없다. 한 주에 100달러나 하는 IBM 주식은 너무 비싸서 살 생각도 없다는 말을 들어보았을 것이다. IBM에 투자할 100달러가 없어 그런 말을 했을 수도 있지만, 한 주 가격이 100달러라는 것은 IBM 주가가 비싼 것인지 싼 것인지와 아무 관련이 없다. 15만 달러짜리 람보르기니 스포츠카는 대부분의 사람들에게 너무 비싼 자동차이다. 하지만 람보르기니 자체를 놓고 보면 비싸지 않을지도 모른다. 마찬가지로 100달러짜리 IBM 주식은 쌀 수도 있고 비쌀 수도 있다. 이는 IBM이 얼마나 많은 이익을 내는가에 달려 있다.

IBM이 올해 주당 10달러의 이익을 창출한다면 100달러짜리 IBM 주식을 살 때 이익의 10배를 주고 사는 셈이다. IBM의 주가수익비율은 10이 되고 이는 현재 시장 상황으로 볼 때 싼 주식이다. 반대로 100달러에 달하는 IBM 주식의 주당 이익이 1달러라면 이익의 100배를 주고 주식을 사는 셈이다. 이때 주가수익비율은 100이고 이는 너무 비싼 값을 주고 IBM 주식을 사는 것이 된다.

주가수익비율은 복잡한 주제여서 직접 주식 종목을 선택하고자 한다면 추가로 공부가 필요하다. 그러나 지금 주가수익비율 문제를 다루고 있는 만큼 몇 가지 기본적인 설명을 하고 넘어가기로 한다.

여러 기업으로 구성된 한 그룹이 있다면 기업들의 주가를 모두 더한 다음 기업들의 수익으로 나누면 평균 주가수익비율을 구할 수 있다. 월가에서도 다우존스 산업지수, S&P500지수 등의 주가수익비율을 구하기 위해 이 방법을 적용한다. 이렇게 구한 값을 시가 배수Market multiple라고 부른다.

시가 배수는 특정 시점에서 투자자들이 기업의 이익에 얼마나 지불할 의향이 있는지를 알려주기 때문에, 알고 있으면 유용한 지표이다.

시가 배수는 오를 때도 있고 내릴 때도 있지만 대체로 10에서 20 사이에서 움직인다. 1995년 중반 미국 주식시장의 평균 주가수익비율은 16 정도였다. 이는 당시 주가가 싸지도 않지만 그렇다고 과도하게 높은 수준도 아니라는 뜻이다.

일반적으로 회사의 수익이 빠르게 성장할 경우 더 많은 투자자가 수익 성장에 대해 돈을 지불한다. 이 때문에 공격적인 경영을 하는 신생 기업의 주가수익비율이 20을 넘는 것이다. 투자자들은 신생 기업에 좋은 결과를 기대하고 그 기업의 주식을 사기 위해 더 많은 돈을 지불한다. 오래된 기업의 주가수익비율은 대체로 10대 초반이나 중반에 위치한다. 안정기에 들어선 기업은 꾸준히 성장하는 대신 급격한 발전을 기대하기 어렵기 때문에 주가가 수익에 비해 상대적으로 저렴하다.

어떤 기업의 이익은 지속적으로 성장하는데, 이런 기업을 성장형 기업이라고 부른다. 반면에 수익이 들쭉날쭉한 경기 민감형 기업도 있다. 자동차, 철강, 중공업 등이 여기에 속한다. 수익의 변동성이 높은 경기 민감형 기업의 주가수익비율은 꾸준히 수익을 내는 기업의 주가수익비율보다 더 낮다. 이들 기업의 수익은 예측하기 어려운 경제 상황에 따라 해마다 달라진다.

기업이 돈을 많이 번다고 해서 반드시 주주들의 혜택이 커지는 것은 아니다. 문제는 기업이 수익을 가지고 무엇을 하는가이다. 기본적으로 4가지 선택이 있을 수 있다.

첫째, 수익을 기업에 재투자하는 것이다. 더 많은 점포를 개설하고 공장을 증설하며 이전보다 이익 성장을 빠르게 하는 데 사용한다. 투자는 장기적으로 주주의 이익에 도움이 된다. 빠르게 성장하는 기업은

1달러에 20%의 수익률을 기록할 수도 있다. 이것은 1달러를 은행에 예금했을 때보다 수익률이 훨씬 더 높다.

둘째, 여유 자금으로 전용 비행기를 사거나, 티크 나무로 사무실을 보수하고, 경영진의 화장실을 대리석으로 장식할 수도 있다. 경영진의 급여를 현재보다 2배로 올리거나 다른 기업을 비싸게 인수하는 데 사용할 수도 있다. 이런 불필요한 지출은 주주들에게 악영향을 미치고 좋은 곳에 투자할 수 있는 기회를 잃게 만든다.

셋째, 자기 기업의 주식을 사들이는 데 사용할 수 있다. 기업이 왜 자기 주식을 살까? 시장에 유통되는 주식의 수가 적을수록 주가가 올라가기 때문이다. 기업이 자사주를 낮은 가격에 매입하면 주주들에게 큰 이득이 된다.

마지막 선택은 수익을 배당금으로 지급하는 것이다. 많은 기업이 배당금 지급을 실행하고 있다. 배당금 지급이 100% 긍정적인 것은 아니다. 배당금을 지급하는 기업은 설비 등 기업에 투자하는 기회를 포기하는 것이기 때문이다. 그럼에도 불구하고 배당금 지급은 주주들에게는 큰 이득이 된다.

배당금은 기업이 주주들에게 이익을 배분하는 방법 중에 하나이다. 배당금은 정기적으로 주주의 계좌로 직접 입금된다. 우리가 설명한 4가지 선택 가운데 회사의 이익을 직접 주주에게 나눠주는 것은 배당금 지급뿐이다. 주식을 보유하고 있는 동안 소득을 원하면 배당금을 많이 주는 주식이 제격이다. 지급받은 배당금으로 더 많은 주식을 살 수도 있다.

배당금은 심리적인 위안도 준다. 주식시장이 약세를 보이거나 조정을 겪으면서 주가가 아무리 요동을 쳐도 주주들에게는 배당금이 지급된다. 이것이 겁에 질려 주식을 팔아서는 안 되는 또 하나의 이유이다. 수백만 투자자가 오로지 배당금을 지급하는 주식만 산다.

12배 수익 종목 발굴하기

주식 투자를 생각하고 있다면 기업에 대한 이해가 중요하다. 투자자들이 어려움을 겪는 부분도 바로 기업에 대한 분석과 이해이다. 투자자들이 자세히 알고 있는 유일한 지표가 주가이다 보니 기업에 대한 이해 없이 주식을 사고 주가의 변동을 따라간다. 주가가 오르면 기업의 재정 상태가 좋은 것이고 주가가 횡보하거나 떨어지면 기업에 대한 믿음이 흔들려 주식을 팔아버린다.

주가와 기업 자체의 가치를 혼동하는 것은 투자자가 저지를 수 있는 가장 큰 실수이다. 이 때문에 투자자는 주식을 가장 싸게 살 수 있는 폭락기나 조정 장세에서 오히려 주식 투자를 포기하게 된다. 기업은 여전히 탄탄하지만 투자자는 저렴한 가격으로 주식을 살 수 있는 기회를 잃고 있는 것이다.

기업에 대한 분석과 이해를 통해 투자자는 미래에 이익을 창출하기 위해 기업 내부에서 어떤 일이 벌어지는지 알 수 있다. 기업이 미래에 수익을 낼 것인지 아니면 손실을 기록할 것인지를 예측하기란 쉬운 일이 아니다. 어떤 기업의 사업 구조는 다른 기업보다 조금 더 복잡한 경우도 있다. 사업 부분이 다양한 기업은 단일 상품을 생산하는 기업보다 내부 구조를 이해하기 어렵다. 사업 구조가 단순하더라도 명확하게 이해할 수 없는 경우도 있다.

그러나 일반 투자자도 쉽게 이해할 수 있을 정도로 사업 구조가 단순한 기업도 있는데 이때 기업에 대한 이해가 진가를 발휘한다. 1987년의 나이키와 1994년의 존슨앤존슨 사례가 그렇다.

예나 지금이나 나이키의 사업 구조는 매우 단순하다. 나이키는 운동화를 만드는 회사이다. 외식업이나 소매 유통업처럼 신발 제조업도 누구나 쉽게 이해할 수 있는 산업이다. 신발 산업의 중요한 3가지 요소는 다음과 같다. 첫째, 나이키가 지난해보다 올해 운동화를 더 많이 팔 것으로 예상하는가? 둘째, 운동화 판매에서 적절한 수준의 이익을 얻고 있는가? 셋째, 올해에 이어 내년에도 매출이 늘고 후년에도 계속 매출이 늘어날 것인가? 투자자는 1987년에 발표한 분기별 주주보고서와 연차 보고서에서 이에 대한 명확한 답을 얻을 수 있었다.

1980년 기업을 공개한 이후 나이키의 주가는 오르락내리락했다. 1984년에 5달러에서 1986년 10달러로 올랐다가 다시 5달러로 하락한 후에 1987년 10달러로 상승했다. 당시 분위기로 볼 때 운동화 판매에 대한 전망은 더 이상 좋을 수가 없을 정도였다. 어린아이와 청소년 그리고 어렸을 때 운동화를 신지 않았던 어른들에 이르기까지 거의 모든 사람이 운동화를 신고 있었다. 테니스화, 조깅화, 농구화 등 운동화의 종류도 다양했다. 운동화에 대한 수요가 증가할 것이라는 사실은 분명해 보였고 나이키는 최대 운동화 제조업체였다.

그러나 나이키의 매출과 이익이 줄고 향후 매출 전망도 하락하면서 더 이상 발전 가능성이 없어 보였다. 1987년도 1분기 보고서를 받아본

주주들은 매우 불길한 변화라는 것을 알았다(나이키의 새 회계연도는 6월에 시작하기 때문에 1987년도 1분기는 1986년 8월 말에 끝난다). 나이키 주주들은 1986년 10월 초에 매출은 22%, 수익이 38%, 매출 전망도 39% 정도 하락할 것이라는 보고서를 받았다. 1분기 보고서로 미루어 보았을 때 당시 나이키 주식을 사는 것은 부적절했다.

2분기 보고서는 1987년 1월 6일에 주주들에게 발송됐는데 2분기 실적 역시 1분기와 마찬가지로 좋지 않았다. 3분기 실적은 더욱 악화됐다. 1987년 7월 4분기 보고서와 함께 배달된 연차 보고서에는 다소 긍정적인 소식도 포함돼 있었다. 매출 감소가 지속되고 있기는 하지만 감소폭이 3%로 둔화된 것이다. 수익이 하락했지만 매출 전망이 증가했다는 것은 긍정적 신호였다. 이는 세계 각처에 있는 대리점이 나이키 운동화를 더 많이 주문하고 있다는 의미였다. 나이키 운동화를 더 많이 팔 수 없다고 생각한다면 대리점은 주문량을 늘릴 수가 없다.

1987년 연차 보고서를 읽어봤다면 나이키가 여러 분기에 걸쳐 수익이 감소하기는 했지만 운동화 제조업은 비용이 적게 드는 산업이기 때문에 여전히 수익을 내고 있는 회사라는 것을 알 수 있다. 신발 산업은 유지관리 비용이 많이 드는 철강 산업과는 사업 구조가 다르다. 신발 산업은 넓은 공장과 많은 재봉틀과 저렴한 원자재만 있으면 된다. 나이키는 충분한 현금을 확보하고 있었고 재무상태도 탄탄했다.

1987년 9월, 1988 회계연도의 1분기 보고서를 받아본 순간 주주들은 자신의 눈을 믿을 수 없었다. 매출이 10%나 증가했고 수익은 무려 68%가 늘었으며 매출 전망도 61%가 증가했다. 이는 나이키의 사업이 순조롭게 진행되고 있다는 의미였다. 나이키의 사업 호조는 20분기 동안 연속으로 매출과 수익이 증가하면서 5년 정도 더 지속됐다.

1987년 9월 당시에는 나이키의 매출과 수익이 앞으로 20분기 동안 연속으로 증가할 것이라고 예측할 수 없었다. 사람들은 나이키의 주가가 회복되는 것에 만족했지 더 많은 주식을 사려고 하지 않았다. 사람들이 가격 등락만 걱정하는 사이 나이키 주가는 7달러에서 12.5달러로 급등했다.

투자자는 주가의 추이를 지켜봤고 이번에는 운이 좋았다. 1987년

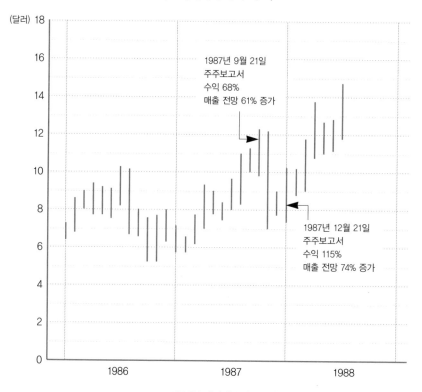

│ 나이키 주가 추이 │

1987년 9월 21일
주주보고서
수익 68%
매출 전망 61% 증가

1987년 12월 21일
주주보고서
수익 115%
매출 전망 74% 증가

1990년 나이키 주가: 48달러, 1992년 나이키 주가: 90달러

10월 대폭락이 발생하면서 주가가 곤두박질쳤다. 주식 가격과 기업의 가치를 구별하지 못하는 투자자들은 나이키 같은 우량 주식을 포함해 모든 주식을 팔아버렸다. 매일 저녁 뉴스 시간에 세계 금융시장의 붕괴

| 1980년대 나이키의 영업 현황과 주가 추이 |

	날짜	결과	주가
87년 1분기	분기 말: 86년 8월 31일 주주보고서 발송: 86년 9월 30일	매출　　　-22% 수익　　　-38% 매출 전망　-39%	86년 9월 30일 $5.50 3개월 주가 범위 $5.25~$7.87
87년 2분기	분기 말: 86년 11월 30일 주주보고서 발송: 87년 1월 6일	매출　　　-22% 수익　　　-47% 매출 전망　-35%	87년 1월 6일 $5.88 3개월 주가 범위 $5.75~$7.50
87년 3분기	분기 말: 87년 2월 28일 주주보고서 발송: 87년 3월 25일	매출　　　-23% 수익　　　-60% 매출 전망　-19%	87년 3월 25일 $9.25 3개월 주가 범위 $7~$9.50
87년 4분기	분기 말: 87년 5월 31일 주주보고서 발송: 87년 7월 21일	매출　　　-3% 수익　　　-16% 매출 전망　+6%	87년 7월 21일 $9.38 3개월 주가 범위 $8.12~$11.25
88년 1분기	분기 말: 87년 8월 31일 주주보고서 발송: 87년 9월 21일	매출　　　+10% 수익　　　+68% 매출 전망　+61%	87년 9월 21일 $11.13 3개월 주가 범위 $7~$12.50
88년 2분기	분기 말: 87년 11월 30일 주주보고서 발송: 87년 12월 21일	매출　　　+28% 수익　　　+115% 매출 전망　+74%	87년 12월 21일 $9.88 3개월 주가 범위 $7.50~$11.50

소식이 쏟아져 나왔다.

이런 혼란 속에서도 나이키의 실적이 좋아지고 있다는 것을 알고 있는 투자자는 평정심을 유지했다. 대폭락은 나이키 주식을 싼 가격에 살 수 있는 기회를 제공해주었기 때문이다.

나이키 주가는 대폭락 이후 약 8일 동안 7달러 수준을 유지했기 때문에 중개인에게 전화를 걸어 주식을 사달라고 요청할 수 있는 충분한 시간이 있었다. 나이키 주가가 7달러에서 90달러로 오르는 데는 5년이 걸렸다. 1992년 말에 나이키 주가는 1987년 가격의 12배로 올랐다. 나이키가 바로 12루타 종목Twelve bagger이다.

대폭락 직후 나이키 주식을 7달러에 살 수 있는 기회를 놓쳤다 하더라도 3달, 6달, 1년 뒤에 발표된 보고서를 보면 나이키의 실적이 꾸준히 개선되고 있다는 사실이 잘 나타나 있었다. 투자자들은 12배는 아니더라도 6배, 8배, 10배의 이익을 실현할 수 있었다.

존슨앤존슨을 통해 배우는 투자의 기초

투자자가 참고할 수 있는 더 분명한 최근의 사례는 존슨앤존슨이다. 피터 린치도 존슨앤존슨에 투자했는데 천재들만 이런 사실을 발견할 수 있는 것은 아니다. 1993년 연차 주주보고서를 읽어봤다면 여러분도 이 회사에 투자해야 한다는 결론에 도달했을 것이다.

1993년 연차 보고서는 1994년 3월 10일 발송됐다. 보고서 표지 안쪽에서 가장 먼저 눈에 띄는 것은 과거 2~3년 동안의 주가 흐름이다.

존슨앤존슨의 주가는 1991년 말 57달러까지 꾸준히 하락했다. 연차 보고서가 도착했을 당시 주가는 39⅝달러로 떨어졌다.

존슨앤존슨처럼 좋은 회사가 상승장에서 주가가 떨어진다면 투자자들은 무엇인가 잘못됐다고 생각한다. 주주보고서에서 존슨앤존슨의 문제점을 세심하게 찾아봐도 아무런 문제점을 찾을 수 없었다. 오히려 보고서의 42페이지에는 존슨앤존슨의 장점이 잘 요약돼 있었다. 존슨앤존슨은 지난 10년 동안 수익이 3배로 성장했고 매출도 지속적으로 늘었다.

존슨앤존슨은 보고서에서 지난 10년 동안 연속으로 주주들에게 지급하는 배당금이 꾸준하게 늘었다고 밝혔지만, 정작 지난 32년 동안 계속 배당금을 늘렸다는 믿기 어려운 사실은 언급하지 않았다. 이는 존슨앤존슨이 자기 자랑을 좋아하지 않는 겸손한 기업이기 때문일 수도 있다.

또 보고서의 42페이지를 읽어보면 최근에 존슨앤존슨의 생산성이 높아지고 있다는 사실을 알 수 있다. 존슨앤존슨은 1983년 7만 7,400명의 직원이 60억 달러 상당의 제품을 생산했다. 반면 1993년에는 8만 1,600명의 직원들이 140억 달러 상당의 제품을 제조, 판매한 것으로 나타나 있다. 직원은 단지 4,200명이 늘었지만 제조와 생산량은 2배 이상 증가했다. 1989년부터 1993년 사이 매출은 97억 달러에서 140억 달러로 늘었지만 직원 수는 오히려 줄었다.

이는 존슨앤존슨이 매우 효율적인 회사이고 비용 절감에 뛰어난 회사라는 사실을 알려준다. 직원들은 시간을 더욱 효율적으로 활용하고 있었다. 이들은 회사와 주주들을 위해 더 많은 가치를 창출했고(비록 이런 가치가 주가에 반영되지 않았지만) 자신들을 위해서도 더 많은 가치를 창출하고 있었다. 많은 근로자가 주식을 보유하고 있었고 주식이 없는 근로자도 매출과 수익이 증가하면서 급여 인상이라는 혜택을 받았다.

존슨앤존슨은 보고서에서 자사주 매입을 실행하고 있다는 것도 밝혔다. 1993년에만 300만 주를 사들이는 등 지난 10년 동안 1억 1,000만 주를 매입했다. 회사가 대량으로 자사주 매입을 실행하면 주주들이 혜택을 받는다. 주식 수가 적어지면 주당 수익이 높아지고 주당 수익이 높아지면 주가가 상승한다. 당시 존슨앤존슨 주가를 고려하면 자사주 매입이 있었다는 것을 믿기 어려울 것이다.

대차대조표에 따르면 존슨앤존슨은 9억 달러의 현금과 유가 증권을 보유하고 있는 것으로 나와 있었다. 존슨앤존슨의 전체 자산 가치는 55억 달러에 달했고 부채는 15억 달러여서 자산 가치와 비교해 부채 비율도 낮은 편이었다. 이런 재정 상태를 볼 때 존슨앤존슨이 파산할 위험은 거의 없었다.

그렇다면 여기서 여러분은 존슨앤존슨에 도대체 어떤 문제가 있어 주가가 하락하고 있는지 의문이 생길 것이다. 존슨앤존슨이 미래를 대비하지 못한 것일까? 보고서 표지를 보면 정반대이다. 표지에는 커다란 글자로 '신제품을 통한 성장'이라는 제목이 적혀 있었다. 1993년을 기준으로 존슨앤존슨 전체 매출의 34%는 최근 5년 동안에 개발된 신상품에서 발생하고 있었다.

보고서 42페이지를 보면 존슨앤존슨은 연구 개발비로 매출의 8%에 달하는 10억 달러 이상을 투입한 것으로 나타나 있다. 연구 개발비도 10년 만에 2배로 늘려 보고서 제목대로 신제품 개발을 통해 성장하고 있었다.

존슨앤존슨의 사례를 더 큰 그림에서 살펴보기 위해 주가와 수익을 비교해봤다. 1994년에 존슨앤존슨의 주당 수익은 3달러 10센트였고 1995년의 주당 수익은 3달러 60센트로 나타나 주가수익비율은 각각 12와 11을 기록했다. 미래의 수익에 대한 전망은 상당히 어려운 일이지만 존슨앤존슨의 경우 과거의 결과로 충분히 추정할 수 있었다. 과거 실적에 근거한 수익 전망이 옳은 것으로 판명되면 존슨앤존슨의 주가는 상당히 저평가된 것이었다.

당시 거래되는 주식의 평균 주가수익비율은 추정 수익의 16배였지만 존슨앤존슨은 1995년 추정 수익의 11배로 거래되고 있었다. 게다가 존슨앤존슨은 일반 회사보다 모든 면에서 탁월한 회사였다. 매출과 수익이 증가하고 있었고 전망도 좋았다. 이 모든 분석에도 불구하고 존슨앤존슨의 주가는 당시 39⅛달러로 떨어졌고 연차 보고서가 도착한 이후 몇 주 만에 36달러로 더 하락했다.

분명한 결론은 존슨앤존슨의 경우 주가가 하락할 이유가 하나도 없다는 것이다. 존슨앤존슨의 주가 하락은 회사가 문제점이 있어서가 아니라 의료산업 개혁에 대한 우려 때문이었다. 1993년 미 의회는 클린턴 정부가 제안한 법안을 포함해 의료산업 개혁안을 논의하고 있었다. 투자자들은 클린턴 정부의 법안이 입법화되면 관련 회사들의 실적이 악화될 것을 우려했고 의료산업 관련 회사들의 주식을 처분하면서 존슨앤존슨의 주식도 함께 팔았다. 이 기간 동안에 전체 의료산업 기업의 주가는 크게 하락하고 있었다.

클린턴 정부의 법안이 시행됐다면 이런 우려는 현실화될 수도 있었다. 그러나 그렇다 하더라도 존슨앤존슨은 일반적인 다른 의료관련 기업과 달리 영향이 제한적이었다. 주주들에게 보낸 연차 보고서 41페이지를 보면 존슨앤존슨은 수익의 절반 이상을 수출 등 해외 사업 부문에서 벌어들이고 있었는데 클린턴의 법안은 미국에만 국한된 것이기 때문이다. 또 보고서에는 존슨앤존슨 수익의 20%는 샴푸 등 클린턴 정부가 규제하고자 하는 의약품과 관계없는 일반 소비재에서 발생하는 것으로 나타나 있었다. 이 때문에 존슨앤존슨은 의료산업 개혁과 관련된 위험에 노출될 우려가 크지 않았다.

| 존슨앤존슨 주가 추이 |

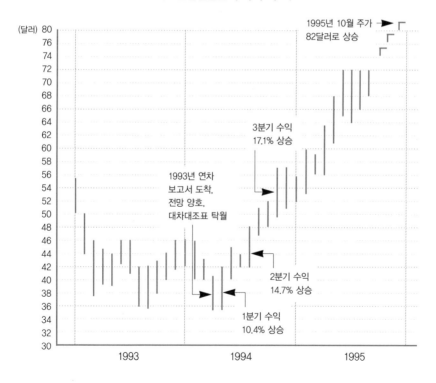

연차 보고서를 읽어보면 39$\frac{3}{8}$라는 존슨앤존슨의 주가는 최근 10년 동안 가장 저평가된 주식이라는 것을 알 수 있다. 게다가 존슨앤존슨의 사업 구조는 복잡하지도 않다. 하버드 대학교 경영대학원을 졸업하거나 전문 투자자가 아니더라도 이런 사실을 파악할 수 있다.

기업의 기초 체력이 개선되고 있었지만 주가는 하락했다. 그러나 나이키 사례처럼 투자자들은 주식을 사려고 하지 않았다. 피터 린치는 1993년 말《USA 투데이》기사에서 당시 44$\frac{7}{8}$달러에 거래되는 존슨앤존슨 주식을 매수 종목으로 추천했다. 1994년 봄 피터 린치는 주간지《월스트리트 위크》에서 다시 한 번 존슨앤존슨을 추천했다. 당시 존슨앤존슨의 주가는 7달러가 떨어져 37달러에 거래되고 있었다.

하지만 7달러가 하락했다는 사실은 피터 린치에게 전혀 문제가 되지 않았다. 마지막 분기 보고서를 보니 매출과 수익이 증가하고 있었기 때문이다. 이는 좋은 주식을 싼 가격으로 살 수 있는 완벽한 기회였다.

피터 린치는 1994년 여름, 존슨앤존슨을 공개적으로 또다시 매수 종목으로 추천했다. 존슨앤존슨의 주가는 44달러로 상승했지만 주가 수익 비율로 보면 여전히 저평가돼 있었다. 1995년 10월 존슨앤존슨의 주가는 18개월 만에 80달러로 2배나 상승했다.

3장
—

기업의 일생

LEARN TO EARN

기업의 탄생

기업의 탄생은 누군가 아이디어를 내고 새로운 상품을 개발하는 데서 시작된다. VIP나 박사, 천재 클럽에 속한 신동, 대학 졸업자만 회사를 설립할 수 있는 것은 아니다. 고교 중퇴자나 대학 중퇴자도 얼마든지 가능하다. 사실 애플 컴퓨터의 창업자인 스티브 잡스는 대학 중퇴자이다.

많은 위대한 기업들의 신화가 부엌이나 차고에서 시작됐다는 사실을 알고 있는가? 바디샵Body Shop의 신화는 아니타 로딕Anita Roddick의 차고에서 시작됐다. 그녀는 남편이 출장으로 집을 비운 사이 할 수 있는 일을 찾고 있던 평범한 가정주부였다. 그녀는 심심풀이로 로션을 만들었고, 이것이전 세계 900개 매장을 둔 최대 피부 관련 제품 회사로 발전했다.

최초의 휼렛 패커드Hewllet Packard 컴퓨터는 데이비드 패커드David Packerd의 차고에서 만들어졌고 최초의 애플 컴퓨터도 스티브 잡스Steve Jobs의 부모님 집 차고에서 탄생했다. 더 많은 발명품이 만들어지려면 더 많은 차고를 지어야 할지도 모르겠다.

애플이 어떻게 시작됐는지 조금 더 자세히 살펴보도록 하자. 애플은 미국이 건국된 지 200년이 되는 1976년에 설립됐다. 현재 애플은 매년 전 세계에 5조 달러 상당의 컴퓨터를 판매하고 있고 1만 1,300명의 직원을 거느리고 있다. 1976년 이전에는 캘리포니아 출신 두 청년의 머릿속에만 존재하던 회사였다.

한 사람은 스티브 잡스였고 다른 한 사람은 스티브 워즈니악Steve Wozniak이었다. 당시 잡스와 워즈니악은 21살과 26살의 청년이었다. 대학을 중퇴한 두 청년과 벤앤제리 아이스크림의 벤 코헨Ben Cohen에게는 공통점이 있다. 세 사람 모두 학교를 일찍 중퇴했고 아무것도 없는 무일푼 상태에서 시작해 35세 이전에 억만장자가 됐다는 점이다. 이들이 억만장자가 됐다고 여러분도 학교를 중퇴하고 멋진 일이 일어나기를 무작정 기다리라는 뜻은 아니다. 세 사람은 모두 읽고 쓰는 교육과 기초적인 수학 교육을 받았고, 두 스티브는 특히 컴퓨터에 대해 많은 것을 알고 있었다. 잡스와 워즈니악은 늦잠을 자고 남는 시간에 빈둥거리려고 학교를 중퇴한 것이 아니었다. 이들은 반도체와 회로 설계도로 늘 무언가를 만들고 있었다.

워즈니악은 최초의 해커 가운데 한 사람이었다. 해커는 집에서 사용하는 일반 컴퓨터로 암호를 해독하고, 데이터베이스에 침입해 정부와 기업을 혼란에 빠트리는 성가신 존재였다. 하지만 워즈니악은 컴퓨터를 사용해본 적이 없는 사람들이 집에서 사용할 수 있는 단순한 컴퓨터를 만들겠다는 조금 더 건설적인 생각을 하고 있었다. 당시 일반인들은 디스크자키disc jocky와 디스크 드라이브disk drive도 구별하지 못했다. 미국인 99.9%가 그랬다.

애플의 신화는 스티브 잡스 아버지의 차고에서 시작됐다. 이들은 플라스틱 박스 안에 부품을 조립하는 방법으로 컴퓨터를 만들어 '애플 I '이라고 이름 붙였다. 두 청년은 자신들이 만든 컴퓨터에 매우 만족했다. 잡스와 워즈니악은 당시 자신들의 전 재산이던 오래된 중고차 2대와 전자계산기를 팔아 마련한 돈을 모두 컴퓨터 사업에 투자했다.

이렇게 마련한 자금은 모두 1,300달러였다. 1976년 물가를 적용하면 50대 정도의 애플 컴퓨터를 만들 수 있었다. 잡스와 워즈니악은 최초로 만든 애플 컴퓨터 50대를 모두 판매했다. 판매 수익은 성능이 개선된 컴퓨터를 만드는 데 투자했다. 새로 만든 컴퓨터 수백 대도 성공적으로 판매되었다.

창업 초기 기발한 아이디어에 대한 사업 자금은 자신의 주머니에서 나온다. 사업 자금이 모자라면 보석을 저당 잡히거나 차를 팔거나 집을 담보로 은행에서 자금을 빌린다. 창업자는 프로젝트를 진행하기 위해 무슨 일이든 다 한다.

이른바 '뒷마당 발명가'는 사업에 성공하기 위해 전 재산과 집을 잃을 각오를 한 사람들이다. 이들은 과거 미국을 세운 청교도처럼 아무도 가지 않은 곳을 개척하는 기개와 도전정신을 가지고 있다. 새로운 기업을 시작하기 위해, 안정적인 월급보다 도전적이고 신나는 일을 택한 것이다. 새로운 프로젝트에 전 재산을 쏟아붓는 것만으로는 충분치 않기 때문에 추가적인 노력과 시간을 투입해야 한다.

다행히 자금이 빨리 바닥나지 않는다면 샘플 제품이나 축소 모형을 만들 수 있을 것이다. 또는 자신이 꿈꾸는 사업에 대한 세부적인 계획을 세우는 단계까지 갈 수 있을 것이다. 그러나 이때쯤이면 자금이 더 많이 필요하고 결국 자신의 프로젝트를 엔젤 투자자에게 들고 간다.

엔젤 투자자는 부자 삼촌이나 사촌일 수도 있고, 가능성이 희박한 일에 기꺼이 투자하는 돈 많은 친구일 수도 있다. 엔젤 투자자가 자금을 지원하는 것은 자선 사업이 아니다. 새로운 사업이 성공할 가능성이 크다고 확신하기 때문에 투자하는 것이다. 자본을 투자한 대가로 엔젤 투자자는 상당한 규모의 주식을 원한다.

여러분도 훌륭한 아이디어를 가진 사람이 지분을 100% 혼자 소유하는 방식으로 성공하기 힘들다는 것을 알고 있을 것이다. 새로운 프로젝트가 소규모 실험 생산이나 세부 계획 단계를 넘어서면 더 많은 자금을 조달해야 한다. 이때 자금 조달 업무를 담당하는 사람이 바로 벤처 캐피털리스트Venture Capitalists이다.

일반적으로 벤처 캐피털리스트는 새로 발명한 제품이 생산에 돌입해 판매가 시작될 때 등장한다. 이들은 새로운 회사가 설립되고 새로운 제품이 생산돼 어느 정도 검증을 받을 때까지 기다리는 방식으로 투자 위험을 최소화한다. 벤처 캐피털리스트는 세부적인 것까지 꿰뚫어 보는 예리한 안목을 가지고 있어 회사의 모든 측면을 꼼꼼하게 살피면서 문제점이 없는지 조사한다. 이들은 경영진이 프로젝트를 성공으로 이끌 수 있는 능력이 있는지도 알고 싶어 한다.

벤처 캐피털리스트도 재정 지원에 대한 대가를 요구한다. 설립된 지 얼마 안 된 신생 회사에는 3가지 형태의 주인이 있다. 첫 번째는 최초로 자본을 투자해 제품을 개발한 사람, 두 번째는 최초 투자에 이어 자금을 투자한 엔젤 투자자, 세 번째는 대규모 자금을 투입한 벤처 캐피털리스트다. 벤처 캐피털리스트가 출자할 때쯤이면 최초 창업자의 지분은 50%가 안 될 것이다. 파이가 커지면 커질수록 더 많은 사람이 지분에 참여하기 때문이다.

여기서 다시 애플의 두 공동 창업자인 잡스와 워즈니악 이야기로 돌아가보자. 잡스와 워즈니악은 자신들의 컴퓨터가 인기를 끌자 마케팅 전문가로 일하다 은퇴한 엔지니어 마이크 마쿨라Mike Markkula를 합류시켰다. 마쿨라는 인텔과 페어차일드 반도체에서 일한 경험이 있었다. 그는 잡스와 워즈니악의 아버지 세대와 나이가 비슷했다.

마쿨라는 두 청년을 햇병아리로 치부하면서 무시할 수도 있었다. 하지만 그는 애플 컴퓨터를 보았을 때 성공할 것이라는 느낌을 받았다. 마쿨라는 사업계획서를 작성해주고 애플 주식의 3분의 1을 25만 달러에 사들였다. 이로써 그는 애플의 첫 엔젤 투자자가 되었다.

제품을 개발하는 재주가 뛰어난 사람이 홍보나 마케팅, 재무, 인사 부문에 반드시 재능이 있는 것은 아니다. 이런 문제는 이제 막 첫발을 내디딘 기업을 성공하게 만들 수도 있고 망하게 할 수도 있다. 잡스와 워즈니악에게 더 많은 도움이 필요하다는 사실을 알게 된 마쿨라는 경험이 많은 CEO인 마이크 스콧을 애플 사장으로 영입했다.

애플은 노련한 카피라이터인 레지스 맥케나Regis McKenna를 합류시켰다. 유명한 애플 로고가 그의 손에서 탄생되었다. 그 결과 새로운 직원들이 마케팅과 홍보를 담당하게 되면서 잡스와 워즈니악은 컴퓨터의 성능을 향상시키는 일에만 집중할 수 있었다.

애플은 최초로 컬러 그래픽을 활용한 컴퓨터인 동시에 TV를 컴퓨터 모니터로 사용한 제품이었다. 워즈니악은 당시에 데이터 저장용으로 사용하던 테이프 대신 디스크 드라이브를 활용했다. 1977년 6월까지 애플은 100만 달러 상당의 애플 컴퓨터를 판매했고 1978년 말에는

'애플Ⅱ' 컴퓨터를 개발했다. 애플은 미국에서 가장 빠르게 성장하는 회사였다.

매출이 지속적으로 성장하자 잡스와 워즈니악은 더 많은 애플 컴퓨터를 개발하기 위해 더 많은 시간을 연구소에서 보냈다. 애플은 1979년에 자본금을 확충했다. 워즈니악은 자신의 주식 일부를 재무전문가인 파예즈 새로핌Fayez Sarofim에게 팔았고, L. F. 로스차일드Rothschild가 주축이 된 벤처 캐피털리스트 몇 명이 720만 달러를 애플에 투자했다.

애플은 1980년 12월 기업 공개를 할 당시 네 번째 새로운 모델을 생산하고 있었다. 애플은 스스로 능력을 입증할 때까지 기업 공개를 미뤘는데, 이것이 전형적인 기업 공개의 수순이다. 기업을 공개하기 전에 이미 애플 컴퓨터는 날개 돋친 듯이 팔려 나가고 있었다.

기업 공개

기업 공개 과정에서 등장하는 것이 바로 주식시장이다. 기업을 공개할 시점이 되면 기업은 초기 상품의 문제점을 해결하고 개선된 제품을 생산하면서 본격적인 확장을 준비하고 있다. 만일 기업의 독창적 아이디어가 새로운 형태의 판매점이라면 최초의 본점은 이미 성공으로 입증됐고 제2, 제3의 지점을 준비하고 있을 것이다. 이런 형태의 야심찬 계획에는 엔젤 투자자나 벤처 캐피털리스트를 투입한 것보다 더 큰 규모의 자금이 필요하다.

기업을 공개하겠다는 결정은 개인이 공직에 출마하겠다는 결정만큼 중대한 사안이다. 공직 출마나 기업 공개나 일단 결심을 하면 기자들이 취재를 하거나 정부가 모든 움직임을 감시하도록 자신을 개방해야 한다. 정치인의 일거수일투족이 더 이상 개인의 사생활이 아닌 것처럼 공개된 기업도 마찬가지이다.

기업 공개는 성장 잠재력을 이끌어낼 대규모 자금을 마련하기 위한 가장 좋은 기회이기 때문에 기업은 투명한 어항처럼 모든 것을 공개하는 번거로움을 감수한다.

기업에는 2가지 중요한 생일이 있다. 법인 설립일과 기업을 공개한 날이다. 해마다 투자은행의 도움을 받아가며 수백 종류의 주식이 거래소에 상장된다.

관심 있는 기관이나 개인에게 주식을 파는 투자은행의 업무를 증권인수underwriting라고 부른다. 은행은 공개 설명회를 열고 미래 투자자들에게 주식을 사도록 설득하고 권고한다. 주식에 대한 위험성 등을 포함해 기업에 대한 모든 것을 설명하는 투자 설명서prospectus도 미래 투자자에게 배포한다. 이런 경고는 붉은색으로 크게 인쇄하여 사람들이 읽지 못하고 지나칠 수 없도록 했다. 월가에서는 이런 경고를 레드 헤링 Red herrings(관심을 딴 곳으로 돌리는 것)이라고 부른다.

은행은 투자 설명서에 최초의 주식 판매 가격, 즉 공모가를 명시해야 한다. 일반적으로 '12달러에서 16달러 사이'처럼 일정 범위로 표시한다. 최종 가격은 투자 설명회에서 나온 여러 의견을 종합해 결정된다.

투자은행은 툼스톤tombstone(증권 인수업자가 신규 증권의 매각을 신문에 게재한 광고) 광고를 신문에 게재한다. 기업 공개 과정에서 가장 중요한 역할을 담당한 주관 은행 이름이 광고에서 가장 좋은 자리를 차지하는 데, 이 자리를 차지하기 위해 은행들은 막후에서 치열하게 경쟁을 벌인다. 아래 광고는 툼스톤의 한 사례이다.

소규모 투자자는 신생 기업의 주식 공모일에 주식을 살 수 있는 기회를 얻기가 상당히 어렵다. 최초의 주식은 일반적으로 수백만 또는 수백억 달러를 투자하는 펀드매니저 등 대규모 기관 투자자가 예약한 물량이기 때문이다.

애플 컴퓨터의 공모주 460만 주는 1시간 만에 모두 팔렸다. 뮤추얼 펀드매니저들이 가능한 많은 물량을 확보하려고 서로 다툴 정도였다. 특히 매사추세츠주의 일반 투자자들은 처음부터 거래 자체에 참여할 수가 없었다. 미국의 많은 주가 일반인들이 사기당하지 않도록 보호하

는 차원에서 블루 스카이법Blue-sky law(부정 증권 거래 금지법)을 시행하고 있다. 공모 당시 매사추세츠주 당국은 애플을 블루 스카이법 적용 대상으로 규정했지만 결국 주 당국의 판단은 완전히 틀린 것으로 판명됐다.

일단 기업 공개 절차가 끝나면 투자금 분배가 시작된다. 투자금 가운데 일부는 설명회를 계획하고 증권인수 거래를 성공시킨 투자은행에게 돌아간다. 일부는 기업 공개 과정에서 자신의 지분 중 일부를 판매한 설립자와 엔젤 투자자, 벤처 캐피털리스트 몫으로 돌아간다. 투자은행과 벤처 캐피털리스트에게 분배되고 남은 돈은 미래 사업 확장을 위한 투자금으로 남겨둔다.

기업 공개가 모두 완료되면 회사는 새로운 주인들을 맞이한다. 기업 공개 과정에서 주식을 매입한 투자자들이 바로 새 주인들이다. 이들이 주식에 투자한 덕분에 기업의 창업자가 부유해졌고 여유 자금으로 기업을 확장할 수 있게 된 것이다. 투자금 분배가 완료된 이후에야 일반 투자자는 증권거래소에서 주식을 사고팔 수 있다.

애플은 1980년 12월에 나스닥 장외시장에 등록했다. 현재는 누구나 애플 주식을 살 수 있다. 처음 발행된 주식은 상장 이후 며칠이나 몇 달 동안은 가격이 오르지만 그 이후에는 투자 열기가 식어 가격이 하락하는 문제를 겪는다. 이 같은 주가 하락기가 바로 소규모 개인 투자자가 저렴한 가격에 주식을 살 수 있는 기회다. 애플 주식도 기업 공개 이후 12개월 만에 최초 공모가인 22달러에서 14달러로 떨어졌다.

주가가 항상 이런 현상을 보이는 것은 아니다. 하지만 소규모 투자자도 처음에 투자한 거물보다 높은 수익률을 올릴 수 있을 정도로 자주 발생한다. 기업 설립자는 공모 과정에서 보유하고 있는 주식을 모두 팔

필요는 없다. 일반적으로 지분의 일부만 팔아 수익을 얻는다. 잡스와 워즈니악, 마쿨라도 그랬다. 이들은 자신의 지분을 거의 유지하고 있었는데, 애플 주식이 시장에서 거래되던 첫날 시가로 1인당 보유 지분의 가치는 약 1억 달러에 달했다. 잡스와 워즈니악 입장에서 보면 4년 전에 처음으로 투자한 1,300달러에 대한 투자 수익으로는 대단한 것이었다(마쿨라는 25만 달러를 투자했는데 역시 엄청난 투자 수익을 기록한 것이다).

뒷마당 발명가와 대학 중퇴자들이 기업을 세우고 수천 명의 직원을 고용하며 막대한 세금을 부담함으로써 세상을 더 좋게 발전시키는 일은 자본주의 체제에서만 가능하다. 공산주의 체제에 사는 국민들은 이런 기회를 꿈도 못 꾼다.

기업이 주식 판매로 돈을 버는 때는 기업 공개 시점뿐이다. 크라이슬러의 중고 미니밴을 사도 크라이슬러에는 아무런 도움이 되지 않는다. 주식시장에서 크라이슬러 주식을 사도 크라이슬러에 돌아가는 혜택은 없다. 또 일주일에 수백만 주의 크라이슬러 주식이 거래되지만 크라이슬러에는 역시 도움이 되지 않는다. 거래되는 주식은 중고차 시장에서 개인들이 차를 거래하듯이 개인 투자자들이 주식을 사고파는 것이기 때문에 돈은 한 개인의 계좌에서 다른 개인의 계좌로 직접 오고간다.

크라이슬러의 신차를 사면 크라이슬러 회사에 이익이 돌아간다. 이와 비슷하게 기업도 새로운 주식을 발행할 때 이익을 낼 수 있다. 기업은 일생에 한 번 기업 공개를 통해 주식을 발행하거나 아니면 2차 공모를 통해 주식을 발행할 수도 있다.

청년기 기업

젊은 기업은 에너지와 기발한 아이디어 그리고 미래에 대한 희망으로 가득 차 있다. 경험은 적고 하고 싶은 일은 많다. 기업 공개를 통해 충분한 자금을 확보했기 때문에 비용에 대한 부담도 없다. 회사 자금이 바닥나기 전에 수익이 나기를 기대하지만 그렇게 된다는 보장은 없다.

기업이 발전하는 과정에서 생존에 대한 보장은 불가능하다. 좋지 않은 일이 수없이 생길 수도 있다. 기발한 신제품 아이디어를 가지고 있지만 제품을 생산하고 유통하기 전에 자금이 바닥날지도 모른다. 또는 신제품 아이디어가 전혀 새롭지 않은 것으로 판명날 수도 있다. 아니면 신제품 아이디어가 다른 회사의 것을 훔쳐온 것이라며 소송을 당할 수도 있다. 배심원들이 소송을 제기한 원고의 손을 들어준다면 수백만 달러를 배상금으로 지불해야 할지도 모른다. 또 아이디어는 좋았지만 신제품이 정부의 인증을 통과하지 못해 판매가 불가능할 수도 있다. 아니면 다른 경쟁 회사가 더 저렴하고 더 좋은 기능을 가진 제품을 먼저 출시할 수도 있다.

경쟁이 치열한 산업 분야에서 기업은 반드시 경쟁 기업을 이겨야 살아남을 수 있다. 전자제품이 좋은 사례이다. 싱가포르 연구소에 있는 한 천재가 더 좋은 전기 스위치를 개발해 6개월 뒤에 시장에 출시한다. 이렇게 되면 다른 제조사들의 전기 스위치는 아무도 찾지 않는 무용지물이 되어 버리고 만다.

이제 여러분은 왜 신생 기업의 절반 정도가 5년 이내에 사라져버리고, 경쟁이 치열한 산업 분야에서 파산이 많이 발생하는지 쉽게 이해할 수 있을 것이다.

위험에 대한 노출 가능성이 높은 성장기에는 다양한 악재가 기업을 망하게 할 수 있기 때문에 주주들은 기업의 발전 과정을 세심하게 살펴보면서 투자 자금을 보존해야 한다. 아무 주식이나 산 다음 잊고 살 수는 없다. 특히 성장기 기업은 한 발 한 발 모든 움직임을 지켜봐야 한다. 단 한 차례의 실수가 기업을 위험한 상황에 빠트리는 경우가 흔하기 때문이다. 청년기 기업의 가장 큰 문제는 자금이 생각보다 빨리 바닥난다는 것이다. 이 때문에 젊은 기업에 투자할 때는 재무 상태를 분석하고 평가하는 것이 매우 중요하다. 청년기 기업은 사업을 시작할 때 너무 적은 자금으로 시작하는 실수를 저지를 수 있다는 점을 명심해야 한다.

이제 청년기 기업의 장점에 대해 알아보자. 청년기 기업은 성취한 것이 아무것도 없는 상태에서 시작했기 때문에 성장 속도가 무척 빠르다. 작고 가볍기 때문에 다양한 방향으로 발전할 가능성이 충분하다. 청년기 기업이 성장기를 지나 중년에 접어든 기업을 앞설 수 있는 것도 바로 무한한 발전 가능성 때문이다.

중년기 기업

중년기에 접어든 기업은 젊은 성장기 기업보다 안정적이다. 실수에서 교훈을 배웠고 이름도 어느 정도 알려져 있다. 청년기를 거치면서 성공하지 못했다면 중년기까지 이르지 못했을 것이다. 중년의 기업은 신뢰를 검증받은 기업이다. 은행과 구축한 좋은 관계와 은행에 보관하고 있는 자금은 더 많은 자금이 필요한 경우에 많은 도움이 된다.

다시 말해 중년의 기업은 이미 안정화 단계에 진입해 있다. 여전히 성장하고 있지만 이전처럼 성장 속도가 빠르지는 못하다. 중년에 접어든 사람들이 건강을 위해 운동을 하는 것처럼 중년기 기업도 경쟁력을 유지하기 위해 노력한다. 너무 오래 휴식을 취하면 경쟁에 뒤졌던 기업들이 곧 도전을 해올 것이다.

기업도 사람과 마찬가지로 중년의 위기를 맞이할 수 있다. 지금까지 잘 유지되던 사업이 더 이상 발전이 없는 것처럼 보인다면, 과거의 관행을 버리고 새로운 성장 동력을 찾아야 하는 시기가 온 것이다. 이런 위기는 항상 발생한다. 애플도 예외가 아니었다.

기업을 공개한 직후인 1980년대 후반 애플이 개발한 '애플Ⅲ'는 실패작이었다. 문제가 해결될 때까지 생산을 중단했지만 시간이 너무 오래 걸렸다. 소비자들은 애플Ⅲ뿐만 아니라 애플이라는 회사 자체도 더이상 신뢰하지 않게 되었다.

비즈니스 세계에서 평판보다 더 중요한 것은 없다. 한쪽 벽면에 온갖 종류의 트로피가 즐비하게 걸려 있는 100년의 역사를 자랑하는 어떤 식당이 있다고 가정해보자. 식중독 사건이 한 번이라도 터지거나 새로운 주방장이 요리를 못한다는 평판이 퍼지면 100년 동안의 명성과 성공은 다 사라진다. '애플Ⅲ'의 실패를 극복하기 위해 애플은 발 빠르게 행동에 나섰다. 그리고 일부 경영진도 교체했다.

애플은 새로운 소프트웨어 프로그램을 개발하고 유럽에 사무실을 개설했으며 일부 컴퓨터에 하드디스크를 장착했다. 1982년 애플은

10억 달러의 매출을 올렸지만 강력한 경쟁자인 IBM에게 뒤지고 있었다. IBM은 애플의 영역인 개인용 컴퓨터 시장으로 진출하고 있었다.

자신이 가장 잘 알고 있는 분야에 집중하는 대신 애플은 기업 컴퓨터 시장인 IBM의 영역으로 진출함으로써 맞대결을 펼쳤다. '마우스'라는 새로운 입력 장치를 이용한 멋진 컴퓨터 리사Lisa를 개발했다. 마우스 개발에도 불구하고 리사는 잘 팔리지 않았다. 애플의 수익은 크게 떨어졌고 주가도 1년 만에 절반 수준으로 하락했다.

애플은 10년도 안 된 젊은 기업이었지만 중년의 위기를 경험하고 있었다. 투자자들은 실망했고 애플 경영진도 곤경에 빠졌다. 직원들은 불안감에 떨었고 다른 직장으로 자리를 옮겼다. 애플 사장인 마이크 마쿨라는 사임했다. 펩시콜라의 존 스컬리John Sculley 사장이 애플의 구세주로 나섰다. 스컬리는 컴퓨터 전문가가 아니었지만 마케팅에 대해서는 잘 알고 있었다. 애플에게 필요한 것은 바로 마케팅이었다.

결국 애플은 리사Lisa와 매킨토시Mackintosh 두 사업부로 분리됐다. 두 사업부는 서로 경쟁관계에 있었다. 하지만 매킨토시도 리사처럼 마우스를 이용하는 등 두 제품은 유사점이 많았다. 그러나 매킨토시가 리사 제품보다 더 저렴했고 사용하기에도 더 편리했다. 애플은 기업용 제품인 리사를 포기하고 회사의 자원을 모두 매킨토시에 쏟아부었다. TV 광고를 하고 무료로 24시간 집에서 사용해보는 파격적인 마케팅 전략을 도입했다.

주문이 폭주했고 애플은 세 달 만에 7만 대의 매킨토시를 판매했다. 애플은 새로운 상품으로 다시 제자리를 찾게 되었다. 그러나 내부에서는 잡스와 스컬리의 사이가 벌어지며 여전히 갈등이 존재하고 있었다.

이는 기업의 민주주의라는 측면에서 재미있는 대목이다. 기업 공개로 일반인들도 주식을 갖게 되면 기업 설립자가 기업을 맘대로 좌지우지할 수 없게 된다.

스컬리는 일부 문제를 해결했지만 또 다른 문제를 만들었다. 매킨토시가 기업 업무용으로 인기를 끌면서 당초 리사가 목표로 했던 자리를 대신 차지하게 된 것이다. 새로 개발된 소프트웨어 덕분에 매킨토시끼리 서로 네트워크로 연결하는 일이 쉬워졌다. 1988년까지 100만 대 이상의 매킨토시가 팔렸다.

중년 기업의 위기는 투자자들을 진퇴양난에 처하게 만든다. 주가가 이미 떨어진 상태라면 투자자는 주식을 팔아 더 큰 손해를 피할 것인지 (손절매를 할 것인지) 아니면 끝까지 보유하면서 기업이 다시 살아나기를 기다릴 것인지를 결정해야 한다. 결과적으로 보면 애플의 경우 주가가 회복되기를 기다리는 것이 더 유리했지만 위기 당시에는 어느 누구도 애플이 정상화될 것이라고 확신할 수 없었다.

노년기 기업

창업한 지 20년, 30년, 50년 이상 된 기업은 전성기가 지났다고 봐야 한다. 이런 기업을 노쇠하다고 비난할 수는 없다. 노년기 기업은 산전수전을 다 겪었고 안 해본 일도 거의 없다.

가격 파괴 체인점의 효시인 울워스Woolworth의 예를 살펴보자. 울워스는 100년 이상의 전통 있는 기업으로 과거 세대 미국인들은 울워스에서 쇼핑을 하면서 자라났다. 한때는 전국에 울워스 아웃렛이 있었다. 울워스는 점포 확장과 성장에 한계를 느끼고 있었다.

최근 2년 동안 울워스는 수익을 내지 못했다. 수익을 낼 수 있는 능력은 있지만 청년기 기업일 때만큼 많은 이익을 낼 수는 없다. 과거에 많은 수익을 올린 기업이 지속적으로 많은 이익을 낼 것이라고 기대하기는 어렵다. 창업 이후 지금까지 꾸준히 수익을 내는 대표적인 기업은 리글리, 코카콜라, 에머슨 전자, 맥도날드 등 소수에 불과하다. 그러나 이런 기업은 예외적인 경우이다.

US스틸, 제너럴모터스, IBM 세 회사는 과거 최고의 전성기를 누린 기업이다. 최근 IBM과 제너럴모터스 두 회사는 과거의 영광을 회복하려고 노력하고 있다. US스틸은 한때 세계 최초로 10억 달러 매출을 올린 기업이다. 철도와 자동차, 고층빌딩 건설에는 철강이 필수였고 US스틸은 철강 시장의 60%를 차지하고 있었다. 20세기 초에는 US스틸이 철강 산업을 지배한 것처럼 산업계를 지배한 회사가 없었고 US스틸 주식처럼 인기가 높은 주식도 없었다. 월가에서도 가장 활발하게 거래되는 종목이었다.

미국의 힘과 영광을 상징하는 활활 타오르는 용광로와 쇳물을 금형틀에 쏟아붓는 제철소 사진을 잡지에서 자주 볼 수 있었다. 당시 미국은 공업 국가였고 미국의 힘과 부는 중서부 공업 단지에서 나왔다.

제철산업은 불황을 몰랐고 US스틸은 두 차례 세계대전과 6명의 대통령을 거치는 동안 계속 번성했다. US스틸 주가는 1959년 8월에 사상 최고가인 108$\frac{7}{8}$달러를 기록했다.

1950년대는 전자산업이 시작된 시기였고 공업과 철강 시대가 서서히 끝나가고 있었다. 이때가 US스틸 주식을 팔고 IBM 주식을 살 가장 좋은 시점이었을 것이다. 그러나 이런 변화를 깨닫기 위해서는 이성적이고 장기적인 안목을 가진 투자자가 되어야 한다. 당시 US스틸은 영원히 실적이 좋을 것으로 기대되는 탁월한 기업을 지칭하는 블루칩Blue chip(우량주)으로 분류되었다. 1995년 US스틸 주가가 1959년보다 더 낮은 가격으로 거래되리라고 예측한 사람은 아무도 없었다.

1959년 다우존스 산업평균지수는 500선을 향해 상승하고 있었고 이후에도 4,000포인트 이상 상승했다. 다우지수에 포함된 주식들이 8배 이상 가치가 증가한 반면 US스틸은 반대로 수십 년 동안 가치가 하락했다. US스틸이 과거의 영광을 되찾아주기를 기다리다 사망한 충성스런 주주들도 많았다.

우리는 US스틸 사례에서 교훈을 얻을 수 있다. 현재에 아무리 막강한 기업이라 하더라도 영원히 정상에 머무를 수는 없다는 것이다. 블루칩이나 세계 최고 수준의 기업도 예외가 아니다. 영국도 이름만 대영제국으로 남아 체면을 유지하고 있을 뿐이다.

대영제국이 식민지를 잃어버린 이후 오랜 세월이 흐른 뒤에도 영국인들은 계속 자신들의 조국을 실제보다 더 막강한 나라로 여겼다. US스틸 주주들도 US스틸에 대해 그렇게 생각하는 것 같다.

지난 반세기 동안 농업 기계 분야의 선두주자였던 인터내셔널 하비스 터의 주가는 1966년에 최고점을 기록했지만 이후 주가를 회복하지 못했다. 사명을 나비스터Navister로 바꿔 재기를 노렸지만 실패했다. 한때 건축자재 업계 1위였던 존스 맨빌Johns Manville은 1971년에 최고가를 기록했다. 알코아Alcoa로 알려진 알루미늄 컴퍼니 오브 아메리카는 미국이 알루미늄 호일과 알루미늄 보트 등을 개발한 1950년대 월가에서 가장 선호하는 종목이었다. 알코아 주가는 1957년 23달러로 최고를 기록한 이후 30년이 지난 1980년대에 들어서서야 과거의 주가를 회복했다.

세계 최대의 자동차 업체인 동시에 자동차 관련 주식 가운데 최고의 블루칩이었던 제너럴모터스는 1965년 10월에 최고가를 기록했고 이후 30년 동안 주가를 회복하지 못했다. 제너럴모터스는 지금도 미국에서 손에 꼽히는 자동차 제조사이고 매출도 가장 크지만 수익성이 높은 회사는 아니다. 제너럴모터스는 1960년대부터 변화에 둔감해지기 시작했다. 독일이 폭스바겐과 BMW로 추격에 나섰고 일본이 도요타와 혼다로 미국 시장을 잠식했다. 외국 자동차의 공세는 디트로이트의 자동차 산업을 직접 겨냥한 것이었지만 제너럴모터스의 대응은 너무 느렸다. 더 젊고 공격적인 제너럴모터스였다면 도전에 더 빨리 대응했겠지만 중년이 넘은 제너럴모터스는 자신만의 방식을 고집했다.

제너럴모터스는 외국산 소형 자동차가 날개 돋친 듯 팔리고 있는데도 여전히 대형차를 생산했다. 수입 자동차와 경쟁할 수 있는 새로운 모델을 개발하려면 오래된 구형 공장의 설비를 먼저 개조해야만 했다. 이는 수십억 달러의 자금이 들어가는 프로젝트였다. 제너럴모터스의 소형차 생산 라인이 완공돼 소형차를 생산할 수 있게 됐을 때 미국인들의 취향은 다시 대형차를 선호하는 쪽으로 바뀌어 있었다.

지난 30년 동안 미국에서 가장 규모가 큰 기업인 제너럴모터스는 대체로 수익을 내지 못했다. 그러나 제너럴모터스가 전성기를 구가했던 1965년에 제너럴모터스의 수익성 하락을 예측했다 하더라도 아무도 당신의 주장을 믿지 않았을 것이다.

IBM은 제너럴모터스가 쇠락의 길로 접어든 1960년대 말에 중년기를 맞이했다. 1950년대 초부터 IBM의 실적은 탁월했고 누구나 가지고 싶어 하는 주식이었다. IBM은 최고의 상표였고 품질의 상징이었다. IBM 로고는 코카콜라 병만큼 유명했다. IBM은 경영과 관련된 상을 휩쓸었고, 다른 기업들은 경영의 해법을 찾기 위해 IBM을 연구했다. 1980년대 말 IBM은《최고의 기업을 찾아서In search of excellence》라는 베스트셀러에서 대표 기업으로 소개됐다.

IBM 주식은 최고 우량주로 모든 증권사가 추천했다. 뮤추얼펀드매니저에게 IBM은 포트폴리오에 반드시 편입해야 하는 종목이었다. IBM을 사지 않으면 독불장군으로 취급받았다.

그러나 IBM도 제너럴모터스의 전철을 밟았다. 투자자들은 IBM의 과거 실적에 매료돼 현재 어떤 일이 벌어지고 있는지 알지 못했다. 사람들은 IBM의 핵심 사업인 커다란 메인 프레임 컴퓨터를 사지 않았고 메인 프레임 시장은 성장을 멈췄다. IBM의 개인 컴퓨터 시장은 더 저렴한 제품을 생산하는 경쟁자들의 협공을 받고 있었다. IBM의 수익은 줄어들었고 주가도 하락했다.

지금쯤이면 여러분은 IBM, 제너럴모터스, US스틸 같은 오래되고 고루한 기업에 대한 투자 이야기를 하는 이유가 무엇인지 궁금할 것이다. 이런 장황한 설명을 하는 데는 몇 가지 이유가 있다. 첫째, 대기업은 일반적으로 파산할 위험이 없다는 점에서 덜 위험하다는 것이다. 둘째, 대기업은 배당금을 지급하는 경향이 높다. 셋째, 대기업은 팔아서 수익을 낼 수 있는 자산을 많이 가지고 있다.

이런 오래된 기업은 다양한 일을 경험해봤고 그 과정에서 모든 종류의 가치 있는 자산을 습득했다. 사실 오래된 기업을 연구하고 재무 상태를 파악하는 것은 나이 많은 부자 이모의 다락방을 뒤지는 것처럼 재미있다. 어두운 다락방 구석에서 어떤 놀라운 물건을 발견할지 아무도 모르기 때문이다.

땅, 건물, 설비, 은행에 보관된 채권과 증권, 인수 합병한 기업 등 오래된 기업은 상당한 청산 가치를 가지고 있다. 기업을 청산할 경우 주주들은 누가 무엇을 가지게 될지 궁금해하면서 나이 든 부자 이모의 친척처럼 행동한다.

제록스나 아메리칸 익스프레스의 경우처럼 오래된 기업이 회생할 가능성도 항상 존재한다. 하지만 오래된 기업이 심각한 위기에 직면했을 때 이를 극복하는 데 20년이나 30년이 걸릴 수도 있다. 인내는 미덕이지만 전성기를 지난 회사의 주식을 가지고 있는 경우에는 보상을 받지 못할 수도 있다.

기업의 인수합병

기업의 세계에서는 상상도 못할 많은 일이 벌어진다. 기업을 관찰하는 것은 마치 재미있는 한 편의 드라마를 보는 것과 같다. 기업도 결혼을 하거나(합병) 이혼(사업부의 독립)을 한다. 한 기업이 다른 기업에게 인수를 당할 수도 있다. 인수를 당하는 기업(피인수기업)이 저항을 하지 않는 경우 이를 우호적 인수friendly takeover라고 한다. 인수당하는 것을 거부하면 이를 적대적 인수hostile takeover라고 부른다.

기업 인수는 나쁜 것이 아니다. 일반적으로 어떤 기업을 인수하는 것은 용인되는 행위이다. 기업을 공개하게 되면 누가 기업의 주인이 되던 막을 수 없다. 인수당하지 않도록 노력할 수는 있지만 인수로부터 완전히 자유로운 기업은 거의 없다. 모든 기업은 다른 기업을 인수할 권리가 있기 때문에 다른 기업이 자신을 인수하려 한다고 해서 격분하지도 않는다.

우호적 인수든 적대적 인수든 인수를 당한 기업은 독립성을 잃고 인수한 기업의 한 부서가 된다. 크래프트Kraft가 좋은 사례이다. 크래프트는 누구나 주식을 살 수 있도록 주식시장에 상장된 치즈 제조업체였다. 개인과 뮤추얼펀드, 연금 펀드 등이 주요 주주였다. 그런데 필립모리스가 등장했다.

필립모리스 경영진은 담배만 파는 것은 기업 이미지에 도움이 되지 않는다고 생각했다. 그래서 치즈나 맥주 등 다른 상품을 만드는 기업을 인수하기 시작했다. 이미 오래 전에 필립모리스는 밀러 브루잉 컴퍼니 Miller Brewing Company를 인수했다. 그리고 위스콘신 티슈Wisconsin Tissue, 세븐업Seven Up, 제너럴 푸드General Food도 인수했다. 1982년에는 인텐먼스Entenmann's를 인수해 도넛 사업에 뛰어들었고 1988년에 크래프트 Kraft를 인수했다.

기업 인수는 인수하는 기업이 인수 대상이 되는 기업(피인수기업)의 주식을 수천 명의 주주에게 사들이는 방식으로 이뤄진다. 일반적으로 인수기업(여기서는 필립모리스)은 고정된 가격으로 피인수기업(여기서는 크래프트)의 주식을 공개 매수한다. 필립모리스가 크래프트 주식의

51%를 갖게 되면 인수가 완료된다. 필립모리스가 과반수의 지분을 확보했기 때문에 나머지 49%의 지분을 가지고 있는 주주들에게 나머지 주식을 팔도록 설득하기도 쉬워진다.

우호적 인수는 간단하다. 기업 실적이 좋지 않다면 주주들은 경영진 교체를 환영할 것이다. 대부분의 경우 인수하려는 기업이 시가보다 훨씬 높은 가격을 제시하기 때문에 주주들은 기꺼이 주식을 판다. 인수 대상이 되는 기업의 주가는 인수가 완료되면 2배에서 3배 정도 올라갈 수도 있다.

적대적 인수의 경우, 두 개 이상의 기업이 같은 회사를 인수하려고 할 때 입찰을 둘러싼 물밑 전쟁은 물론, 법정까지 가는 지루한 싸움이 될 수도 있다. 싸움은 수개월이 걸릴 수도 있다. 어쩌다 한두 번은 작은 기업이 큰 기업을 인수하는 경우도 있지만 대부분은 그 반대다. 일반적으로 인수하는 기업은 인수 대상이 되는 기업보다 덩치가 크다.

대기업이 인수 대상을 찾기 시작할 경우 통상적으로 은행에 많은 돈을 쌓아 놓고 있는 경우가 많다. 여유 자금을 특별 배당금이나 보너스 형태로 주주들에게 지급할 수도 있지만 경영자는 주주에게 보너스를 지급하는 것보다 여유 자금으로 다른 기업을 인수하는 데 더 흥미를 느낀다. 인수기업의 경영진은 어떤 기업을 인수하더라도 현재 경영진보다는 피인수기업을 더 잘 경영할 수 있다고 확신하고 있다. 이런 점에서 인수는 오로지 돈의 문제가 아니라 자존심의 문제이기도 한다.

두 기업이 비슷한 업종에 있거나 최소한 몇 가지 공통점이 있을 경우에 성공적인 인수와 합병이 가능하다. 사람 관계에서는 서로가 궁합이 좋다고 말하지만 기업의 세계에서는 시너지라고 부른다. 거대 목재기업이자 제지회사인 조지아 퍼시픽Georgia Pacific은 푸겟 사운드 펄프 앤 팀버Puget Sound Pulp & Timber와 허드슨 펄프 앤 페이퍼Hudson Pulp & Paper 두 회사를 인수함으로써 사업을 확장했다. 세 회사 모두 목재 산업을 주력으로 하고 있기 때문에 이런 경우는 전형적인 시너지 효과를 가져올 수 있다. 남녀가 결혼해서 같은 집에서 살면 10가지 혜택을 얻을 수 있는 것처럼 세 기업도 서로 도움을 받을 수 있다. 두 사람이 같이 살면 각자 따로 살 때보다 생활비가 적게 들어가는 것과 같은 이치이다.

또 다른 전형적인 시너지는 허쉬가 1960년에 리스 캔디H. B. Reese Candies를 인수한 사례이다. 허쉬의 인수는 유명한 땅콩버터 컵Peanut Butter Cup과 초콜릿 바 제조업체 간의 전략적 합병으로 두 기업 모두 만족스러운 결과를 얻었다.

펩시콜라는 켄터키 프라이드치킨, 타코벨Taco Bell, 피자헛 등 다양한 유명 브랜드를 인수했다. 패스트푸드와 탄산음료 기업의 인수 합병은 분명한 시너지 효과가 있다. 패스트푸드 음식점이 타코나 프라이드치킨, 피자, 펩시콜라를 함께 팔면서 매출을 늘릴 수 있기 때문이다.

필립모리스의 인수 사례는 소비자에게 잘 알려진 유명 브랜드를 인수했다는 효과를 제외하면 담배와 치즈, 맥주, 도넛, 화장지 사이에 시너지를 찾기란 상당히 어렵다.

하인즈가 스타 키스트Star Kist, 오레-아이다Ore-Ida, 웨이트 워처스Weight Watchers를 인수해 얻은 시너지는 일종의 아이러니이다. 한 계열사는 먹으면 살이 찌는 식품을 팔고 다른 회사는 체중 감량 관련 제품을 판매하는 회사이기 때문이다. 사람들은 웨이트 워처스 인수를 비웃었지만 하인즈는 이를 상표화하여 판매하는 방법을 알고 있었고 큰 성공을 거두었다.

냉동 제빵 및 제과류 제조업체인 키친스 오브 사라 리Kitchen of Sara Lee로 알려진 사라 리는 부스 피셔리스Booth Fisheries, 옥스퍼드 케미컬 Oxford Chemical, 풀러 브러시Fuller Brush를 잇따라 인수했고 일렉트로룩스 Electolux를 인수해 진공청소기 사업으로 진출했다. 케이크와 케이크 부스러기를 치우는 청소기 업체의 합병은 일종의 억지 시너지였다. 사라리가 가장 잘한 일은 의류업체인 헤인즈Hanes 인수였다. 헤인즈는 미국 여성의 절반을 사로잡은 레그스L'eggs 스타킹을 만드는 회사였다. 레그스는 원래 좋은 회사였지만 사라 리는 레그스 스타킹을 훨씬 더 좋은 회사로 만들었다.

기업이 서로 관련이 없는 여러 회사를 인수할 때 그 결과는 복합기업conglomerate(복합기업이나 대기업. 우리나라로 치면 삼성이나 현대 같은 대기업 개념에 가까움 - 역자)으로 나타난다. 복합기업은 30~40년 전에 인기가 높았지만 대부분이 기대에 미치지 못해 그 이후에는 더 이상 인기를 끌지 못했다. 복합기업 경영자들이 다른 종류의 기업을 운영하는 것이 쉽지 않다는 것을 깨달았기 때문이다.

복합기업의 세계 기록은 미국이 가지고 있을지도 모른다. 한때 미국 산업계에서는 서로 다른 기업 간의 인수 합병이 거의 매일 발생했다. 인수 합병의 거물인 걸프 앤 웨스턴Gulf & Western의 찰스 브루돈Charles Bluhdorn은 인수하고 싶지 않은 기업이 없을 정도였다. 찰스 브루돈은 수많은 기업을 인수했다. 걸프 앤 웨스턴은 인걸프 앤 디바우어Engulf and Devour(삼키다 혹은 게걸스럽게 먹는다는 뜻을 가진 두 단어로 걸프 앤 웨스턴의 마구잡이식 인수를 빗대어 표현함 - 역자)라고 불렀다.

　브루돈은 생전에 수많은 기업을 인수했다. 그의 사망 소식이 알려지자 걸프 앤 웨스턴 주가는 상승했다. 주주들은 새로운 경영진이 인수 회사 중 일부를 높은 가격에 팔 것이라고 믿었는데 그 예상은 정확하게 적중했다. 걸프 앤 웨스턴은 파라마운트 커뮤니케이션으로 바뀌었고 파라마운트는 다시 비아콤Viacom에 인수됐다.

　아메리칸 캔American Can도 광산회사부터 샘 구디Sam Goody까지 수많은 회사를 인수했다. 인수한 모든 기업을 스미스 바니Smith Barney와 커머셜 크레딧 컴퍼니Commercial Credit Company로 합병했고 이름도 프라이메리카Primerica로 변경했다. 후에 프라이메리카는 아메리칸 익스프레스 American Express에서 시어슨Shearson을 사들여 스미스 바니와 합병했다. 그리고 프라이메리카는 트래벌러스 인슈어런스Travelers Insurance를 인수해 프라이메리카라는 이름을 트래벌러스 그룹Travelers Group으로 변경했다.

　마지막으로 배우 엘리자베스 테일러보다 더 많이 결혼을 한 ITT International Telephone & Telegraph (1920년에 설립된 전화통신기기 회사. 1960년대와 1970년대 기업 인수 합병으로 다각화 추진 - 역자)가 있다. ITT는 1961년 이후 무려 31개 기업을 인수하거나 합병했고 이 중에서 6개는 나중에 매각했다. 에이비스 렌터카Avis Rent-A-Car, 콘티넨탈 뱅킹Continental Banking, 레빗 퍼니처Levitt Furniture, 쉐라톤 호텔Sheraton Hotels, 캔 틴Canteen Corp, 이튼 오일Eaton Oil, 미네소타 내셔널 라이프Minnesota National Life, 레이오니어Rayonier, 소프 파이낸스Thorp Finance, 하트포드 인슈어런스 Hartford Insurance, 펜실베이니아 글래스 샌드Pennsylvania Glass Sand 등이 합병된 기업이다. ITT는 또한 시저스 월드Caesar's World와 함께 매디슨 스퀘어 가든Madison Square Garden도 인수했다.

그러나 25년 동안 계속된 인수합병은 ITT에게 경제적으로 큰 도움이 되지 않았고 주가에도 영향을 끼치지 못했다. 오히려 1990년대 ITT는 비용과 부채를 줄이고 구조조정을 단행한 1994년과 1995년 사이에 주가가 3배로 상승했다. ITT는 3개 사업 부문으로 분할하는 계획을 발표했는데 시저스 월드와 매디슨 스퀘어 가든은 3개 사업 부문 중 하나에 포함됐다.

기업의 소멸

해마다 수많은 기업이 사라진다. 일부 기업은 설립한 지 얼마 안 된 젊은 기업이다. 이런 기업은 너무 빨리 크게 확장하려다 부채를 감당하지 못하고 파산한 경우다. 중년기에 접어든 기업이 파산하는 경우도 있는데 제품에 결함이 있거나 너무 구형이어서 소비자에게 외면당하기 때문이다. 잘못된 사업을 시작했을 수도 있고 사업은 좋았지만 시기를 놓쳤을 수도 있다. 최악의 경우 잘못된 시기에 잘못된 사업을 벌였기 때문일 수도 있다.

거대한 기업도 젊은 기업이나 중소기업처럼 파산할 수 있다. 아메리칸 코튼 오일American Cotton Oil, 라클레드 가스Laclede Gas, 아메리칸 스피리츠American Spirits, 볼드윈 로코모티브Baldwin Locomotive, 빅터 토킹 머신Victor Talking Machine, 라이트 에어로노티컬Wright Aeronautical 등은 한때 다우존스 산업평균지수에 포함될 정도로 거대 우량 기업이었지만 지금은 더 이상 존재하지 않는다. 이런 기업을 기억하는 사람도 거의 없다.

기업이 파산 절차를 밟지 않고 생존할 수 있는 방법이 한 가지 있다. 다른 기업에 인수되는 것이다. 혹은 파산 법정에 파산보호 신청을 하는 것이다.

파산 법정은 기업이 채무를 지불할 능력이 없고 문제를 해결할 시간이 필요할 때 찾아가는 곳이다. 기업은 연방 파산법 11장Chapter 11(기업의 채무 이행을 일시 중지시키고 자산매각을 통해 기업을 정상화하는 절차. 한국의 법정관리와 비슷하며, 2002년 7월 미국 기업 사상 최대 규모의 파산보호 신청을 했던 거대 통신업체 월드컴의 경우를 들 수 있다-역자)에 따라 이전처럼 회사를 계속 운영하면서 부채를 조금씩 갚아 나가는 파산보호 절차를 신청한다. 법원은 채무조정 노력을 감독하는 법정 관리인을 선임하고 모든 관련 당사자가 공평하게 처우를 받을 수 있도록 한다. 기업이 회생할 가능성이 없다고 판단되면 파산법 7장Chapter 7(가장 일반적인 파산으로 기업의 회생 가능성이 없다고 판단될 경우 청산 절차에 들어가는 것을 말한다-역자)에 따라 청산 절차를 신청하면 직원들은 모두 일자리를 잃고 책상 등 사용하던 물품도 모두 처분된다.

기업이 파산하는 경우 기업과 관련된 다양한 이해관계자(근로자, 납품업체, 발명가 등) 사이에서 조금이라도 손해를 덜 보기 위한 싸움이 벌어진다. 채권자들은 수임료가 비싼 유명한 변호사를 고용하지만 모든 것을 다 돌려받지는 못한다. 기업은 파산해도 장례를 치르지 않는다. 하지만 직장을 잃은 근로자들과 채권자, 주주들은 투자한 돈에 대해 큰 손해를 보게 된다.

기업은 국가 발전에 중요한 역할을 담당하지만 파산한 기업을 위한 기념관이 없다는 것은 섭섭한 일이다. 국가의 역사 기록을 담당하는 부처가 파산한 기업이 있던 장소에 기념 명패라도 하나 세워주면 어떨까? 경제 현장에서 사라져버린 기업에 대한 흥미 있는 이야기를 담은 책도 출판되어야 할 것이다. 이 책은 기업이 어떻게 생존하고 어떻게 망했으며 자본주의 발전에 어떻게 적응하고 기여했는지 설명해줄 수 있을 것이다.

경제적 환경, 기업을 좌우하는 또 다른 힘

기업은 경제라는 환경 속에 살고 있다. 기업은 식물이나 사람과 마찬가지로 생존을 위해 외부 세계에 의존한다. 기업이 생존하기 위해서는 끊임없이 자본이 투입돼야 한다. 상품을 사는 바이어가 있어야 하고 상품을 제조하는 데 필요한 원자재를 공급하는 사람도 있어야 한다. 또 정부가 지나친 세금이나 규제로 기업을 파산으로 몰고 가지 않아야 한다.

투자자가 말하는 경제적 환경이란 계절이나 날씨를 의미하는 것이 아니다. 기업이 순응해야 하는 외부의 힘, 즉 기업이 돈을 벌거나 손해를 입게 만드는, 그래서 궁극적으로는 기업의 흥망을 좌우하는 외적인 힘을 뜻한다.

미국에서는 한때 전체 인구의 80퍼센트가 농장을 소유하고 있거나 농장에서 일했다. 당시 경제적 환경은 날씨가 전부였다. 가뭄에 농작물이 말라죽거나 홍수에 휩쓸려 가면 농부는 돈을 벌 수 없었다. 농부가 돈을 벌지 못하면 지역의 슈퍼마켓은 장사를 할 수 없었고 슈퍼에 물건을 납품하는 제조업자도 마찬가지였다. 날씨가 좋으면 농사가 잘돼 농부들은 돈을 벌게 된다. 이들은 슈퍼에서 여러 상품을 사고 슈퍼마켓 주인도 돈을 번다. 슈퍼 주인들이 창고에 상품 재고를 쌓아놓을 것이고 이렇게 되면 상품을 만드는 제조업자도 돈을 번다.

주식시장이 아니라 날씨가 당시 사람들이 가장 많이 이야기하는 주제가 된 것도 결코 놀라운 일이 아니다. 날씨가 사람들의 생활에 미치는 영향이 중요하다 보니 농부들의 소박한 예측을 담은《농업연감 Farmer's Almanac》이 일 년 내내 가장 많이 팔리는 베스트셀러가 되었다. 오늘날 날씨와 관련된 책이 베스트셀러가 되는 경우는 거의 없다. 하지만 월가에 대한 책은 베스트셀러 목록에서 쉽게 찾아볼 수 있다.

오늘날 농업에 종사하는 인구는 전체 인구의 1%도 안 되기 때문에 날씨의 영향력도 많이 줄었다. 기업 세계에서 사람들은 날씨보다는 워싱턴과 뉴욕에서 발표되는 금리나 소비 관련 지수에 더 많은 관심을 기울인다. 이런 것들이 경제 환경에 영향을 미치는 인위적인 요소이다.

경제적 환경에는 3가지 기본적인 상태가 존재한다. 뜨겁거나(과열) 차거나(침체) 온화한(정상) 상태다. 날씨가 너무 더우면, 즉 경기가 과열 상태가 되면 투자자는 초조해진다. 반면 날씨가 너무 추워서 경기가 침체에 빠지면 투자자는 우울해진다. 투자자가 바라는 것은 모든 것이 정상적으로 진행되는 온화한 기후이다. 그러나 덥지도 않고 춥지도 않은 온화한 경제 상태를 유지하는 일은 상당히 어렵다. 대부분 경제는 과열에서 침체로 또는 침체에서 과열로 움직이기 때문이다.

우선 경기 과열 상태에 대해 알아보자. 기업의 수익이 늘고 사람들이 새로운 차와 소파와 전자제품을 산다. 상품이 날개 돋친 듯 팔리고 상점도 더 많은 직원을 고용하며 공장은 생산량을 늘리기 위해 밤늦게까지 가동된다. 경제가 최고점에 달하면 생산량이 너무 많아 공장과 창고와 상점에 재고가 쌓이게 된다. 상점은 물건이 부족하지 않도록 더 많은 재고를 쌓아 둔다.

자격이 미달인 사람도 쉽게 일자리를 구할 수 있고 신문 구인광고도 많아진다. 십대 청소년과 대학 졸업자가 취직하기도 수월하다.

그야말로 모든 것이 완벽한 것처럼 보인다. 모든 기업의 수익이 증가하고 취업 대기자들의 줄이 짧아지고 일자리는 안정적이고 사람들도 풍요로움과 자신감을 느낀다. 사람들은 눈에 보이는 것은 뭐든지 다 사들인다. 그러나 금융계 입장에서 보면 경기 과열은 바람직하지 못하다. 경기 과열은 월가의 전문 투자자를 긴장하게 만든다. 경제 뉴스를 보면 '견고한 경제', '풍요한 국가', '주식시장 100포인트 상승'과 같은 제목의 기사가 쏟아진다.

전문 투자자들은 경기 과열이 물가상승으로 이어질 것을 걱정한다. 상품과 서비스 수요가 증가하면 원자재와 노동력 공급이 부족해진다. 무엇이든 부족한 상태가 되면 가격은 오르는 경향이 있다. 자동차 제조사는 강판, 알루미늄 등 원자재 가격을 더 많이 지불하게 되고 결국 원가 상승으로 자동차 가격을 올린다. 근로자도 모든 상품의 가격이 올라 경제적 압박을 받게 되면 회사에 임금 인상을 요구하게 된다.

한 곳에서 시작된 가격 인상은 다른 곳에도 영향을 미친다. 기업과 근로자가 서로 가격 인상을 요구하는 것이다. 기업은 전기와 원자재를 비싼 가격에 사오고 근로자들에게 더 많은 임금을 지불한다. 근로자의 임금이 올랐지만 모든 상품의 가격이 예전보다 올랐기 때문에 임금 인상 효과를 느끼지 못한다. 집주인도 각종 비용 부담을 이유로 집세를 올린다. 얼마 지나지 않아 물가 상승은 통제할 수 있는 수준을 넘어선다. 모든 상품의 가격이 1년에 5%, 10%, 심한 경우에는 20%까지 상승하게 된다. 1979년부터 1981년까지 미국은 두 자릿수 물가상승률을 기록했다.

새로운 쇼핑몰이 건설되고 공장이 확장을 하면서 많은 기업이 건설 비용을 부담하기 위해 대출을 받는다. 신용카드로 많은 물건을 산 소비자들의 카드빚도 동시에 늘어난다. 결과는 은행의 대출이 늘어나는 것이다.

대출을 받으려는 사람들이 줄을 서면서 은행은 다른 기업의 전철을 밟는다. 은행도 대출 금리를 올리는 것이다.

물가가 오르면서 돈을 빌리는 비용도 상승한다. 모든 것이 오르는 상황에서 반대로 내려가는 것은 주가와 채권 가격뿐이다. 투자자는 기업이 물가상승만큼 빠르게 이윤을 창출할 수 없다고 생각하기 때문에 주식에서 빠져나온다. 1970년대와 1980년대 물가상승기에 주식과 채권 가격은 크게 하락했다.

경제는 과열 상태를 영원히 지속할 수 없다. 높은 자금 조달 비용 때문에 휴식을 취할 수밖에 없다. 주택 대출과 카드 대출 이자가 오르게 되면 더 이상 주택을 사지 않고 카드도 덜 쓴다. 새 집을 사지 않고 살던 곳에 계속 거주하고 새 차를 안 사고 낡은 중고차를 몰고 다닌다.

갑자기 자동차 업계가 불황에 빠지게 되고 디트로이트는 최신 모델의 자동차를 파는 데 어려움을 겪는다. 자동차 제조사는 각종 특혜를 제공하고 자동차 가격이 하락한다. 수천 명의 자동차 회사 근로자가 해고당하고 실업률이 높아진다. 일자리를 잃은 사람들은 소비 여력이 없어 지출을 줄인다. 그들은 디즈니월드로 여행을 가는 대신 집에 머물면서 디즈니TV를 시청한다.

이렇게 되면 플로리다 올란도에 있는 모텔에 손님이 준다. 새로운 가을 옷을 사는 대신 지난해 샀던 옷을 다시 꺼내 입는 사람들이 늘면서 의류산업도 나빠진다. 각종 상점에는 손님이 줄고 팔리지 않는 상품이 쌓인다.

기업이 현금 확보에 나서면서 상품 가격이 떨어진다. 해고가 늘고 실직자 명단에 새로운 이름이 추가되고 상점에 손님의 발길이 뜸해지며 많은 가정이 소비를 줄인다. 경제는 불과 몇 달 만에 과열에서 침체 상태로 변했다. 상황이 더 악화된다면 깊은 불황 속으로 빠져들 위험에 직면하게 된다.

제2차 세계대전 이후 나타난 모든 불황에 대한 설명은 다음 표에 나와 있다. 불황은 평균 11개월 동안 지속됐고 이 기간 동안 실업자 수는 평균 162만 명으로 조사됐다.

불황기에 기업은 더욱 나빠진다. 음료수와 햄버거, 약품 등 생필품을 만들거나 판매하는 기업은 큰 어려움 없이 불황을 극복할 수 있다. 자동차, 냉장고, 집 등 가격이 비싼 물건을 제조하거나 판매하는 기업은 심각한 문제를 겪는다. 이들 기업은 수백만 달러 심지어 수백억 달러의 손실을 볼 수 있다. 은행에 자금을 두둑하게 쌓아 두지 않았다면 파산에 직면할 가능성도 있다.

많은 투자자가 불황을 이기는 포트폴리오를 구성하는 방법을 배웠다. 이들은 불황기에 맥도날드, 코카콜라, 존슨앤존슨 등의 주식을 산다. 제너럴모터스, 레이놀드 메탈, US Home Corp. 주식은 거들떠보지도 않는다. 이런 기업은 불황기에 타격을 크게 받는 이른바 경기 민감형 기업이다. 경기 민감형 기업은 비싼 상품을 판매하거나, 비싼 상품의 부품을 제조하거나, 그런 상품에 사용되는 원자재를 취급한다.

기업과 투자자에게 가장 좋은 시기는 경기 호황도 불황도 아닌 정상적인 상태이다. 이런 평온한 상태는 오래가지 않는다. 신호가 혼란스럽기는 하지만 경제는 호황으로 가거나 불황을 향해 움직이고 있는 경우가 대부분이다. 어느 방향으로 움직이는지 알아내기는 상당히 어렵다.

| 불황기 비농업 부문 고용 변화 |

불황기	기간	실업자 수	변동
1948.11~1949.10	11개월	226만	- 5.0%
1953.07~1954.05	10개월	153만	- 3.0%
1957.08~1958.04	8개월	211만	- 4.0%
1960.04~1961.02	10개월	125만	- 2.3%
1969.12~1970.11	11개월	83만	- 1.2%
1973.11~1975.03	16개월	141만	- 1.8%
1980.01~1980.07	6개월	105만	- 1.2%
1981.07~1982.11	16개월	276만	- 3.0%
1990.07~1991.03	8개월	135만	- 1.2%
평균	11개월	162만	- 2.5%

자료: 미국 노동부, 통계청, 전미경제조사국

호황기 비농업 부문 고용 변화			
호황기	기간	취업자 수	변동
1946.01~1948.11	34개월	535만	+13.5%
1949.10~1953.07	45개월	758만	+17.7%
1954.05~1957.08	39개월	406만	+8.3%
1958.04~1960.04	24개월	383만	+7.5%
1961.02~1969.12	106개월	1,775만	+33.2%
1970.11~1973.11	36개월	754만	+10.7%
1975.03~1980.01	58개월	1,431만	+18.7%
1980.07~1981.07	12개월	173만	+1.9%
1982.11~1990.07	92개월	2,105만	+23.7%
1991.03~1995.06	51개월	813만	+7.5%
평균	50개월	913만	+15.0%

자료: 미국 노동부, 통계청, 전미경제조사국

정부가 통제하고 조정할 수 있는 일은 그렇게 많지 않다. 그러나 경제적인 환경에는 상당히 큰 영향을 미친다. 연방정부는 전쟁에서부터 가난을 쫓아내는 일까지 다양한 일을 한다. 정부의 가장 중요한 일은 경제가 너무 과열되지 않고 또 너무 냉각되지 않게 조정하는 것이다. 정부가 없다면 우리는 지금쯤 제2의 대공황을 겪고 있을지도 모른다.

연방정부는 60년 전 대공황이 발생했을 때보다 규모가 훨씬 커졌다. 당시 연방정부는 경제적으로 영향을 미칠 수 있는 수단이 거의 없었다. 복지라는 개념도 없었고 사회보장제도도 없었으며 주택정책국 등 연방 정부에 필요한 수백 개의 부서도 갖추지 못했다. 1935년에 연방정부 전체 예산은 당시 미국 경제의 10분의 1 정도인 64억 달러에 불과했다. 오늘날 연방정부 예산은 1조 5,000억 달러에 달하는데 이는 미국 경제의 4분의 1을 차지하는 규모다.

우리는 최근 중요한 경계선을 넘었다. 1992년 이후 시청, 주정부, 연방정부에서 일하는 공무원들이 공장에서 일하는 근로자보다 많아졌다는 것이다. 이는 경제에서 차지하는 비중이 큰 공공 부문이 경제를 침체 상태에서 벗어나게 할 수 있다는 뜻이다. 기업의 실적과 관계없이 수백만 명에 이르는 공무원과 연금 수령자들은 여전히 소비 여력이 있다. 미국인들은 실직을 하게 되면 다른 일자리를 찾는 몇 달 동안 실직 수당을 받는다.

사회보장제도의 단점은 대규모 예산 적자로 인해 정부가 제대로 나라 살림살이를 운영할 수 없다는 것이다. 정부의 적자는 자금을 빨아들이고 경제 성장을 방해한다.

경제적 환경을 조정하는 업무를 담당하는 연방정부 기관은 연방준비위원회Federal Reserve이다. 연방준비위원회는 사람들이 소유할 수 있는 돈의 양, 즉 통화량을 늘리거나 줄임으로써 경기를 부양하거나 냉각시키는 특별한 수단을 가지고 있다. 연방준비위원회가 이렇게 중요한 역할을 하고 있지만 이를 제대로 알고 있는 사람은 많지 않다.

몇 년 전의 조사를 보면 연방준비위원회를 국립공원으로 알고 있는 사람들도 있고, 위스키 상표로 알고 있는 사람도 있다. 연방준비위원회는 통화량 공급을 조절하는 중앙은행이다. 경기가 침체되는 경우에 연방준비위원회는 2가지 정책을 집행한다. 우선 은행이 연방은행에서 빌리는 돈의 금리를 인하한다. 은행이 싼 금리로 돈을 빌리기 때문에 은행은 고객에게 대출해주는 금리를 인하할 수 있다. 이렇게 되면 사람들은 은행에서 더 많은 돈을 빌려 집과 자동차를 사게 된다. 집과 자동차 등 소비가 늘면서 경기가 다시 좋아진다.

연방준비위원회는 은행이 더 많은 돈을 대출할 수 있도록 직접 자금을 공급하는 정책을 쓰기도 한다. 은행에 자금을 직접 공급함으로써 금리를 내리는 효과를 거둘 수 있다. 어떤 상황에서는 소비자가 지출을 늘리는 것처럼 정부가 직접 돈을 더 지출해 경기를 부양하기도 한다.

경기가 과열 양상을 보이면 연방준비위원회는 정반대 정책을 동원한다. 금리를 올리고 은행에서 자금을 거둬들인다. 자금 공급이 줄어들면 금리는 자연스럽게 올라간다. 금리가 상승하면 소비자가 은행에서 돈을 빌리기 어려워지고 자동차와 주택 등을 구입하지 않게 돼 경기는 냉각되기 시작한다. 기업이 사업을 축소하고 근로자들이 일자리를 잃는다. 손님이 줄어든 상점은 더 많은 손님을 끌기 위해 가격을 낮춘다.

경기가 과열 국면을 지나 완전히 냉각되면 연방준비위원회는 다시 경기를 부양하는 정책을 펴게 된다. 경기 조정 과정은 끊임없이 반복되기 때문에, 월가는 항상 연방준비위원회가 어떤 정책을 쓰는지 관심을 기울이고 있다.

지난 50년 동안 우리는 9번의 경기 침체를 목격했는데, 여러분은 일생 동안 10차례 이상의 경기침체기를 겪게 될 것이다. 불황이 올 때마다 경제가 불안하기 때문에 주식을 소유하는 것은 위험 부담이 너무 크다는 뉴스를 듣게 될 것이다. 명심해야 할 것은 미국은 대공황 이후 모든 불경기를 다 극복했다는 것이다. 앞서 살펴본 것처럼 경기 침체는 평균 11개월 동안 지속됐고 162만 개 일자리가 사라진 반면 호황기는 평균 50개월이었고 924만 개 일자리가 늘었다.

노련한 투자자들은 불황이 예상되거나 월가가 인플레이션에 대해 걱정을 하면 주가가 떨어진다는 것을 알고 있다. 하지만 경제를 예측하는 것은 사실상 불가능하기 때문에 경제가 어느 방향으로 갈지를 예상하는 것은 의미가 없다. 인플레이션도 언젠가는 제자리를 잡고 경기 침체도 끝나게 될 것이라는 믿음을 갖는 것이 중요하다.

상승장과 하락장

주식시장에서는 가격이 오르는 종목도 있고 반대로 가격이 내리는 종목도 있다. 그러나 가끔씩 초원에 있는 소떼처럼 수천 개 종목의 가격이 한 방향으로 움직이는 경우가 있다. 가격이 상승하는 방향으로 움직이면 이를 불 마켓Bull market(상승장)이라 부른다.

상승장에서는 10개 중 9개 종목이 매주 새로운 최고가를 경신하는 경우도 있다. 투자자들은 가능한 많은 주식을 사려고 한다. 친구들과 이야기하는 시간보다 증권사 브로커와 이야기하는 시간이 더 많다. 좋은 기회를 놓치고 싶지 않기 때문이다.

가격이 오르는 동안 모든 투자자가 기분 좋게 잠자리에 들고 상쾌하게 아침에 일어난다. 샤워를 하면서 노래를 부르고 휘파람이 절로 나온다. 길을 건너는 노파를 도와주기도 한다. 매일 밤 불어나는 수익을 보면서 잠자리에 들고 좋은 일을 상상한다.

그러나 상승장은 영원히 지속되지 않는다. 조만간 주가의 방향이 아래쪽으로 바뀐다. 매주 10종목 중 9개 종목이 새로운 최저가를 기록한다. 주가 상승기에 주식을 사려고 했던 투자자는 주가 하락기가 되면 내일 주식을 파는 것보다 오늘 파는 것이 손해를 덜 볼 것이라는 생각에 주식을 팔지 못해 초조해한다.

주식 가격이 최근 고가에서 10% 이상 떨어지면 이를 조정correction이라고 부른다. 20세기에 조정장은 모두 53번이 있었는데 평균 2년에 한 번꼴로 발생한 셈이다. 주가가 25% 이상 빠지면 이를 하락장Bear market이라고 한다. 지난 53번의 조정장 가운데 15번이 하락장으로 이어졌다. 평균적으로 6년에 한 번 하락장이 발생한 것으로 볼 수 있다.

하락장을 누가 '베어 마켓'이라고 부르기 시작했는지는 알려지지 않았지만, 곰의 입장에서 보면 손해를 곰과 연결시킨 것을 불공평하다고 생각할 것이다. 뉴욕 동물원을 제외하면 월가에서 50마일 반경 안에는 곰이 사는 곳이 없다. 곰은 주가가 하락하는 것처럼 곤두박질치지도 않는다. 다른 사람들이 주식을 판다고 덩달아 주식을 파는 투자자의 행동을 설명하려면 베어 마켓보다 레밍 마켓Lemming market(나그네쥐. 먹이를 찾아 집단으로 이동해 다니다가 많은 수가 한꺼번에 죽기도 함 - 역자)이라고 부르는 것이 더 적합할 수 있다.

이미 앞서 살펴본 것처럼 최대의 하락장은 1929년 대공황 시기에 시작됐다: 그다음으로 강한 하락장은 1973~1974년이었는데 주가가 평균 50% 정도 폭락했다. 이후 1982년에도 하락장이 발생했다. 1987년 대폭락에서는 다우지수가 하루 만에 508포인트 하락했고, 4개월 동안 1,000포인트가 하락했다. 1990년에는 투자자들 사이에 걸프전에 대한 우려가 퍼지면서 사담 후세인 하락장이 발생했다. 최근의 하락장은 1929년이나 1973~1974년 폭락보다 강도가 약해 대응하기가 더 쉬웠다. 하락장이 오래가면 투자자의 인내심이 시험대에 오르고 경험이 많은 투자자조차 불안해진다. 종목 선택을 잘했다 하더라도 여러분의 주식도 하락을 모면할 수 없다. 이제 주가가 바닥에 이르렀다고 생각할 때보다 조금 더 떨어질 것이다. 주식형 뮤추얼펀드에 가입했다 하더라도 뾰족한 수가 없다. 뮤추얼펀드도 기초 자산인 주식에 의존하기 때문에 주가가 떨어지면 펀드 가격도 하락할 수밖에 없는 운명이다.

1929년 대공황 당시 고점에서 주식을 산 사람들은 주식 가격이 원상 복구될 때까지 무려 25년을 기다려야 했다(다행히 이런 사람은 적었다). 내가 주식 투자로 25년 동안 손해를 보고 있었다고 상상해보라. 1973~1974년 대폭락 이전인 1969년 고점에서 주식을 산 투자자의 경우 주가가 회복되는 데는 12년이 걸렸다. 대공황으로 이어져 더욱 오래 지속된 1929년과 같은 하락장은 아마 다시 오지 않을 것이다. 그러나 자녀들이 초등학교, 중학교, 고등학교를 졸업하는 기간과 비슷한 1973~1974년 하락장이 다시 올 가능성은 배제할 수 없다.

미국 동북부에 사는 사람들이 눈보라를 피할 수 없는 것과 마찬가지로 투자자는 하락장을 피해갈 수 없다. 50년 동안 주식 투자를 한다면 25번의 조정장을 경험하고 이 가운데 8~9번은 하락장으로 이어질 것이다.

미리 경고 신호를 감지하고 하락장이 오기 직전에 주식과 펀드를 팔았다가 다시 주가가 내려갔을 때 주식을 매수한다면 정말 좋을 것이다. 문제는 어느 누구도 하락장을 예측할 수 없다는 것이다.

하락장에 대한 예측은 불경기에 대한 예측과 비슷하다. 어쩌다 한 번 하락장을 예측하고 이것이 적중하면 하루아침에 유명 인사가 된다. 주식 분석가인 일레인 가자렐리Elaine Gazarelli는 1987년 대폭락을 예측해 유명인사가 되었다. 하지만 두 번 연속해서 하락장을 정확하게 예측한 사람에 대해서는 들어본 적이 없을 것이다. 여러분은 결코 나타나지도 않은 하락장을 예측하는 전문가들의 주장만 듣고 있을 뿐이다.

우리는 눈보라와 태풍으로부터 자신을 보호하는 일에 익숙하기 때문에 당연히 하락장에서 스스로를 보호하려고 노력한다. 하지만 조정장에서 잃은 돈보다 조정장을 예측하려고 시도하다 잃은 돈이 훨씬 더 많다. 가장 큰 실수는 조정장을 피하려는 의도로 주식에서 뮤추얼펀드로 또 뮤추얼펀드에서 주식으로 투자 방식을 바꾸는 것이다. 또 주식을 투자하기 전에 현금을 손에 들고 조정장이 오기를 기다리는 것도 어리석은 일이다. 조정장을 피하기 위해 투자 시기를 조절하다 상승장에 올라타는 기회를 놓치는 사람도 많다.

1954년부터 1994년까지 50년 동안 S&P 지수의 수익률을 분석한 결과를 보면, 주가가 가장 크게 상승하는 짧은 기간 동안 주식 투자를 하지 않는 것이 얼마나 손해가 되는지를 알 수 있다. 지난 40년 동안 주식에 돈을 묻어두었다면 연간 환산 수익률은 11.5%를 기록했을 것이다. 그러나 지난 40년 동안 주가가 가장 많이 오른 40개월 동안 주식 투자를 하지 않았다면 연간 수익률은 2.7%로 크게 떨어지는 것으로 나타났다.

앞에서 이미 설명했지만 이는 다시 한 번 강조할 가치가 있다. 또 다른 통계 수치도 이런 주장을 뒷받침해준다. 여러분이 운이 나빠서 1970년부터 지금까지(1994년) 연중 최고점에서 2,000달러를 매년 투자했다면 연간 투자수익률은 8.5%를 기록했을 것이다. 반대로 여러분이 완벽하게 시장 타이밍을 맞춰 연중 최저점에서 해마다 2,000달러를 투자했다면 연간 수익률은 10.1%가 되는 것으로 나타났다. 결국 완벽한 시장 타이밍과 억세게 운이 없는 타이밍의 수익률 차이는 연간 1.6%에 불과했다.

운이 좋은 투자자라면 1% 이상의 추가 수익률을 올릴 수 있지만 주식에 계속 투자하고 있는 동안은 운이 나빠도 괜찮은 수익률을 기록할 수 있다. 좋은 기업의 주식을 사서 시장이 오르거나 내리거나 상관하지 말고 계속 보유하라.

하락장에 대한 쉬운 대응 방법이 있다. 주식이나 뮤추얼펀드를 살 계획을 세운 다음, 한 달이나 넉 달 또는 6개월마다 소량의 자금을 꾸준하게 투자하라. 이런 분할 적립식 투자는 상승장과 하락장에서 흔들리지 않도록 보호해줄 것이다.

4장
—

기업을 움직이는
보이지 않는 손

LEARN TO EARN

큰 부를 이루는 비결

미국 경제 전문지《포브스》는 매년 400대 부자 명단을 발표한다. 미국의 400대 부자 명단은 경제계에서 초미의 관심 대상이다. 400명의 부자가 누구이고, 그들이 어떻게 부자가 됐는지, 부자들 세계에서 어떤 변화가 일어났는지를 알려주기 때문이다.

포브스가 400대 부자 명단을 처음으로 발표한 1982년, 그 해 미국 최고의 부자는 해운업계의 거물 도널드 루트비히Donald K. Ludwig였고 2위는 유산으로 재산을 물려받은 폴 게티Paul Getty였다. 상위 10대 부자 가운데 5명은 헌트Hunt 가문 사람들이었다. 이들은 텍사스에 수많은 유전을 소유하고 있는 석유 사업가였다. 헌트 가문은 폴 게티가 말한 것처럼 "부자가 되려면 일찍 일어나고 열심히 일하고 유전을 발견하라." 라는 말을 떠올리게 한다.

최초의 400대 부자 명단에는 록펠러Rockefeller 일가, 듀폰du Pont 일가, 프릭Frick, 휘트니Whitney, 멜론Mellon 등 19세기부터 부를 축적해온 가문의 사람들이 많이 포함돼 있었다. 이 가운데 65명 정도는 상속으로 부자가 됐고, 이들 외에도 12명 정도는 가문이 소유한 기업에서 영향력 있는 위치를 차지하고 있는 부자들의 자녀들이었다. 마스 캔디바Mars

Candy Bar의 마스, 디즈니Disney, 부쉬 맥주의 부쉬Busch, 존슨앤존슨의 존슨Johnson 등이 대표적인 사례이다.

1993년 명단에는 1980년대처럼 상속을 받아 부자가 된 사람이 많이 포함되지 않았는데, 이는 몇 가지 지점에서 미국 사회의 변화를 대변한다. 첫째, 억만장자조차 부를 지키는 것이 쉽지 않다는 것이다. 거액의 재산을 물려줄 때 내야 하는 상속세가 많아 상속받는 재산이 크게 줄어들기 때문이다. 또 상속자가 신중하고 현명하게 투자하지 못하면 과거 선조들이 부를 축적한 속도만큼 빠르게 재산을 탕진할 수도 있다.

둘째, 미국은 여전히 기회의 땅이라는 것이다. 빌 게이츠나 스티브 잡스 같은 IT 천재들이 록펠러, 멜론, 게티, 카네기 가문 사람들보다 포브스 400대 부자 리스트에서 순위가 높다는 것이 이를 방증한다.

현재는 빌 게이츠가 17년째 부동의 1위지만 1993년 포브스 명단에서 빌 게이츠보다 더 부자인 사람은 워런 버핏이었다. 버핏은 주식 투자로 100억 달러를 벌었다. 버핏은 주식 투자로 미국 최고 갑부 자리를 차지한 최초의 인물이다.

버핏은 단순한 전략을 따랐다. 어떤 특수한 비법을 사용한 것이 아니라 좋은 회사의 주식을 사서 지겨워질 때까지 오래 보유하는 것이다. 결과는 엄청났다. 40년 전 버핏이 주식 투자를 시작할 때 그와 함께 1만 달러를 투자했다면 지금 8,000만 달러로 불어났을 것이다. 대부분의 수익은 일반인에게도 잘 알려진 코카콜라, 질레트, 워싱턴포스트 같은 주식에서 발생했다. 버핏처럼 주식을 그냥 보유하고 있는 것이 현명하지 못하다고 생각한다면 또 다른 사례를 살펴보도록 하자.

듀폰 가문 사람들을 한 사람으로 계산하면 1993년 포브스 400대 부자 명단 가운데 상속으로 부자가 된 사람들은 43명이다. 재벌의 아들 딸보다 훌륭한 아이디어로 부자가 된 호레이쇼 앨저스Horatio Algers 같은 평범한 사람들이 더 많다. 여러 개의 호텔을 소유하고 있는 레오나Leona의 남편인 해리 헴슬리Harry Helmsley는 부동산 사무실의 우편 배달 사환으로 직장생활을 시작했다. 음반 업계의 거물 데이비드 게펜David Geffen도 윌리엄 모리스의 우편물실에서 일했다. 맥도날드 창업자 레이 크록Ray Kroc은 우유 혼합기를 판매하는 외판원이었고, 월마트 창업자 샘 월튼Sam Walton은 쇼핑몰 제이씨페니JC Penny에서 수습으로 직장생활을 시작했다. 로스 페로Ross Perot는 IBM 직원이었고 경품권 업계의 거물이 된 커티스 르로이 칼슨Curtis Leroy Carlson은 50달러를 대출받아 골드 본드 트레이딩 스탬프 컴퍼니Gold Bond Trading Stamp Company를 시작했다.

400대 부자 명단에는 학교를 중퇴한 사람도 상당수 포함돼 있다. 마이크로소프트의 빌 게이츠 회장도 하버드 대학을 중퇴했다. 과일 농장주인 아들인 커크 커코리언Kirk Kerkorian은 중학교를 중퇴했고 리미티드Limited 창업자인 레스 웩스너Les Wexner는 법학대학원 중퇴자이다. 앞서 언급한 음반 프로듀서인 게펜도 대학을 중퇴했다. 빌 게이츠와 마이크로소프트를 공동으로 창업한 폴 앨런도 워싱턴 주립대학을 도중에 그만두었다. 터너 브로드캐스팅의 테드 터너도 브라운 대학을 중퇴했지만 나중에 다시 학위 과정을 마쳤다. 오라클 창업자 로렌스 엘리슨Lawrence Ellison도 일리노이 대학을 중퇴했다. 부동산 투자와 기업 인수 합병으로 부자가 된 하워드 머독Howard Murdock은 여행사 직원의 아들로 태어나 고등학교도 제대로 나오지 못했다. 맥도날드에 감자를 공급하는 존 리처드 심플로트는 중학교 2학년을 마치고 가출해 감자 고르는 법과 돼지 사육법을 배웠다. 해리 웨인 후이젠가Harry Wayne Huizenga도 대학 중퇴자인데 낡아빠진 구형 트럭으로 쓰레기 수거 사업을 시작해 31살의 나이에 세계 최대 쓰레기처리업체인 웨이스트 매니지먼트Waste Management를 설립했다. 그는 웨이스트 매니지먼트를 설립하기 전에 텍사스주 댈러스의 한 비디오 대여점에서 아이디어를 착안해 미국 최대 비디오 대여점으로 성장시킨 '블록버스터 비디오Blockbuster Video'를 시작했다.

하지만 부자들이 학업을 중단했다고 해서 여러분도 학교를 중퇴해서는 안 된다. 이들이 대학을 중퇴했을 당시에는 대학 졸업장이 없어도 괜찮은 직장을 구할 수 있었다. 그러나 지금은 대학 졸업장 없이 직장을 구하기는 거의 불가능하다. 또 이들은 사업을 성공시키는 데 필요한 기본적 기술에 정통한 전문가였다. 공부하는 것이 싫어서 학교를 중퇴한 것이 아니라 회사를 설립하거나 더 큰 이익을 추구하기 위해 학교를 그만둔 것이다.

억만장자가 되는 방법은 다양하다. 자동차 부품, 수도꼭지, 전화번호부 광고, 커피 크림, 플라스틱 컵, 재생 타이어, 쓰레기에서 추출한 플라스틱, 슬림 패스트Slim Fast 같은 다이어트 식품, 핑 골프 클럽, 위험도가 높은 자동차 보험, 면세점, 도미노 같은 피자 프랜차이즈, 엔터프라이즈Enterprise 같은 렌터카 사업 등으로 돈을 벌 수 있다. 포브스 리스트에는 허리 통증과 관련된 소송에서 이겨 큰돈을 번 변호사도 포함돼 있다.

억만장자를 만들어준 아이디어는 차고나 지하실에서 얼마 안 되는 자금으로 시작됐다. 현재 세계 최대의 컴퓨터 제조 기업인 휼렛 패커드는 데이비드 패커드의 차고에서 558달러어치의 전자 부품을 가지고 출발한 벤처기업이었다. 세계 최대의 유통회사인 월마트는 아칸소주 뉴포트에서 싸구려 잡화점으로 시작됐다. 암웨이Amway도 디트로이트의 화학자로부터 생물학적으로 분해 가능한 비누 제조법을 산 리처드 마빈 디 보스Richard Marvin De Vos와 제이 밴 앤델Jay Van Andel이 지하실에서 비누를 제조해 파는 것으로 시작됐다.

포브스 400대 부자 가운데 단지 3명만 부동산으로 돈을 벌었고 석유 재벌은 18명에 불과했다. 일찍 일어나고 열심히 일하고 유전을 발견하는 방법으로 부자가 됐다는 폴 게티의 말은 더 이상 사실이 아닌 것으로 입증됐다. 억만장자 가운데 2명은(이 가운데 한 사람이 찰스 슈왑이다) 증권사와 뮤추얼펀드 회사를 설립해 돈을 벌었다. 나머지 30여 명은 케이블 TV나 미디어 산업으로 억만장자가 됐고 20여 명은 전자와 컴퓨터 산업으로 돈을 벌었다.

1982년과 1996년 명단에서 볼 수 있는 가장 큰 차이는 포브스 400대 부자들의 재산 규모이다. 1982년에는 1억 달러 재산만 있으면 400대 부자 대열에 오를 수 있었다. 현재(1990년대 중반 기준)는 재산 규모가 최소 3억 달러는 돼야 명단 끝에라도 이름을 올릴 수 있다. 지금은 재산 규모가 20억 달러를 넘는 부자가 25명이지만 1982년에는 단지 5명에 불과했다.

《위대한 개츠비》의 작가 스콧 피츠제럴드Scott Fitzgerald가 주장한 것처럼 "부자는 우리와 다르기 때문"일지도 모른다. 하지만 포브스 400대 부자 명단을 보면 피츠제럴드의 주장은 틀렸다. 포브스 부자 명단에는 키가 작은 사람, 뚱뚱한 사람, 키가 큰 사람, 빼빼 마른 사람, 외모가 출중한 사람, 못생긴 사람, IQ가 높은 사람, IQ가 보통인 사람, 돈을 펑펑 쓰는 사람, 구두쇠인 사람, 인색한 사람, 관대한 사람 등 온갖 종류의 사람이 포함돼 있다. 하지만 이들 가운데 상당수가 억만장자가 된 이후에도 과거의 절약하는 습관을 계속 지키고 있다는 것은 정말 놀라운 일이다. 지금은 고인이 된 월마트의 창업자 샘 월튼은 수십 대의 리무진을 살 수도 있었지만 운전대에 애완견의 이빨 자국이 있는 낡고 오래된 자동차를 직접 운전하고 다녔다. 그는 〈부자들의 라이프스타일〉이라는 TV프로그램에나 나올 법한 것처럼 파리나 로마, 런던 등 세계 어느 곳에서나 살 수 있었지만 고향인 아칸소주 벤토빌에 있는 침실 2개짜리 주택에서 살았다.

워런 버핏도 주식 투자로 많은 돈을 벌었지만 고향인 네브래스카주의 오마하를 떠나지 않고 독서와 브릿지 게임을 즐기면서 살고 있다. 페어차일드 반도체Fairchild Semiconduct 창업자이자 인텔 공동 창업자인 고든 얼 무어Gordon Earle Moore도 매일 오래된 픽업트럭을 타고 사무실에 출근한다. 자수성가한 백만장자와 억만장자는 손가락 하나 까딱하지 않고도 살 수 있지만 남들보다 더 오랜 시간 일하고 대중의 눈에 띄지 않게 검소하게 생활하는 부자도 많다. 언론을 피해서 조용하게 살고 있다는 표현이 잘 들어맞는다.

이들은 아직도 자신을 성공으로 이끈 일을 하고 있다. 여기에 중요한 교훈이 숨어 있다. 자신이 즐기면서 할 수 있는 일을 선택하고 모든 노력을 쏟아 부으면 돈은 따라온다는 것이다. 자신이 좋아하는 일을 열심히 하게 되면 손에 음료수를 들고 해변에서 남은 인생을 보낼 수 있는 위치에 이르게 된다. 하지만 그렇게 놀면서 남은 인생을 보내고 싶지 않을 것이다. 아마도 일하는 것이 너무 재미있어서 일을 중단하고 싶지 않을 것이기 때문이다.

코카콜라, 분명한 증거를 보다

코카콜라는 하나님이 어느 날 땅을 내려다보면서 코카콜라를 만들어야겠다고 해서 탄생한 것이 아니다. 하나님이 존 스티스 펨버턴John Styth Pemberton 박사를 창조하면서 코카콜라를 만들려고 계획한 것이 아니라면 하나님은 코카콜라와 아무 상관이 없다. 1869년 펨버턴 박사는 조지아주 콜럼버스에서 애틀랜타로 이주해 특허 약품 사업에 뛰어들었다.

당시에는 식품의약처Food and Drug Administration 같은 국가 기관이 설립되지 않았고 상품 광고도 신뢰할 수 없었다. 따라서 펨버턴 박사가 집안 욕조에서 여러 가지 다양한 성분을 섞어(주요 성분 가운데 하나는 알코올) 병에 담아 만병통치약이라고 팔아도 금지할 방법이 없었다. 당시에는 특허 의약품이라는 것이 이런 만병통치약을 이르는 말이었다.

펨버턴 박사가 만든 음료의 주성분은 인디언 퀸 머리 염색약Indian Queen Hair Dye, 트리플렉스 리버 필Triplex Liver Pill, 설탕 혼합물, 물, 코카 잎 추출물, 콜라 넛kola nut, 카페인 등이다. 상품 라벨에는 "뇌를 위한 탄산수, 모든 신경통에 특효"라고 적혀 있었다. 펨버턴은 상품 판매를 위한 설명회에서 자신이 만든 음료수는 두통, 히스테리, 우울증을 치료할 수 있고 기분도 좋게 해준다고 말했다. 이것이 최초의 코카콜라였다.

펨버턴은 첫해에 광고비로 73.96달러를 지출했지만 50달러 정도의 코크 시럽밖에 팔지 못했다. 사람들은 펨버턴의 설명을 믿지 않았다. 코크 시럽이 개발된 지 5년이 지난 후에도 사람들은 여전히 펨버턴의 말을 믿지 않았다. 사람들을 설득하는 데 지쳐 있던 펨버턴은 아사 캔들러Asa Candler라는 약사에게 코카 잎, 콜라 넛, 제조 장비, 제조법까지 모두 팔아버렸다. 캔들러가 이 모든 것을 사들이는 데 지출한 돈은 고작 2,300달러였다.

허풍쟁이였던 펨버턴과는 달리 캔들러는 사실만 말하는 것을 더 좋아하는 종교적인 사람이었다. 1905년 캔들러는 제조 성분에서 코카 잎을 제외해 코카콜라는 코카인 없는 음료가 되었다. 캔들러가 코카 잎을 제외한 것은 선견지명이 있는 결정이었다. 그렇지 않았으면 1914년 정부가 코카인을 불법화하면서 코카콜라를 마신 사람들을 코카인 흡입으로 감옥에 보낼 수도 있었기 때문이다.

새로 만들어진 코카콜라 제조법은 지난 100년 동안 철저히 비밀에 부쳐졌고, 지금도 신탁회사Trust Company의 지하 비밀금고에 깊숙이 보관돼 있다.

캔들러는 또 코카콜라 라벨에서 "뇌를 위한 탄산음료", "모든 신경통에 특효약"과 같은 문구를 빼버렸고 의미가 모호한 주장도 모두 제거했다. 1916년에는 코카콜라의 상징으로 통하는 곡선이 아름다운 병도 만들었다.

코카콜라 공장에서는 콜라 넛, 설탕, 물, 카페인 등 몇 가지 비밀스런 성분을 혼합해 시럽 형태가 될 때까지 계속 끓인다. 이렇게 만들어진 시럽을 매장으로 보낸다. 그리고 매장에서 톡 쏘는 맛과 거품을 내기 위해 콜라 시럽에 탄산수를 섞어 고객에게 제공한다. 코카콜라의 인기가 너무 높다 보니 매장에서는 시럽과 탄산수를 혼합하는 작업을 전담하는 소다 저크soda jerks라고 불리는 직원을 고용했다. 수천 명의 미국 청소년들이 방과 후에 소다 저크로 일하면서 용돈을 벌었다.

1916년 의회가 기업에 새로운 세금을 부과하자 캔들러는 격분했다. 코카콜라 판매 수익에 대한 높은 세금을 피하기 위해 캔들러는 애틀랜타의 은행가인 어니스트 우드러프Ernest Woodruff에게 2,500만 달러를 받고 회사를 매각했고 우드러프의 아들인 리처드Richard가 코카콜라 사장이 되었다.

우드러프 부자는 회사를 인수한 지 얼마 되지 않아 기업을 공개했다. 1919년에 우드러프 일가는 주당 40달러를 받고 코카콜라 주식 100만 주를 팔았다. 코카콜라 주식은 많은 투자자가 갖고 싶어 했지만 가질 수 없는 주식이었다. 코카콜라가 시럽 가격을 인상하자 콜라 판매점들은 격분했고 코카콜라와의 계약을 해지하겠다고 협박했다. 소송이 제기되자 매출이 하락했고 코카콜라는 파산 위기에 몰리기도 했다.

로버트 우드러프의 비용 절감 노력 덕분에 코카콜라는 대공황까지 오랜 시간 동안 살아남을 수 있었다. 대공황은 대부분의 기업에게 최악의 시기였지만 코카콜라에게는 그렇지 않았다. 사람들이 경제적으로 어려워져 새 신발이나 옷은 사지 않았지만 여전히 콜라를 마셨기 때문이다.

이제 투자에 대한 유용한 충고를 하나 하도록 하겠다. 코앞에서 벌어지는 증거를 제외하고는 모든 것을 무시하라는 것이다. 1930년대 경제는 최악이었지만 코카콜라의 수익은 늘었고 주가도 1932년 20달러에서 1937년 160달러로 상승했다. 여러분 주변의 모든 사람이 세계의 종말을 이야기할 때 8배의 수익을 냈다는 것을 상상해보라.

로버트 우드러프는 30년 동안 코카콜라를 운영하면서 가능하면 언론 노출을 피하려고 했다. 그는 여러 채의 주택과 커다란 목장을 가지고 있지만 백만장자치고는 검소하게 살았다. 그는 책도 잘 읽지 않았고 음악이나 그림에도 관심이 없었다. 파티도 어쩔 수 없는 경우에만 열었다.

대공황이라는 경제적 변수가 코카콜라에 여러 가지 이익을 가져다준 것처럼, 제2차 세계대전도 코카콜라에 커다란 도움이 되었다. 미군이 코카콜라를 마시는 모습을 여러 나라 사람들이 목격했고 미군을 따라 코카콜라를 마시기 시작했다. 해외에 주둔한 미군은 광고 역사상 가장 효과적인 무료 광고 매체였던 셈이다.

코카콜라가 다국적기업이 된 것은 제2차 세계대전이 끝난 다음이었다. 코카콜라의 세련된 빨간 광고판이 전 세계 6개 대륙에 있는 건물과 벽에 나붙었다. 코카콜라는 러시아 공산주의자들이 혐오하는 미국식 생활양식의 상징이 되었다(1970년대 러시아 지도자들은 펩시와 계약을 맺었다). 미국 미사일은 러시아를 겨냥하고 있고 러시아 미사일도 미국을 겨냥하고 있었지만 러시아 지도자들은 코카콜라가 국민성에 미칠 영향을 더 두려워하고 있었다. 심지어 프랑스에서도 공산당은 코카콜라 금지령을 내렸다.

코카콜라 주식을 사서 이익을 보려면 가격이 폭등한 1958년까지 약 20년 동안 주식을 팔지 않고 보유할 수 있는 인내심이 필요했다. 1958년 5,000달러 가치의 코카콜라 주식은 1972년에 10만 달러로 상승했다. 복권에 당첨되거나 범죄를 저지르지 않는 한 14년 만에 5,000달러를 10만 달러로 늘릴 수 있는 기회는 거의 없다.

1982년 폭락 때 코카콜라는 다른 주식과 마찬가지로 63%나 하락했고 1985년까지 3년 동안 주가가 회복되지 못했다. 그러나 1984년부터 1994년 사이에 코카콜라 주식 가격이 5,000달러에서 5만 달러로 상승하면서 인내심은 또다시 보상을 받았다.

공산주의와 코카콜라의 전쟁은 코카콜라의 승리로 끝났다. 공산주의자들은 파산했지만 코카콜라는 여전히 건재하기 때문이다. 코카콜라에 대한 최대의 위협은 러시아 공산주의가 아니라 바로 펩시콜라였다.

펩시콜라가 어려움을 겪고 있던 1930년대에 코카콜라가 펩시를 인수할 수 있었다고 생각할 수도 있다. 하지만 코카콜라는 펩시를 인수하지 않았고 펩시는 50년 후에 오히려 코카콜라에 위협적인 존재가 되었다. 1984년 펩시는 미국 시장에서 코카콜라의 매출을 앞질렀고 코카콜라의 마케팅 전략 부서는 펩시에 반격을 시도하라는 압력에 시달렸다. 코카콜라는 펩시와의 치열한 경쟁에서 이기기 위해 다이어트 콜라를 개발했다. 다이어트 콜라는 탄산음료 시장의 판도를 바꾸었고 수백만 명의 뱃살을 줄이는 데 공헌했다. 펩시의 위협이 없었다면 코카콜라는 다이어트 콜라를 만들어내지 못했을 것이다.

코카콜라의 우드러프 시대는 로버트 우드러프가 은퇴한 1950년대에 막을 내렸다. 그는 수억 달러를 제약 산업과 미술계 그리고 에모리 대학Emory University에 기부했다. 또 그가 기부한 애틀랜타 땅에는 질병통제예방센터가 설립됐다. 자신은 박물관이나 음악회를 가지 않았지만 애틀랜타 아트센터 얼라이언스Atlanta Art Center Alliance에도 사재를 기부했다. 기부를 거의 익명으로 했지만 사람들은 우드러프가 책임감 있는 기업가라는 사실을 알고 있었다. 우드러프를 제외하면 애틀랜타에 그렇게 부유하고 마음이 따뜻한 사람이 없다고 생각했다. 사람들은 우드러프를 '이름 없는 기부 천사'라고 불렀다.

1981년에 코카콜라 경영권은 로베르토 고이주에타Roberto Goizueta가 넘겨받았고 1997년까지 16년 동안 최고경영자로 코카콜라를 이끌었다. 고이주에타와 코카콜라 전 회장 돈 키오Don Keough는 환상의 콤비였다. 이들은 세계 195개 국가에서 물을 마시듯이 코카콜라를 마실 정도로 코카콜라 매출을 끌어올렸다. 아직도 물이 부족한 국가가 많다는 것은 안타까운 일지만 코카콜라에는 물 대신 콜라를 마시는 것이 더 좋은 일이다.

고이주에타 자신도 입지전적인 인물이다. 그는 카스트로의 혁명 때 재산을 모두 잃은 쿠바의 부유한 사탕수수 농장 가문 출신이다. 그는 쿠바에 있는 코카콜라 지점에서 일했고 카스트로가 정권을 잡은 이후 코카콜라 바하마 지사에서 근무했다. 바하마 지사에서 애틀랜타에 있는 본사로 옮겨간 후 22년 만에 말단사원에서 최고경영자로 승진했다.

대중들 사이에서 코카콜라의 인기는 끝이 없었지만 월가가 이를 깨닫는 데는 오랜 시간이 걸렸다.

리글리, 상품의 개발

윌리엄 리글리 주니어William Wrigley Jr.는 1891년 시카고에 있는 아버지의 비누공장 영업을 담당하기 위해 필라델피아를 떠났다. 시카고에 있는 공장은 비누 외에도 베이킹파우더를 만들고 있었는데 베이킹파우더를 사면 요리책을 공짜로 주는 방식으로 마케팅을 했다. 베이킹파우더의 인기가 높았기 때문에 비누 사업은 포기하기로 결정했다.

리글리는 베이킹파우더의 사은품으로 요리책 대신 껌을 주기로 했다. 사은품으로 지급한 껌이 인기가 높아지자 이번에는 베이킹파우더 사업을 정리하고 껌을 제조하기로 했다.

리글리의 스피어민트 껌은 이미 1893년에 시장에 출시됐다. 하지만 코카콜라와 마찬가지로 처음부터 인기를 끌지는 못했다. 그러나 1910년에는 미국인들이 가장 좋아하는 상표가 되었다. 리글리는 1915년 매출을 늘리기 위한 마케팅의 일환으로 미국 전화번호부에 등록된 모든 사람에게 무료로 샘플을 보내기도 했다.

캠벨 수프, 매도의 시점

화학 광이었던 존 도런스John T. Dorrance 박사는 대학 4곳의 교수직 제안을 거절하고 삼촌인 아서 도런스와 조셉 캠벨이 운영하는 수프 회사에 취직했다. 도런스 박사는 수프 회사에서 농축된 수프를 만드는 방법을 개발했고 캠벨을 단독으로 경영하기 위해 삼촌의 지분을 인수했다. 삼촌 입장에서 보면 큰 실수였다. 캠벨의 수익은 계속 증가했고 현재 114억 달러의 매출을 자랑하는 대기업이 되었기 때문이다.

여가 시간을 이용해 열심히 주식 투자를 했던 도런스 박사는 1929년 대공황이 오기 전에 주식 브로커의 말을 믿고 자신의 주식을 모두 팔아 버렸다. 이는 지금까지 주식 브로커가 해준 최고의 조언이었다.

리바이스, 특허 획득

리바이 스트라우스Levi Strauss는 독일에서 미국에 이민 온 이주민이었다. 그는 1849년 골드러시 때 금을 캐기 위해 캘리포니아로 몰려든 광맥 탐사꾼들에게 천막용 천으로 만든 바지를 팔았다. 대부분의 광맥 탐사꾼은 빈손으로 고향으로 돌아갔지만 스트라우스는 청바지를 팔아 큰 돈을 벌었다. 그는 1873년에 청바지에 대한 특허를 획득했다.

스트라우스의 회사는 1971년 기업을 공개하기 전까지는 개인 회사였다. 그러나 1985년 시장에서 유통되는 주식을 모두 사들여 다시 개인 회사가 되었다.

리바이스, 캠벨, 리글리 껌, 코카콜라는 100년 이전에 시작된 기업이다. 당시 미국인들의 생활은 지금처럼 복잡하지 않았고 기업의 발전에 장애가 되는 변호사도 많지 않았다. 그렇다고 현대 미국에서 빈손으로 기업을 설립할 수 없는 것은 아니다. 벤앤제리, 빌 게이츠, 버나드 마커스는 아이스크림과 소프트웨어, 철물점으로 시작해 성공한 사람들이다.

벤앤제리, 주식 발행

벤 코헨Ben Cohen과 제리 그린필드Jerry Greenfield는 롱아일랜드에 있는 중학교에서 만났는데, 몇 년 뒤에 두 사람은 히피가 되었다. 벤은 대학을 중퇴한 다음 택시 운전과 햄버거 판매, 청소, 경마장 경비, 도자기상 등을 하면서 지냈다. 그는 한때 애팔래치아 산맥에서 애디론댁 Adirondack 족이 사는 통나무집에 살기도 했다. 그의 모습은 턱수염이 불룩한 배까지 내려올 정도로 길었다.

그리고 제리는 오하이오에 있는 오벌린 대학Oberlin College에 진학했다. 제리는 대학에서 배우는 교과목 외에도 사교에 필요한 다양한 게임과 기술을 습득했다. 그는 의대에 지원했지만 합격하지 못했다. 그는 벤보다 체격이 더 마른 편이었고, 그런지 스타일Grunge style(1980년대 엘리트주의에 대한 반발로 시작된 초라하고 남루한 옷차림 - 역자)이 유행하기 오래전부터 허름한 옷차림을 하고 있었다.

1978년, 두 사람은 뉴욕주에 있는 휴양지 사라토가 스프링스에서 우연히 다시 만나게 되었다. 하지만 마땅한 일을 찾지 못하자 둘이 합심하여 아이스크림 가게를 시작하기로 했다. 제리는 5달러를 내고 통신 판매로 아이스크림 제조법을 배웠다. 그들이 저축한 6,000달러에 벤의 아버지에게 빌린 2,000달러를 합친 돈으로 버몬트 벌링톤에 있는 낡은 주유소의 지붕과 벽을 개조한 다음 스쿱 숍Scoop Shop이라는 아이스크림 가게를 시작했다.

손님들은 벤앤제리의 아이스크림을 마음껏 먹을 수 있었다. 아이스크림의 양도 많았고 크림 성분도 많이 들어 있었다. 또 토핑으로 과일이나 초콜릿도 듬뿍 넣어주었다. 벤앤제리 아이스크림은 지방과 콜레스테롤 수치가 높았지만 당시 미국인들은 콜레스테롤에 그다지 신경을 쓰지 않았기 때문에 벤앤제리 아이스크림을 마음껏 먹었다.

벤앤제리 아이스크림은 곧 큰 인기를 끌게 됐고 손님들이 몰리면서 가게가 비좁아졌다. 벤과 제리는 아이스크림 공장을 세우기로 결정했다. 이들은 필요한 자금을 지원받기 위해 벤처 캐피털리스트에게 갈 수도 있었지만 주식시장에서 직접 자금을 조달하기로 했다. 1984년 주당 10.5달러에 7만 3,500주를 팔아 약 75만 달러를 모을 수 있었다. 대기업 기준으로는 얼마 안 되는 돈이었지만 공장을 짓기에는 충분했다.

벤과 제리는 아이스크림 회사가 지역 주민을 위한 회사가 되도록 버몬트 거주자에게만 주식을 판매했다. 당시 버몬트 주민들은 경제적으로 여유가 없어 한 사람이 한 주씩 주식을 샀다. 10년 뒤 벤앤제리 주식은 최초 공모가의 10배가 되었다. 벤앤제리 아이스크림은 꽤 재미있는 공개 기업이다. 벤과 제리는 티셔츠에 아래위가 하나로 이어진 점프슈트를 작업복으로 입고 일했고 양복을 입지 않았다. 그들은 록 스타 제리 가르시아Jerry Garcia를 기념하기 위해 한 아이스크림에 체리 가르시아Cherry Garcia라는 이름을 붙였다. 연례 주주총회에서 벤이 배 위에 벽돌을 얹어 놓으면 제리가 망치로 벽돌을 깨트리는 깜짝쇼를 하기도 했다.

벤앤제리 아이스크림 회사에서는 근로자와 경영진이 큰 차이가 없다. 주차장에는 여기저기가 움푹 파인 폭스바겐이 가득하다. 간부들도 회사의 정규 기준에 의해 월급을 받는다. 이는 모든 사람이 일정 수준 생활을 유지할 수 있어야 한다는 생각에 따른 것이다. 직원들 간의 급여 차이가 적다 보니 경영자와 근로자 사이의 친분이 두텁고 주말에 파티도 자주 열린다. 벤앤제리 아이스크림 공장에서는 로큰롤이 흘러나오고 직원들은 음악에 맞춰 춤을 춘다. 그리고 여름 내내 야외극장에서 무료 영화를 상영해준다.

또한 벤앤제리 아이스크림에 들어가는 우유는 지역의 낙농업자에게 매입하기 때문에 버몬트의 낙농업에 큰 도움을 주었다. 심지어 벤앤제리에서는 지역의 농부들을 위해 더 비싼 가격을 주고 우유를 구매하기도 했다. 그리고 매년 연간 수익의 7.5%를 자선단체에 기부했다.

미국이 아니라면 어느 나라에서 히피 2명이 5달러를 투자해 업계 3위의 아이스크림 회사를 만들 수 있겠는가? 물론 벤앤제리도 한때 위기였던 적이 있다. 콜레스테롤의 위험성이 알려지면서 사람들이 벤앤제리의 지방이 풍부한 아이스크림을 더 이상 먹지 않았기 때문이다. 벤앤제리는 시대에 맞춰 변화했고 과거 고객들이 좋아했던 지방 성분이 많은 아이스크림 대신에 저지방 아이스크림과 요구르트를 생산했다.

그리고 1994년, 벤은 최고경영자 자리에서 물러났다. 그는 최고경영자라기보다는 아이스크림을 먹는 걸 더 좋아한 사람이었다. 회사는 벤을 대신할 최고경영자를 공개 모집했다. 벤앤제리의 최고경영자가 되기 위해서는 일반적인 이력서 외에 추가로 재미있는 아이디어를 제출해야 했다. 벤앤제리의 새로운 최고경영자로 뽑힌 사람은 시를 써낸 후보자였다.

마이크로소프트, 한 우물을 파라

빌 게이츠의 원래 이름은 윌리엄 헨리 게이츠 3세William Henry Gates III
로, 1955년에 태어났다. 그는 워싱턴주 벨러뷰Bellevue의 교외 지역에서
자랐고 레이크사이드 스쿨Lakeside School을 다녔다. 레이크사이드 스쿨
은 전산실을 갖추고 있었는데 1960년대에는 상당히 드문 시설이었다.
빌 게이츠는 이러한 환경의 장점을 최대한 이용했다.

빌 게이츠는 그 당시 컴퓨터의 매력에 완전히 빠져 있었다. 그는 친
구인 폴 앨런과 함께 전산실에서 많은 시간을 보냈다. 폴 앨런은 학교
2년 선배였다. 빌 게이츠는 부모님이 당분간 컴퓨터를 하지 말라고 이
야기할 정도로 컴퓨터에 몰입해 있었다. 빌은 마지못해 부모님의 뜻을
따랐지만 마음속에서는 컴퓨터에 대한 그리움이 점점 더 커졌다.

게이츠와 앨런은 당시 아주 기초적인 장비와 소프트웨어를 가지고
여러 가지 실험을 했다. 당시에는 교재도 없고 DOS 같은 운영 체제 사
용법을 알려주는 책도 없었다. 그들은 소프트웨어를 처음으로 개발해
야 하는 처지였다. 한편 수백 마일 남쪽 캘리포니아에서는 두 명의 스
티브(잡스와 워즈니악)가 애플 컴퓨터를 만들고 있었다.

과학자와 엔지니어들은 청바지에 티셔츠를 입고 있는 젊은 해커들
이 홀로 개발한 프로그램을 만들 수 없었다. 게이츠와 앨런은 고등학
교를 졸업하기 전에 이미 컴퓨터 프로그래밍 분야의 전문가가 되어 있
었다.

게이츠는 하버드에 진학해 변호사가 될 생각을 하고 있었고 앨런은
뉴멕시코에 있는 MITS라는 작은 컴퓨터 회사에 다니고 있었다. 교실과

포커 테이블과 학교 전산실을 오가던 게이츠는 곧 대학 생활에 싫증이 났다. 대학 생활에 흥미를 잃자 게이츠는 하버드를 중퇴하고 뉴멕시코에 있는 앨런의 회사에 취직했다. 두 사람은 이미 베이직BASIC이라는 새로운 컴퓨터 프로그래밍 언어를 개발해놓고 있었다.

MITS는 인텔이 개발한 컴퓨터 칩에 맞는 베이직 버전을 개발하기 위해 앨런을 고용한 것이었다. 그러나 베이직이 커다란 성공을 거두자 다른 컴퓨터 제조사들도 운영 체제로 베이직을 사용하고 싶어 했다. 이 때문에 게이츠와 앨런 그리고 MITS 사이에 베이직에 대한 권리가 누구 것인지를 놓고 소송이 벌어졌다. 법원은 게이츠와 앨런이 MITS에 합류하기 전에 이미 베이직 언어를 개발했다며 게이츠와 앨런의 손을 들어줬다. 게이츠와 앨런은 자유롭게 베이직 언어를 판매할 수 있었고 고스란히 판매 수익을 챙길 수 있었다.

게이츠는 MITS를 떠나기 훨씬 전에 마이크로소프트라는 자신의 회사를 시작했다. 베이직 소송이 끝난 뒤에 게이츠는 모든 역량을 마이크로소프트에 집중했다. 마이크로소프트는 형식과 조직을 중요시하지 않았고 직원들은 미친 듯이 일했다. 컴퓨터가 사무실 여기저기에 흩어져 있었지만 책은 쉽게 찾아 볼 수 있도록 정리돼 있었다. 방문객들은 사장 사무실을 슬쩍 들여다보면서 "게이츠 사장님, 책상에서 일하고 있는 저 아이는 누군가요?"라고 물었다. 그 '아이'가 바로 빌 게이츠였다. 그는 당시 25살이었지만 실제 나이보다 훨씬 어려 보였다.

한 번의 성공은 또 다른 큰 성공으로 이어졌다. 1980년 마이크로소프트라는 작은 회사는 거대 컴퓨터 회사인 IBM과 사운을 건 중대한 협상을 하게 되었다. IBM은 새로운 퍼스널 컴퓨터를 개발했는데 거기에 맞는 소프트웨어 시스템이 필요했다. 게이츠는 IBM과 미팅에서 IBM 경영진에게 깊은 감명을 주었고 일생일대의 제안을 받았다. IBM과의 계약에 따라 철저히 비밀로 일하면서 게이츠와 그의 동료들은 MS-DOS를 만들어냈다.

사람들은 인류의 공통 언어를 만들어내는 데 실패했지만 마이크로소프트는 컴퓨터 세계에서 공통의 언어를 개발하는 데 성공했다고 볼 수 있다. 당시 지구상의 컴퓨터 가운데 75%가 MS-DOS를 사용하고 있었기 때문이다.

IBM이 MS-DOS에 대한 권리의 일부를 요구할 정도로 현명했다면 IBM 주가는 지금보다 훨씬 높은 가격에 거래되고 있을 것이다. 하지만 IBM은 마이크로소프트가 모든 권리를 소유할 수 있도록 했고 이 때문에 현재 마이크로소프트가 수십억 달러의 매출을 자랑하는 대기업으로 발전하게 되었다. 이 이야기의 교훈은 누군가를 부자로 만들고 싶다면 한 우물을 파게 하라는 것이다.

홈디포, 무리한 확장보다 내실을 다져라

홈디포Home Depot는 핸디 댄 홈 센터Handy Dan Home Center에서 해고된 경영자 세 사람이 시작했다. 자신들을 해고한 사람보다 더 잘할 자신이 있었기에 세 사람은 새로운 핸디 댄을 만들기로 했다. 현재 핸디 댄 홈 센터 매장은 사라졌지만 홈디포는 미국 어디에서나 볼 수 있다.

이 같은 결정은 홈디포를 시작한 세 사람에게는 중대한 사업에 대한 전주곡에 불과했다. 이들은 벤처 캐피털리스트를 설득해 자금을 조달하고 애틀랜타에 최초로 홈디포를 개설했다. 개점 행사는 실패였다. 개점 광고에 입장객 모두에게 무료로 1달러를 지급한다고 했지만 고객이 너무 적어 준비한 돈이 거의 그대로 남았다. 당시 사람들은 홈디포가 돈을 준다고 해도 홈디포에 가지 않았다.

하지만 다양한 상품과 저렴한 가격 그리고 모든 질문에 친절하게 답해주는 직원들 덕분에 고객들은 얼마 안 가 홈디포로 몰려들기 시작했다. 홈디포는 다른 대형 할인점이 어려움을 겪는 불경기에도 할인 행사를 할 정도로 인기가 높았다. 제이씨페니가 불경기로 애틀랜타에서 4개 점포를 철수할 때 홈디포는 이를 인수해 점포를 확장했다.

애틀랜타에서 사업에 확신을 갖게 되자 세 창업자는 대대적인 확장을 계획했다. 이들은 주식시장에서 직접 자금을 마련하기로 했다. 1981년 홈디포는 1주에 12달러를 받고 일반인에게 주식을 팔았다. 당시 12달러를 주고 산 홈디포 주식 1주의 현재 가치는 액면 분할을 감안하면 무려 3,308달러에 달한다.

1984년까지 홈디포의 점포는 19개로 늘었다. 1985년에 홈디포는 수익이 감소하면서 잠시 주춤거렸다. 너무 빠르게 점포를 확장하는 실수를 저지른 것이다. 홈디포는 1986년에 두 번째로 주식 공모에 나섰고 이를 통해 마련한 자금은 부채를 줄이는 데 썼다. 3년 뒤 홈디포는 미국에서 가장 큰 가정 수리용품 전문 할인점이 되었다. 1995년 미국 전역에 있는 홈디포 점포는 무려 365개에 달하고 연간 매출액도 140억 달러를 넘어섰다.

신화는 끝나지 않았다

미국이 점점 나이가 들어가고 힘이 빠지면서 위상이 약화되고 있는 것은 사실이지만 아직도 새로운 아이디어 면에서는 세계를 이끌고 있다. 음악, TV, 영화에서는 세계 1위를 지키고 있고 산림과 종이, 알루미늄, 화학제품 분야에서는 최저 비용으로 제품을 생산하고 있다. 월가는 여전히 주식 거래의 중심을 차지하고 있고 일본 은행들이 힘을 잃어가면서 은행 분야에서도 다시 주도권을 회복하고 있다.

믿기 어렵겠지만 미국의 철도는 다른 국가의 연구 대상이 될 만큼 화물 운송을 잘하고 있다. 미국의 화물 운송 시스템은 세계 도처에 있는 운송업자들의 부러움을 사고 있다. 물론 승객 운송 시스템은 개선해야 할 점이 많긴 하지만 말이다.

그리고 휴대폰과 전자 시험 장비, 의약품, 정보통신 장비, 농업 장비 분야에서는 세계 최고의 자리를 차지하고 있다. 미국은 또 유전공학과 반도체, 의료 분야에서도 선두를 지키고 있다. 수년 동안의 쇠퇴 이후 수출도 다시 살아날 기미를 보이고 있다. 이는 다른 국가의 소비자들이 다시 미국 제품을 사고 있다는 뜻이다.

미국은 철강을 한국으로, 반도체는 일본으로, 자동차는 프랑스로 수출하고 있다. 자전거 부품은 인도로 수송하고 있다. 전 세계 6개 대륙에 사는 남자들이 질레트 면도기로 수염을 깎는다. 세계의 하늘에는 미국 보잉사 항공기가 날아다닌다. 일본이 메모리 반도체와 TV, 팩스 등 전자제품 최고 수출국이지만 인텔, 마이크론, 마이크로소프트, 컴팩 컴퓨터와 같은 미국 기업의 창의성을 따라올 수는 없다. 그렇기 때문에 미국은 PC 분야에서도 1위 자리를 지키고 있다. 소프트웨어, 워크스테이션, 프린터, 컴퓨터 네트워크, 마이크로프로세서 분야에서도 사실상 미국이 독주하고 있다.

대기업뿐만 아니라 미국은 중소기업 분야에서도 세계를 선도하고 있다. 훌륭한 발명품 가운데 상당수는 작은 기업에서 나온 것이다. 우리는 지금까지 애플과 마이크로소프트의 사례에서 몇 명의 청년들이 어떻게 컴퓨터 산업의 판도를 바꾸었는지 목격했다. 마이크로소프트와 애플의 전철을 밟은 젊은이들이 20년 후에도 소프트웨어 개발 분야에서 활발하게 일하고 있을 것이다.

미국은 언론의 자유가 보장되는 국가이다. 언론은 비판 기사가 대중에게 더 인기가 높다는 것을 알고 있기 때문에 좋은 점보다 나쁜 점에 기사의 초점을 맞추려는 경향이 있다. 그래서 미국인보다 일본이나 독일 국민들이 훨씬 더 열심히 일한다는 이야기가 자주 보인다. 다른 국가가 미국을 추월하는 동안 미국인들은 이 채널 저 채널 돌리며 TV를 보고 있거나 학교를 빼먹고 농땡이를 치거나 원반던지기 놀이나 즐기면서 희희낙락한다는 말도 들린다.

미국은 칵테일 장식에 사용하는 작은 종이우산 만드는 일 말고는 아무것도 만들지 못하는 나라가 될 수밖에 없다고 비관론자들은 주장하고 있다.

그 중 자동차 산업은 비관론의 가장 대표적인 분야였다. 1960년대 이전에 미국은 자동차 산업에서 세계 최고의 자리를 지켰고 디트로이트는 자동차를 사랑하는 사람들의 메카였다. 그러나 1960년대 이후 미국 자동차 산업은 경쟁력을 잃기 시작했다. 근로자들은 노조를 통해 더욱 많은 임금을 요구했다. 이런 와중에 일본과 독일은 값싸고 세련된 자동차를 만들어 미국 자동차 시장을 공략했다. 값이 비싸고 품질이 떨어지는 미국 자동차 대신 수백만 미국 소비자들은 수입차를 선택하는 것이 당연할 수밖에 없었다.

언론과 학계에서 미국 자동차 산업의 쇠퇴와 몰락에 관한 기사와 책이 쏟아져 나왔다. 이들은 자동차 산업의 쇠퇴를 미국식 생활 방식의 몰락을 상징하는 것으로 받아들였다. 이런 종류의 책 가운데 가장 영향력이 컸던 책은 데이비드 핼버스탬David Halberstam이 저술한《심판The Reckoning》이었다.

포드와 제너럴모터스, 크라이슬러 그리고 미국의 미래가 암울하게 느껴지는 책이다. 그러나 이 책이 출판된 1986년에 크라이슬러는 파산에서 회생하고 있었고 포드도 대대적인 반격을 시작하고 있었다. 반면 닛산 등 일본 자동차 제조업체는 위상이 흔들리면서 미국 자동차 업체가 다시 승자로 떠올랐다.

이런 변화를 감지한 투자자들은 포드와 크라이슬러, 제너럴모터스 주식에 투자했고 큰 수익을 얻었다. 이들이 최적의 시기에 주식을 샀다면 크라이슬러는 15배, 포드는 10배, 제너럴모터스는 3배의 수익을 챙길 수 있었다.

미국 자동차 산업이 부활하는 데는 1년이나 5년이 아닌 상당히 오랜 시간이 걸렸다. 디트로이트가 자동차 산업의 정상 자리에서 내려오는 데 오랜 시간이 걸렸듯이 제자리를 찾는 데도 많은 시간이 소요됐다. 미국 자동차 산업의 부활은 많은 사람들을 놀라게 했다. 하지만 이는 실제 이면을 모르고 있었기 때문이기도 하다. 미국인들은 일본이 어떻게 자동차 산업을 지배하게 됐는지를 보고 있었다.

미니밴을 개발한 것은 일본 자동차 업체가 아니라 크라이슬러였다. 연료 효율이 높은 멋진 신 모델 차량을 내놓은 곳도 일본 자동차 회사가 아니라 포드, 크라이슬러, 제너럴모터스였다. 지프Jeep를 새로 디자인한 회사도 닛산이 아닌 크라이슬러였다. 유럽에서 가장 잘 팔리는 차동 차인 피에스타Fiesta는 도요타가 아닌 포드가 만들었다. 미국 자동차 업체들이 다시 힘을 얻게 되면서 미국 주식시장에서 일본인들의 영향력도 감소했다.

미국은 공장을 더 효율적인 방향으로 개조했다. 근로자들의 임금도 하락했고 생산원가도 떨어졌다. 이는 가격 하락으로 이어지면서 수입 제품보다 경쟁력을 갖게 되었다.

지난 20년간 미국인들은 스스로를 너무 부정적으로만 봐온 게 틀림없다. 미국 노동자들은 이제 세계에서 가장 높은 생산성을 갖게 되었다. 현재 미국 노동자는 1년에 4만 9,600달러 상당의 상품을 생산하고 있는데 이는 독일보다 5,000달러, 일본보다 1만 달러나 높다. 미국 노동자들은 매년 5주간 유급 휴가를 가는 독일 노동자들보다 더 많은 시간을 일하고 휴가는 적게 간다.

사실 미국 노동자들은 하버드 대학의 줄리엣 스코어Juliet Schor 교수가 《과로에 시달리는 미국인Overworked Americans》에서 지적한 것처럼 부지런히 일하고 생산성도 높다. 언론이 부지런한 일본인들과 비교하면서 미국인들이 빈둥거린다는 인상을 깊게 심어 놓은 상태에서 미국인들이 너무 열심히 일한다는 사실을 발견한 것은 일종의 충격이었다.

하지만 이것이 미국에 아무런 문제가 없다는 뜻은 아니다. 지난 20년 동안 미국의 경제 성장률은 그 이전 10년보다 많이 낮아졌고 저임금 근로자의 급여는 전혀 오르지 않았다. 도심에서는 범죄가 늘고 실업률도 높아졌다. 도심에 사는 아이들 중 절반 정도가 고등학교도 졸업하지 못하고 있다. 제대로 된 교육을 받지 못한 아이들은 컴퓨터와 첨단 기술 발달로 새로 생긴 좋은 일자리에 지원할 자격도 얻지 못할 것이다. 아직 이런 문제점이 해결되지 않았더라도 비관론이 더 이상 확대되지는 않을 것이다. 제2차 세계대전이 끝난 1940년대 후반, 군과 방위 산업 분야에서 1,000만에서 2,000만 명의 실직자가 쏟아져 나왔을 때도 이와 비슷한 비관론을 경험했다. 전체 노동인구의 3분의 1이 일자리를 새로 찾아야 했다. 이는 최근 미국에서 발생한 그 어떤 실업 사태보다 심각했다. 언론 보도를 보면 지금이 전쟁 직후보다 더 심각한 것 같다는 생각이 든다.

사실 1950년대는 지난 20세기 동안 1980년대를 제외하면 경제가 가장 좋은 시기였다. 따라서 당시 미국인들의 비관론은 1990년대 전반에 대한 기대와 예상이 빗나간 것처럼 잘못된 것으로 판명됐다.

기업의 영웅들

우리는 학교에서 햄릿이 영웅인지 겁쟁이인지, 리어왕이 어리석은 사람인지 탐욕스러운 딸의 희생양인지, 나폴레옹은 위대한 장군인지 폭군인지를 놓고 토론을 벌인다. 하지만 월마트 창업자인 샘 월튼이 악당인지 영웅인지 토론하는 모습은 찾아볼 수 없다. 샘 월튼은 월마트를 창업하면서 큰 부자가 됐다. 이것이 좋은 일일까 아니면 나쁜 일일까? 디즈니의 마이클 아이스너Michael Eisner는 어떤 사람일까? 아이스너는 돈 많은 욕심쟁이일까 아니면 기업을 구원한 사람일까?

풋볼 선수인 조 몬태나Joe Montana는 미국 사회에 많은 공헌을 한 유명 인사이다. 하지만 몬태나는 어떤 면에서 크라이슬러의 리 아이아코카나 월마트의 샘 월튼과 비교될 수 있을까? 일자리를 예로 들면 누가 더 많은 일자리를 만들어냈을까?

아이아코카는 조 몬태나처럼 마지막 4쿼터에서 두 번 터치다운을 당한 팀을 역전으로 구해낼 수는 없다. 그러나 아이아코카는 1981년과 1982년에 파산 직전에 있던 크라이슬러를 살려냈다. 아이아코카가 크라이슬러를 파산에서 구하지 못했다면 무슨 일이 벌어졌을지 상상해보라. 11만 5,948명의 근로자가 직장을 잃고 실직자가 됐을 것이고 타이어 제조업체, 알루미늄, 강판, 자동차 유리, 가죽시트 등을 제공하는 협력 업체도 크라이슬러의 파산과 함께 무너졌을 것이다. 크라이슬러를 구함으로써 아이아코카는 30만 명 이상의 일자리를 지켜주었을지도 모른다. 조 몬태나는 얼마나 많은 사람들의 일자리를 보호해주었을까? 몬태나는 많은 팬들을 관중석에 앉힘으로써 간접적으로 표 판매원과 핫도그 매점에서 일하는 사람들의 일자리를 지켜주었다. 그러나 아이아코카가 지켜준 일자리는 핫도그 판매상과는 비교가 안 된다. 많은 사람이 1시간에 20달러를 받는 숙련된 노동자들이었다. 30만 명 이상의 고임금 노동자들은, 자식들을 대학에 보내게 해주고 두 번째 집을 사게 해주고 휴가를 갈 수 있게 해준 아이아코카에게 고마워해야 할 것이다.

GE의 회장을 지낸 잭 웰치가 엘튼 존보다 더 중요한 인물인가? 머크Merck가 많은 혁신적인 약품을 개발할 수 있도록 도와준 로이 바젤로스Roy Vagelos 박사도 조디 포스터나 다이애나 공주보다 더 중요한 사람이 아닐까? 만일 투표로 더 중요한 인물을 결정한다면 우리는 웰치와 바젤로스에게 투표할 것이다. 그러나 일반인들에게는 던킨 도넛 TV 광고에 나오는 제빵사가 이 책에서 소개할 기업가들보다 더 유명하다.

여러분은 앞으로 한 기업과 관련해 두 명의 이름이 언급되는 경우를 볼 것이다. 이들은 회사를 설립한 사람과 그 회사를 잘 경영한 사람이다. 유명 기업인들이 바로 1990년대의 '보이지 않는 손'이다. 지금이 18세기라면 애덤 스미스는 현대의 기업가들에게 깊은 감명을 받았을 것이다. 다른 나라에서 일하고 있는 유명 기업인들도 전 세계에서 자본주의의 전도사 역할을 하고 있다.

하지만 유명한 기업가 순위에 소수 민족과 여성이 많지 않다는 것은 안타까운 일이다. 갭Gap의 창업자인 도리스 피셔Doris Fisher만이 유일하게 유명 기업인 명단에 포함됐다. 앞으로는 많은 젊은이가 기업 운영에 뛰어들면서 여성과 소수민족 출신의 성공한 최고경영자가 더 많아질 것으로 확신한다. 아마도 이 책을 읽은 뒤에 피터 린치의 세 딸 메리, 애니, 베스와 로스차일드의 두 딸인 번스와 샤샤가 기업을 경영하겠다고 자극을 받을지도 모르겠다.

미국 기업의 경영자들은 돈을 많이 벌어 자가용 제트기를 타고 전 세계 골프 코스를 돌아다니는 것이 인생의 목표인 사람들이 아니다. 프레드 스미스Fred Smith는 돈을 벌기 위해 페더럴 익스프레스Federal Express를 시작한 것이 아니다. 스미스는 이미 돈이 많은 사람이었다. 그는 우체국보다 더 좋은 우편물 배달 시스템을 만들고 싶어 페덱스를 시작했다. 스미스가 성공했기 때문에 우체국 서비스도 좋아졌다. 우체국은 눈이 오나 비가 오나 우편물을 운송하는 데서 더 발전해 익일 우편물 배달 서비스도 시행하고 있다.

기업가들이 많은 돈을 벌었다는 이유로 은행 강도나 사기꾼 비슷하게 나쁜 사람으로 인식되곤 한다. 기업가가 자기 급여를 1,000만 달러로 높여 돈을 번 것으로 알려져 있지만 사실 그 돈은 회사에서 나온 것이 아니다. 이것이 바로 기업가를 질시하는 사람들이 잘못 알고 있는 부분이다. 대부분의 경우 기업가가 많은 돈을 버는 것은 기업 주식을 소유하고 있기 때문이다. 기업에서 위치가 올라갈수록 급여를 현찰로 받기보다 주식으로 받을 확률이 높다. 경영진은 정해진 가격에 더 많은 주식을 살 수 있는 기회인 옵션option을 갖게 된다.

하지만 기업이 잘돼서 주가가 올라갈 때만 이런 혜택을 누릴 수 있다. 기업 실적이 나쁘고 주가가 떨어지면 경영진은 오히려 월급을 받을 때보다 더 큰 손해를 볼 수도 있다.

주식으로 급여를 받으면 기업의 경영자는 주주 입장이 된다. 경영자가 많은 돈을 벌면 주식을 소유하고 있는 투자자에게도 수익이 돌아간다. 이는 모두에게 이익이 되는 윈-윈 상황이다.

마이클 아이스너Michael Eisner가 디즈니 주식으로 5,000만 달러를 벌었을 때 우리는 야유를 보내는 대신 격려했어야 했다. 마이클 아이스너가 창립주인 디즈니의 주가는 현재 주당 68센트로, 크고 작은 투자자들도 주가 상승의 혜택을 누리고 있기 때문이다.

다른 최고경영자들처럼 아이스너도 이미 많은 돈을 벌었지만 여전히 매일 일을 한다. 돈이 많은데 구태여 일하는 이유는 무엇일까? 비록 현재는 디즈니에서 퇴사했지만 아이스너는 경쟁에서 이기는 것을 즐기고 싶어서 일을 했다. 기업 경영은 힘과 영리함과 현명함을 요구한다. 생산 조립 라인은 단조롭지만 이사회 회의실이나 사장실은 그렇지 않다.

프레드 스미스는 우체국에 교훈을 주기 위해 페덱스를 만들었고 일자리도 창출했다. 이번 장에서 소개하는 모든 기업가는 많은 일자리를 만들었다는 점에서 존경받아야 한다.

최근 실업에 대한 뉴스가 많아졌다. 지난 2~3년 동안 뉴스를 보면서 미국에는 더 이상 남아 있는 일자리가 없는 것 같은 생각이 들 수도 있다. 신문을 펼칠 때마다 눈에 띄는 기사는 기업의 대규모 감원 소식뿐이다. 기자는 감원 기사를 쓰기 위해 별도로 열심히 취재할 필요가 없다. 1980년대 당시에 미국의 500대 기업들은 약 300만 명을 감축했고 1990년대에도 비슷한 규모로 감원을 했기 때문이다.

직장에서 해고당하는 것은 개인에게 매우 고통스러운 일이지만 국가를 위험에 빠트리는 것은 아니다. 경제라는 큰 틀에서 보면 감원은 건전한 것이다. 기업은 충실한 직원들을 해고시키고 나서 기뻐하는 스크루지 영감이 아니다. 대부분의 경우 감원이나 해고는 자연적으로 이뤄진다. 곧 은퇴할 예정인 직원들이 새로운 사람들로 대체되는 것이다. 그러나 해고에는 목적이 있다. 기업을 더 경쟁력 있게 만들고 미래 환경에서 살아남기 위한 것이다.

1980년대 미국 500대 기업이 해고한 300만 명을 감원하지 않고 계속 유지했다면 어떤 일이 생겼을지 상상해보라. 엄청나게 증가한 급여 때문에 망했을지도 모른다. 기업은 경쟁에서 살아남지 못했을 것이다.

비용을 낮춘 더 효율적인 기업은 그렇지 못한 기업을 퇴출시켰을 것이다. 경쟁에서 탈락한 기업이 많아지면 300만 명의 일자리가 사라지는 대신 1,000만 명이나 1,500만 명이 실직했을 수도 있고 아니면 또 다른 대공황을 경험했을 수도 있다.

이제 302쪽 표에 소개한 25개 기업에 대해서 살펴보기로 하자. 수십년 동안 계속 성장해온 기업(맥도날드, 월그린, 레이테온), 어려움을 겪다가 경영자가 바뀌면서 회생한 기업, 전성기가 지났다고 생각했으나 놀라운 성취를 통해 다시 성장을 회복한 기업이라는 3개 카테고리로 분류할 수 있다.

크라이슬러, 콜게이트Colgate, 얼라이드 시그널Allied Signal, 캐터필러Caterpillar, 패니 메이Fannie Mae, 시티코프Citicorp는 대표적인 회생 기업이다. 전성기를 지났지만 성장을 회복한 기업에는 대단한 성장률을 기록한 코카콜라와 질레트, 모토로라, 머크Merck가 포함돼 있다. 패니 메이에는 두 명의 훌륭한 경영자가 있었다. 데이비드 맥스웰David Maxwell과 짐 존슨Jim Johnson이다. 패니 메이의 공식 이름은 연방저당증권협회Federal National Mortgage Associations로 미국에서 가장 많은 주택저당증권을 보유하고 있다. 데이비드 맥스웰이 최고경영자로 부임했을 때 패니 메이는 한 해는 흑자를 내고 다음 해는 적자를 내는 등 수익이 매우 불안정한 상태였다. 맥스웰은 패니 메이를 개혁해 확실하게 흑자를 내는 기업으로 바꾸어 놓았다.

존슨은 1991년 사장으로 취임했다. 존슨의 지도 아래 패니 메이는 수익이 2배 이상으로 증가했고 미래의 수익도 훨씬 변동성이 적고 안정적으로 변했다. 미국 전체 주택저당증권의 20%가 직간접적으로 패니 메이의 영향을 받고 있을 정도로 거대한 회사지만 직원 수는 3,000명에 불과했다.

패니 메이 직원들의 운명은 주택 담보로 대출해줄 수 있는 능력에 따라 좌우된다. 이 회사가 부실해지면 신규 주택시장과 기존 주택시장이 모두 붕괴될지도 모른다. 주택 건축업자, 카펫 업자, 부동산 중개인, 보험사, 은행, 가전제품 판매점, 철물점, 가정용품점 등도 어려움에 빠질 것이다.

휼렛 패커드는 전자 산업 분야에서 시험 장비와 계측 장비를 제조하는 회사였다. 표에서 보는 것처럼 휼렛 패커드는 1975년에 9억 8,100만 달러의 매출을 올렸지만 20년 후에는 매출이 300억 달러로 증가했다. 시험과 계측 장비 분야는 전체 매출에서 11%에 불과했다. 매출의 78%는 프린터와 컴퓨터에서 발생했다. 15년 전에 휼렛 패커드는 프린터 제조사가 아니었다. 하지만 지금은 프린터와 프린터 관련 제품을 90억 달러에서 100억 달러 정도 팔면서 프린터 업계의 골리앗으로 성장했다. 프린터 분야에서 얻은 휼렛 패커드의 브랜드 이미지는 컴퓨터 판매에도 도움을 주고 있다. 휼렛 패커드는 세계 개인용 컴퓨터 시장에서 6위의 시장 점유율을 기록하고 있다(이 책의 통계는 1990년대 중반 기준이다).

휼렛 패커드는 IBM의 절반 정도 규모로 성장했다. 그러나 1975년의 휼렛 패커드는 지금의 15분의 1 규모로 작은 회사였다. 휼렛 패커드는 새로운 제품과 아이디어를 내도록 직원을 격려함으로써 성장해왔다. 이런 혁신을 이끈 최고경영자는 존 영John Young이다.

기업의 경쟁력을 강화하는 움직임은 1982년으로 거슬러 올라간다.

당시에는 미국 경제가 제2차 세계대전 이후 최악의 경기 침체에서 막 벗어나던 시기였다. 자동차 산업은 희망이 없었고 실업률도 높았으며 미국인들은 미국이 쇠퇴하고 있다고 생각했다.

이런 전체적인 위기 속에서 기업 지도자들은 중대한 결정을 내렸다. 기업을 경영하는 방식을 바꾸기로 결정한 것이다. 1982년 이전에 경영자들은 호황기에는 직원을 늘리고 불경기에는 감원하면서 경기 순환에 적응했다. 기업들은 경기가 나빠지면 우선 연장 근무를 중단하고 다음 단계로 나이 든 직원을 조기 퇴직시키는 등 단계적 대응 조치를 취했다. 하지만 1982년 이후 기업들은 기업의 전체적인 효율을 높이는 데 힘을 쏟았다. 이런 변화를 월가에서는 기업 개선, 기업 구조조정, 다운사이징이라고 지칭했다. 사람들이 무엇이라고 부르든 기업의 이런 움직임은 불경기에 살아남기 위한 것이 아니라 더 많은 이익을 내고 경쟁력을 높이기 위해서 비용을 절감하고 생산성을 높이는 조치였다. 존슨앤존슨은 무려 30년 동안 연속해서 이익이 증가한 전무후무한 기록을 가지고 있다. 과거의 시스템에서 존슨앤존슨 같은 회사는 기업 개선이나 효율화에 신경을 쓸 필요가 없었다. 그러나 새로운 경제 환경에서는 존슨앤존슨 같은 훌륭한 기업도 경쟁력을 유지하기 위해 끊임없이 새로운 제품을 개발해야 한다는 사실을 깨닫고 있었다.

이것이 바로 지난 15년 동안 기업의 수익성이 높아진 이유이고 기업의 주가가 과거 어느 때보다 급격하게 상승한 이유이다. 현재 미국은 1982년보다 훨씬 잘사는 나라가 되었고, 이는 상당 부분 구조조정 등 경쟁력을 높이기 위해 기업들이 노력한 덕분이다. 언론은 이런 사실을 인식하지 못한 채 여전히 미국의 기업가들을 골프 치기에 바쁜 사람들로 알고 있다.

기업은 더 이상 최고의 자리에 안주하지 않는다. 올해 최고 수익을 기록할 수도 있지만 앞으로 10년 뒤에 어떻게 변할지 항상 걱정하고 있다. 팬암, 이스턴, 브래니프 항공처럼 경쟁력을 상실해 파산하고 싶어하는 기업은 단 한 곳도 없다. 항공사 파산으로 수만 명의 근로자가 직간접적으로 일자리를 잃었을 것이다.

경쟁력을 유지하는 것은 직원을 해고하고 비용 절감을 위해 전기를 아끼는 차원의 문제가 아니다. 한 기업이 1억 달러를 투자해 새로운 공장을 건설했는데 근로자들의 생산성이 과거보다 15% 정도 향상됐다고 가정해보자.

생산력 15% 향상은 수많은 사람들에게 도움이 된다. 기업은 임금을 5% 인상함으로써 직원들을 행복하게 해줄 수 있다. 또 제품 가격을 5% 정도 내려 소비자들에게도 이득이 될 수 있다. 15% 생산성 향상으로 얻은 이익은 다른 방법으로 배분될 수도 있다. 어쨌든 중요한 것은 기업이 경쟁력을 갖게 되면 많은 이점과 혜택이 있다는 것이다.

생산성을 향상시키는 또 다른 방법이 있다. 불량이 적은 제품을 만드는 것이다. 상품의 불량률이 낮다는 것은 소비자의 불만이 적어진다는 뜻이다. 소비자의 불만 전화도 줄고 상품을 교환해주는 데 들어가는 운송비도 감소하며 불량 제품 수리비도 줄어든다. 결국 불량률을 5%에서 0.5% 정도 더 줄이는 기업은 성난 소비자들을 달래고 불량제품 수리에 들어가는 엄청난 시간과 돈을 절약할 수 있다.

이 단원의 마지막에 나오는 표에는 중소기업을 대기업으로 키운 성공한 기업가들이 나열돼 있다. 하지만 이들이 창출한 새로운 일자리에 대해서는 잘 알려져 있지 않다. 앞서 설명한 것처럼 1980년대에 약 300만 개의 대기업 일자리가 사라졌고 1990년대에도 비슷한 규모의 사람들이 직장을 잃었다. 하지만 1980년대에 중소기업이 2,100만 개의 새로운 일자리를 만들었다는 이야기를 들어본 적이 없을 것이다. 이런 이야기는 주요 뉴스로 다뤄지지 않았다.

중소기업이 만든 일자리 수를 정확하게 알 수는 없다. 그러나 1980년대 210만 개의 새로운 기업이 생겨났다는 것은 확실하다. 어떤 기업은 다른 기업보다 규모가 크고 또 일부 기업은 성공했지만 실패한 기업도 있다. 그러나 중소기업이 평균 10명 정도를 고용한다고 가정하면 2,100만 개의 일자리가 새로 생겨난 셈이다. 이는 언론이 보도한 대규모 일자리 감소보다 7배나 많은 수치이다.

210만 개의 새로운 회사 가운데 주식시장에서 기업을 공개할 정도로 크게 성공하는 기업은 소수에 불과하다. 이 단원 마지막 부분에 있는 성공한 기업 명단에는 가장 성공한 25개 중소기업이 포함돼 있다. 이들이 짧은 시간에 성공한 것을 보면 정말 놀랍다. 1985년을 기준으로 25개 중소기업의 매출액을 모두 합치면 308억 달러로 당시 엑손 매출액의 절반에도 미치지 못했다. 1985년 IBM의 수익은 25개 중소기업의 이익을 모두 합한 것보다 무려 4배가 많았다. 당시 25개 중소기업에서 일하는 직원들은 35만 8,000명이었고 대기업 직원 수는 260만 명에 달했다.

그러나 10년 후에 어떤 변화가 일어났는지 살펴보자. 우리 명단에 포함된 대기업들은 42만 명의 일자리를 줄였지만 중소기업들은 거대한 기업으로 성장했다. 1995년에 이 책에 소개된 25개 중소기업의 총 매출은 2,250억 달러를 넘었고 일자리도 100만 개가 더 늘어 140만 개에 달했다.

1975년에 디즈니는 소기업이었지만 지금은 거대한 기업으로 성장했다. 월트 디즈니가 디즈니 역사에 있어 일등 공신이라면 마이클 아이스너는 2등 공신이다. 디즈니는 아이스너가 잠을 깨울 때까지 잠시 졸고 있었다. 디즈니는 아이스너가 등장할 때까지 새로운 만화영화 제작을 중단하고 고전 만화영화만 다시 만들고 있었다. 아이스너의 등장과 함께 〈라이언 킹〉, 〈알라딘〉, 〈미녀와 야수〉 등을 제작하면서 중요한 만화영화 제작사로 거듭났다. 그리고 기존의 테마파크를 개조하고 새로운 테마파크를 개장했다. 또 만화영화만큼 인기가 높은 영화음악 사업에도 진출해 크게 성공했고 세계 여러 나라에 있는 점포에서 디즈니 기념품을 판매하는 전략을 시작했다.

토이저러스Toys R Us는 1985년 당시 중견기업이었다. 그러나 지금은 질레트와 콜게이트보다 매출 규모가 크고 굿이어 타이어Goodyear Tire보다 직원 수가 2만 명이나 더 많다. 월마트는 1985년 당시 25개 중소기업 명단에 포함된 기업 가운데 가장 컸지만 지금은 엑손을 제외하고 가장 큰 기업으로 성장했다.

암젠Amgen은 1975년에는 존재하지도 않았고 1985년에는 직원 수가 200명에 불과했다. 암젠은 현재 뉴포젠Neupogen과 에포젠Epogen 등 20억 달러 규모의 의약품을 생산하고 있다. 백혈구 감소증과 빈혈 치료제인 뉴포젠과 에포젠은 1995년을 기준으로 세계 시장에서 3억 달러 이상의 수익을 암젠에 안겨주고 있다. 암젠의 영웅은 조지 래스맨George Rath-mann과 고든 바인더Gorden Binder이다.

로스 페로Ross Perot가 1984년에 설립한 일렉트로닉 데이터시스템 Electronic Data System은 후에 제너럴모터스가 인수했다. 당시 IBM의 직원이던 페로는 기업들이 데이터 처리 문제를 해결할 수 있도록 IBM이 도와야 한다고 경영진에 건의했다. 하지만 IBM은 이 문제에 관심이 없었고 페로는 IBM에서 독립해 EDS를 설립했다. EDS는 1975년 매출이 1억 달러에 달했고 1985년에는 34억 달러로 증가했으며 1995년에는 100억 달러로 증가했다. 페로는 1986년에 EDS를 떠났지만 그 이후에도 EDS의 매출은 급격하게 증가했다. EDS는 제너럴모터스가 인수한 기업 가운데 가장 알짜 기업이었다.

EDS 사례는 최고경영자의 중요성을 극명하게 보여주고 있다. IBM에는 최소 20년 동안 혁신적인 최고경영자가 없었다. IBM은 경쟁자들에게 주요 사업 분야를 다 내주고 말았다. 기업의 정보처리 서비스 사업은 EDS에, 소프트웨어는 마이크로소프트에, 마이크로프로세서 제조업은 인텔에 빼앗겼다. IBM은 또 개인 컴퓨터 매출 1위의 자리를 컴팩에게 내주었고 메인프레임Mainframe의 메모리 사업 분야는 EMC에게 밀려났다. IBM과의 경쟁에서 승리한 이 5개 기업은 우리의 유망 중소기업 명단에 포함돼 있다. 이들은 모두 크게 성공한 대기업이 되었다.

빌 맥고웬Bill McGowan과 버트 로버츠Bert Roberts는 MCI의 영웅이었다. MCI는 사람들의 비웃음에도 불구하고 장거리 전화 분야에서 과감하게 AT&T에 도전장을 내밀었다. MCI는 10년 동안 적자를 면치 못했으나 적자를 견뎌냈고 결국 성공했다. MCI 덕분에 미국인들은 장거리 전화 요금을 싸게 사용할 수 있게 되었다.

켄 아이버슨Ken Iverson은 철강회사인 뉴코Nucor의 영웅이었다. 아이

| 유명 대기업과 최고경영자의 업적(1990년대 기준) |

기업	최고경영자	업적
얼라이드 시그널	회장 & CEO 로렌스 보시디	경영 정상화. 보시디는 손실 사업 정리. 이익을 2배로 성장시키고 수익성 강화.
아메리칸 익스프레스	회장 & CEO 하비 골럽 사장 제프리 스티플러 부회장 조나단 리넨, 케네스 체놀트, 조지 파	경영 정상화. 골럽의 지도 아래 가맹점들과 마찰 문제를 해결하고 비용 절감. 시어슨레먼 문제를 해결했고 카드 사업의 잠재적 성장성을 회복했음. 뮤추얼펀드 회사인 IDS와 다른 금융 서비스 회사들을 성장시켰고 미국 최고 여행사로 자리 잡았음.
보잉	회장 & CEO 프랭크 슈론츠 사장 필립 콘디트	경영 정상화. 기업 문화 변화를 주도해 효율성을 높이고 주주들의 이익 증대. 팀 중심의 리더십을 강조. 보잉 777기 개발.
캐터필러	회장 & CEO 도널드 피테스	경영 정상화. 세계 곳곳에 있는 공장의 현대화 작업 실시. 기업 조직 재정비. 세계 시장 점유율을 높이고 차기 제품 도입 시기를 앞당김.
크라이슬러	회장 & CEO 리 아이아코카(1978~1992), 로버트 이튼(1993~)	두 차례의 경영 정상화. 파산 직전에서 회사를 회생시킴. 부품을 아웃소싱해 비용을 절감하고 미니밴을 개발했으며 지프를 생산하기 위해 AMC 인수.
시티코프	회장 존 리드	운영상의 여러 문제에도 불구하고 국내 소비자 금융 시장에 집중 투자. 부동산 문제 해결과 비용을 절감하고 고객 서비스를 향상시킴. 다른 은행보다 먼저 국제 금융시장에 진출.
코카콜라	회장 & CEO 로베르토 고이주에타 사장 도널드 키오	성장률 제고. 190개국에 있는 제조사 혁신. 키오 사장은 고이주에타 회장을 도와 글로벌 성장 전략 추진.
콜게이트- 팜올리브	회장 & CEO 루벤 마크	경영 정상화와 시장 점유율 확대. 공장을 통합함으로써 비용을 낮추고 해외 시장 개척함.
디어	회장 & CEO 로버트 핸슨	경영 정상화. 농기계 장비의 성능을 향상시키고 비농업 부분 성장 가속화.

기업	최고경영자	업적
에머슨 일렉트릭	회장 & CEO 찰스 나이트	수십 년 동안 수익성장률 유지. 엄격한 판매와 수익 계획 설립.
엑손	회장 로렌스 롤(1987~1993) 회장 & CEO 리 레이먼드(1993~)	경영 정상화. 비용 절감에 초점을 맞추고 한계 사업 정리. 세계 곳곳에서 전략적 기회 선택 통해 성장.
연방 저당증권 협회	회장 데이비드 맥스웰(1981~1991) 회장 & CEO 제임스 존슨(1991~)	경영 정상화. 맥스웰은 혁신적인 문제 해결사로 공무원 문화를 제거했음. 존슨은 재정적인 힘을 강화하고 저소득, 소수계층 등을 위한 서비스 확대. 제도적 변화를 추진하기 위해 의회와 협력.
GE	회장 & CEO 잭 웰치(사망)	거대 회사로는 상당히 어려운 일인 지속적인 성장을 이룩함. 창의적인 위험을 감수하도록 격려하고 생산성을 높였으며 실적 부진 사업 정리. 타 회사 인수도 성공적으로 마무리.
질레트	회장 & CEO 콜먼 모클러(사망)(1975~1991) 회장 & CEO 알프레드 자이엔(1991~2019)	성장률 제고. 모클러는 질레트를 기본 원칙에 입각해 경영, 비용 절감. 질레트에 대한 인수 시도를 자사주 매입으로 극복해 주가 10배로 상승. 자이엔은 지역적인 확장과 신제품 개발로 최고의 성장률 기록.
굿이어 타이어 & 러버	회장 & CEO 스탠리 골트	경영 정상화. 부채를 줄이고 비용 증대를 억제했으며 세계 글로벌 소싱을 추진하고 새로운 판매망 개발.
휼렛 패커드	창업자 데이비드 패커드 & 윌리엄 휼렛 사장 존 영(1977~1992) 회장 & CEO 루이스 플렛	성장률 제고. 휼렛과 패커드는 팀워크, 객관적 경영, 합의 등에 기초한 기업 문화를 만들었음. 프린터, 컴퓨터 관련 제품 등 새로운 상품을 지속적으로 개발해 최초의 사업 품목이 전체 매출에서 차지하는 비중을 20% 이하로 낮춤.
IBM	회장 & CEO 토머스 왓슨(사망) 회장 & CEO 루이스 거스트너(1993~)	경영 정상화. 왓슨은 회사의 운명을 걸고 360 시스템 개발. 정보에 대한 수요가 늘면서 처음으로 사용자들이 컴퓨터를 업그레이드할 수 있도록 함. 최초로 외부에서 영입한 경영자인 거스트너는 IBM을 시장 중심적이고 비용 효율적인 회사로 탈바꿈.

기업	최고경영자	업적
ITT	회장 & CEO 랜드 아라스코그(1971~)	경영 정상화. 실적 부진 사업 부문을 매각하고 비용 절감. 회사를 3개 사업 부문으로 나눠 각 사업 부문의 가치를 재창조.
존슨앤존슨	회장 & CEO 제임스 버크(1976~1989), 랄프 라센(1989~)	성장률 제고. 헬스케어 제품 연구 개발에 집중 투자. 생산 라인의 비용 절감. 기업가 정신을 훼손하지 않고 자율적인 사업 부문을 통합.
맥도날드	설립자 레이 크록(사망) 사장 & CEO 제임스 칸타루포	지속 성장. 크록은 초기 국내 성장과 프랜차이즈 전략을 총괄했고 국제 전략을 시작했음. 칸타루포는 국제적 확장을 가속했음.
머크	회장 & CEO 로이 바젤로스(1986~1994)	성장률 제고. 연구조직을 활성화해 전 세계적으로 높은 매출을 기록한 약품 개발.
모토로라	경영위원회 회장 로버트 갤빈 회장 & CEO 조지 피셔(1988~1993) 부회장 & CEO 개리 투커(1993~) 사장 & COO 크리스토퍼 갤빈(1993~)	지속 성장. 갤빈의 부친이 1928년에 창업. 로버트 갤빈은 반도체 사업을 이끌었고 휴대폰과 이동 통신사업을 시작. 피셔는 일본과 맞서 일본에서 사업을 시작. 투커와 크리스토퍼 갤빈은 비용절감과 생산성 향상을 통해 매출 증대.
레이시언	회장 & CEO 토머스 필립스(1975~1991), 데니스 피카드(1991~)	방위 산업 예산 삭감에도 불구하고 성장률을 유지했고 생산 기반을 넓혔으며 경영 효율화 추구. 국방 산업의 전문기술을 상업화시키는 전략을 이끌었음.
월그린	회장 찰스 월그린	지속 성장. 약국으로서 월그린의 위상 강화. 비핵심 사업을 정리하고 확장 전략 구사.
제록스	회장 & CEO 데이비드 컨즈(1985~1991), 폴 알레어(1991~)	경영 정상화. 컨즈는 시장 잠식과 브랜드 약화 문제를 품질 개선에 집중해 일본 기업과 경쟁을 주도. 알레어는 품질 프로그램을 개선했고 비핵심 사업을 매각하고 비용 절감을 통해 경쟁력 회복.

버슨은 사소한 일에 돈을 낭비하지 않고 사우스캐롤라이나로 뉴코 본사를 옮겼다. 뉴코는 철강 바이어로 출발했지만 고철로 고품질의 철강제품을 생산하는 방법을 개발했다. 당시 미국 철강 업계에서는 누구도 생각하지 못한 방법이었다.

스테이플스Staples에는 톰 스템버그Tom Stemberg라는 걸출한 인물이 있었다. 그는 사무용품 할인점 사업 계획서를 작성했다. 하지만 아무도 관심을 기울이지 않았다. 스템버그는 매사추세츠 브링턴에서 처음으로 자신의 계획을 실행에 옮겼다. 오늘날 사무용품 할인점은 100억 달러 규모의 시장을 형성하고 있다. 이런 추세라면 곧 200억 달러 규모로 성장할 것이다.

형제가 모두 훌륭한 경영자가 된 경우도 있다. 짐 버크Jim Burke와 댄 버크Dan Burke는 정반대의 길로 출발했다. 짐 버크는 대기업에 취직해 존슨앤존슨 회장까지 승진했고 댄 버크는 캐피탈 시티/ABC라는 거대 기업으로 성장한 작은 커뮤니케이션 기업에서 출발했다.

미국의 발전은 기업의 발전에 의존하는 경향이 크다. 작은 기업이 점점 더 큰 기업으로 성장하고 더 경쟁력 있는 기업으로 발전해야 미국도 발전한다. 이 책에 소개된 25개 중소기업이 발전하는 동안 앞서 소개한 25개 대기업이 망해버렸다면 전체적으로 볼 때 기업의 수는 늘지 않고 오히려 실업자 증가로 이어졌을 것이다.

포천 500대 기업 가운데 수십 곳이 구조조정을 하는 대신 파산했다고 가정해보자. 이 경우 지난 10년 동안 약 1,500만 명의 실업자가 발생했을 것이고 중소기업이 2,100만 개의 일자리를 새로 창출해도 실업률은 무려 20%에 달했을 것이다.

여러분은 이런 사태가 발생하지 않을 것이라고 생각할 것이다. 그러나 기업이 근로자들을 해고시키지 않고 모두 유지하면 생산성이 떨어지게 된다. 그 결과 외국 기업과 경쟁에 뒤지면서 파산을 맞게 된다면 대량 실업 사태는 충분히 발생할 수도 있었다. 또 앞서 소개한 성공적인 경영자들이 직원들에게 최선을 다하도록 격려하지 않았다면 대규모 실업 사태에 직면할 수도 있었다.

탁월한 중소기업과 혁신적인 대기업이 공존한다는 사실은 국가에 행운이다. 유럽에는 경쟁력 있는 중소기업이 없지만, 미국에는 성공한 중소기업의 명단이 수십 페이지에 이를 정도로 훌륭한 중소기업이 많다. 이런 기업 가운데 25개 기업의 리스트를 만드는 것은 쉬운 일이 아니다. 이 책에 소개된 25개 기업 외에도 훌륭한 기업이 많다. 지난 20세기에 크게 성공한 중소기업 250개와 100대 대기업 명단을 만들었다면 작업이 훨씬 수월했을 것이다.

우수 중소기업 명단을 소프트웨어, 컴퓨터, 전자회사로만 구성했다면 25개 기업의 실적이 훨씬 더 좋았을 수도 있다. 하지만 다양한 분야의 기업이 빠르게 성장하고 있다는 것을 보여주기 위해 산업 분야별로 나눠 기업을 선정했다. 장난감 회사, 항공사, 타이어 첨가물인 카본 블랙을 제조하는 캐봇Cabot도 포함시켰다. 캐봇은 이 책에 소개된 25개 중소기업 가운데 경영이 어려워졌다가 정상화된 유일한 기업이다.

중소기업 명단은 대기업이든 중소기업이든 주식에 투자하면 돈을 벌 수 있다는 사례를 보여준다. 중소기업에 투자할 경우 위험도 크지만 그 만큼 더 큰 이익을 볼 수도 있다.

앞서 소개한 25개 대기업 가운데 10루타 종목, 즉 투자자가 10배 수익을 거둔 종목은 패니 메이와 코카콜라, 질레트 3개 회사에 불과했다. 하지만 1985년부터 1995년까지 10년 동안 이 책에 소개된 중소기업 가운데 10배 수익 종목은 6개, 25배 종목은 3개, 그리고 40~50배 종목도 3개나 포함돼 있다. 암젠은 1.36달러에서 84달러로 상승했고 오라클은 0.83달러에서 42달러로, 컴팩은 1.69달러에서 50달러로 올랐다.

이제 여러분은 주식 투자자가 항상 정확하게 종목을 선택할 필요가 없다는 사실을 이해할 수 있을 것이다. 여러분이 10개 중소기업 주식을 가지고 있는데 이 가운데 3개 기업의 주가가 20달러에서 0달러로 폭락했다고 가정해보자. 그런데 이 가운데 한 개 기업의 주가가 20달러에서 400달러로 상승해 20배의 수익을 거뒀다면 3개 기업에 투자해서 발생한 손실을 만회하고도 남기 때문이다.

새로운 기업은 기업 공개에 매우 역동적으로 나서고 있다. 1993년부터 1995년 중반까지 1,700개 이상의 기업이 주식을 공모했다. 투자자들 이 신생 기업에 투자한 자금은 약 1,000억 달러에 달한다. 일부는 망하기도 하지만 1,700개 기업 가운데 제2의 암젠, 스테이플스, 홈디포가 탄생할 것이다.

유명 중소기업과 최고경영자의 업적(1990년대 기준)

기업	최고경영자	업적
암젠	회장 & CEO 조지 래스맨, 고든 바인더(1991~)	래스맨은 유전자 재조합과 유전공학 기술의 상용화 개척. 포드 자동차의 전 CFO인 고든 바인더는 약품이 승인을 받을 때까지 재정적 손실을 피하기 위해 보수적인 방식으로 경영.
오토매틱 데이터 프로세싱	창업자 헨리 토브 회장 & CEO 프랭크 로텐버그, 조쉬 웨스턴 사장 & COO 아서 웨인바흐	불경기에도 불구하고 30년 동안 매 분기 두 자릿수의 수익 성장을 기록해 일상적인 사업에서 놀라운 성과를 거둠. ADP는 급여 관련 업무를 외부에 위탁하는 것이 비용 절감과 서비스 개선에 얼마나 도움이 되는지를 잘 보여줌.
케이블트론 시스템	창업자 & 최장 크레이그 벤슨 사장 & CEO, 공동창업자 로버트 밥 레빈	벤슨과 레빈은 차고에서 직원 2명으로 시작한 케이블트론 시스템을 직접 판매 방식을 도입해 지역 네트워크 사업의 선도 기업으로 키움. 회계 관리, 탁월한 고객서비스, 다양한 저비용 제품을 강조.
캐봇	회장 & CEO 새뮤얼 보드만(1988~)	수익성이 낮은 사업을 정리하고 핵심인 화학 제품과 카본 블랙 사업에 전념. 회사 경영 정상화.
캐피털 시티/ ABC	회장 & CEO 토마스 머피 사장 & CEO 다니엘 버크(은퇴)	1954년 뉴욕 주 알바니에 있는 작은 UHF TV 방송국과 AM 라디오 방송국에서 시작. 출판, 케이블 TV 프로그램 제작, 8개 TV 방송국과 19개 라디오 방송국으로 확장. 비용 절감에 중점. 머피와 버크는 1986년 ABC 방송 인수합병 등 인수 후 개발 프로그램을 통해 미디어 제국을 건설함.
서킷시티 스토어	창업자 새뮤얼 워첼 부회장 & CEO 앨런 워첼 사장 & CEO 리처드 샤프	새뮤얼 워첼이 서킷시티 스토어의 원래 이름인 위즈 컴퍼니를 설립. 아들 앨런이 합류해 할인점 형태의 대형 매장 개념 도입. 샤프는 경쟁력이 심한 사업에서 10년 동안 뛰어난 성장 기록. 다양한 제품군과 낮은 가격이 성장의 비결.

기업	최고경영자	업적
컴팩컴퓨터	창업자 & CEO 조지프 캐니언 회장 벤저민 로젠 CEO 에커드 파이퍼	캐니언은 PC 시장에서 인텔과 마이크로소프트와 공존할 수 있다고 판단, IBM과 정면 승부를 벌임. 로젠은 컴팩이 저비용으로 PC를 생산할 수 있도록 했고 파이퍼는 새로운 고품질의 제품을 저비용으로 생산할 수 있도록 함.
월트디즈니	창업자 월트 디즈니, 로이 디즈니 회장 & CEO 마이클 아이스너(1984~)	월트 디즈니는 회사를 창업했고 비전을 보여줌. 디즈니랜드, 디즈니 월드를 시작했고 프랭크 웰스와 함께 디즈니 테마파크를 개보수해 이익을 창출. 아이스너는 로이 디즈니, 제프리 카젠버그와 함께 만화영화 개발에 박차를 가했고 사상 최고의 흥행 기록 달성. 부수적인 수익 창출.
EDS	창업자 & CEO 로스 페로 CEO 레스 앨버탈	로스 페로는 비전보다 열정을 가지고 정확한 타이밍에 시장을 개척. 앨버탈은 직원들이 책임감을 가지고 일하도록 하여 재임 기간 동안 커다란 성공을 거둠.
EMC	공동창업자 & CEO 리처드 이건 공동창업자 로저 마리노 사장 & CEO 마이클 루트거스	이건과 마리노는 젊고 공격적인 영업팀을 만듦. 루트거스는 품질과 영업 원칙을 철저히 준수했고 클라이언트/서버 시장에 진출해 IBM의 메인프레임 시장을 잠식하는 데 공헌. 핵심 시장에서 IBM을 이긴 최초의 회사가 됨.
페더럴 익스프레스	창업자, 회장, CEO 프레드릭 스미스	창업자 스미스는 소형 소포에 대한 특급 운송 시스템의 필요성을 인식한 비전의 소유자. 신뢰도를 높이는 정보 기술에 근거한 영업방식을 개발하고 멀리 떨어진 외진 곳에 우편 서비스를 제공하기 위해 허브 네트워크 설립.
갭	창업자 도리스 피셔, 도널드 피셔 사장 & CEO 밀러드 드렉슬러	도리스 피셔는 청바지를 기본으로 한 캐주얼 의류 점포를 창업. 드렉슬러는 갭을 고급 소매점으로 변형시켰고 1980년대 후반에 가장 큰 성장을 이룩함.

기업	최고경영자	업적
홈디포	창업자 & CEO 버나드 마커스 창업자 & 사장 아서 블랭크	마커스와 블랭크는 대량 구매, 저비용, 탁월한 서비스에 기초해 퍼스트 웨어하우스 홈 센터를 설립. 창의적 경영으로 성공을 이끌었음.
인텔	창업자 & 회장 고든 무어, 로버트 노이스 사장 & CEO 앤드루 그로브	인텔은 무어와 노이스의 지도 아래 마이크로프로세서를 개발. 인텔은 마이크로프로세서의 성능을 12개월마다 2배로 향상시킴. 노이스는 DRAM 메모리를 처음으로 상업화했고 그로브는 인텔을 마이크로프로세서 산업 분야에서 세계 최고 기업으로 만듦.
MCI	창업자 & 회장 & CEO 윌리엄 맥고웬(사망) 회장 & CEO 버트 로버츠(1992~)	맥고웬은 전국적인 통신망을 구축해 AT&T와 모든 시장에서 경쟁에 나섬. 로버츠는 브리티시 텔레콤과 협력을 성사시켰고 MCI의 위상을 세계적인 기업으로 강화.
마이크로소프트	공동창업자 & CEO 빌 게이츠 공동창업자 & 부사장 폴 앨런 이사 스티븐 발머	게이츠와 앨런은 마이크로소프트의 방향을 설정하고 상품 개발에 대한 비전을 제시. 앨런과 게이츠는 개인용 컴퓨터에 사용되는 프로그램 언어를 최초로 개발. 발머는 매출 증대와 판매망 확충.
뉴코	회장 & CEO 케네스 아이버슨 사장 & COO 존 코렌티	아이버슨은 수익을 창출한 직원들에게 보상하고 생산성 증대에 대해서도 보너스를 지급. 기업의 간접비용 축소. "성공의 70%는 문화적인 것이고 30%가 신기술이다."라고 말함. 코렌티는 비용 절감을 위해 위험을 기꺼이 감수하도록 격려.
오라클	창업자 & CEO 로렌스 엘리슨 수석부사장 & CFO 제프리 헨리 세계영업부문 사장 레이몬드 레인	엘리슨은 1990년까지 회사를 경영하면서 기술적 비전을 제시. 헨리는 1990년 재정난 이후 경영 정상화에 성공. 레인은 4년 만에 매출을 10억 달러에서 30억 달러로 증대시킴.

기업	최고경영자	업적
쇼 인더스트리	사장 & CEO 로버트 쇼 영업 부사장 노리스 리틀 수석 부사장 윌리엄 러스크	쇼는 제조비용 절감을 통해 카페트 산업의 변화를 주도. 장기적인 성공을 위해 단기 수익을 기꺼이 포기. 리틀은 제조비 구조를 개선하는 데 도움을 주었고 러스크는 자금 조달과 제도 개선에 중요한 역할을 담당.
사우스웨스트에어라인	창업자 & CEO 허버트 켈러허	친근한 스타일로 직원들에게 동기부여. 고객 서비스와 저비용의 중요성을 일깨움.
스테이플스	창업자 & CEO 톰 스템버그허	슈퍼마켓 영업을 경험한 뒤 사무용품 할인점 창업. 일반 상표 사용과 창고 형식 매장 옹호. 기업가적인 경영 스타일 도입.
월마트	창업자 샘 월튼(사망) 1962년 창업	제이씨페니에서 점원으로 시작. 할인 소매점 개념을 소도시에 적용. 고객 중심 경영. 비용 절감을 위해 거점 유통센터 활용.
서모일렉트론	창업자 & CEO 조지 해소폴로스 CFO & 수석부사장 존 해소폴로스 사장 & CEO 아빈 스미스	자금과 동기를 제공해 11개 기업을 분사해 독립시킨 독특한 기술회사. 탁월한 인수 능력을 활용해 인수회사를 경영 정상화시킴. 스미스는 조지와 존 두 형제 창업자를 도운 탁월한 영업과 생산 전문가.
토이저러스	회장 & CEO 찰스 래저러스	래저러스 장난감에 슈퍼 스토어 개념 도입. 토이저러스는 미국 최초의 범주 파괴 장난감 전문 백화점이 됨. 래저러스는 토이저러스를 통해 범주 파괴 개념을 국제화시킴.

직원 수(1,000명, 1990년대 기준)			
대기업	1975년	1985년	1995년 1분기
얼라이드 시그널	33.4	143.8	87.5
아메리칸 익스프레스	32.3	70.5	72.4
보잉	72.6	104.0	115.0
캐터필러	78.3	53.6	54.0
크라이슬러	217.6	114.2	121.0
시티코프	44.6	81.3	82.6
코카콜라	31.1	38.5	33.0
콜게이트-팜올리브	42.0	40.6	32.8
디어	53.8	40.5	34.3
에머슨 일렉트릭	34.0	61.9	73.9
엑손	137.0	146.0	86.0
연방저당증권협회	1.5*	1.9	3.2
GE	375.0	304.0	216.0
질레트	33.5	31.4	32.8
굿이어 타이어	149.2	131.7	90.3
휼렛 패커드	30.2	84.0	98.4
IBM	288.6	405.5	219.8
ITT	349.0	232.0	110.0
존슨앤존슨	53.8	74.9	81.5
맥도날드	71.0	148.0	183.0
머크	26.8	30.9	47.5
모토로라	47.0	90.2	132.0
레이시언	52.7	73.0	60.2
월그린	29.0	37.2	61.9
제록스	93.5	102.4	87.6
Total	2,376.0	2,642.1	2,216.7

40만 개 일자리가 사라짐. 그러나 다운사이징 노력으로
기업이 경쟁력을 유지하면서 생존할 수 있었음.

매출(100만 달러)			
대기업	1975년	1985년	1995년 7월 말
얼라이드 시그널	2,331.1	9,115.0	13,250.0
아메리칸 익스프레스	2,490.2	12,944.0	14,683.0
보잉	3,718.9	13,636.0	20,616.0
캐터필러	4,963.7	6,725.0	14,955.0
크라이슬러	11,598.4	21,255.5	51,051.0
시티코프	4,780.5	21,597.0	28,110.0
코카콜라	2,872.8	7,903.9	16,674.0
콜게이트-팜올리브	2,860.5	4,523.6	7,798.2
디어	2,955.2	4,060.6	9,789.2
에머슨 일렉트릭	1,250.3	4,649.2	9,279.9
엑손	44,865.0	86,673.0	102,927.0
연방저당증권협회	2,475.6	10,342.0	17,756.9
GE	13,399.1	28,285.0	62,082.0
질레트	1,406.9	2,400.0	6,245.1
굿이어 타이어	5,452.5	9,585.1	12,621.9
휼렛 패커드	981.2	6,505.0	27,787.0
IBM	14,436.5	50,056.0	66,414.0
ITT	11,367.5	11,871.1	24,949.0
존슨앤존슨	2,224.7	6,421.3	16,540.0
맥도날드	926.4	3,694.7	8,686.1
머크	1,489.7	3,547.5	15,272.8
모토로라	1,311.8	5,443.0	23,563.0
레이시언	2,245.4	6,408.5	10,085.5
월그린	1,079.1	3,161.9	9,831.0
제록스	4,053.8	8,732.1	17,21.0
Total	147,538.7	349,536.1	608,288.6

매출과 수익이 2배로 증가

순이익(100만 달러)			
대기업	1975년	1985년	1995년 7월 말
얼라이드 시그널	116.2	(279.0)	788.0
아메리칸 익스프레스	165.0	810.0	1,413.0
보잉	76.3	566.0	745.0
캐터필러	398.7	198.0	1,063.0
크라이슬러	(259.5)	1,635.2	3,367.0
시티코프	349.9	998.0	3,642.0
코카콜라	239.3	722.3	2,671.0
콜게이트-팜올리브	119.0	109.4	587.1
디어	179.1	30.5	702.8
에머슨 일렉트릭	96.2	401.1	846.7
엑손	2,503.0	4,870.0	5,600.0
연방저당증권협회	115.0	37.0	2,072.7
GE	580.8	2,336.0	5,030.0
질레트	80.0	159.9	730.4
굿이어 타이어	161.6	412.4	584.3
휼렛 패커드	83.6	489.0	2,002.0
IBM	1,989.9	6,555.0	3,918.0
ITT	396.2	293.5	1,048.0
존슨앤존슨	183.8	613.7	2,116.0
맥도날드	86.9	433.0	1,261.7
머크	228.8	539.9	3,079.2
모토로라	41.1	72.0	1,634.0
레이시언	71.0	375.9	763.8
윌그린	9.8	94.2	305.7
제록스	244.3	475.3	812.0
Total	8,257.8	22,948.4	46,783.4

매출과 수익이 2배로 증가

주가			
대기업	1975년	1985년	1995년 7월 말
얼라이드 시그널	11.69	21.22	46.75
아메리칸 익스프레스	9.13	22.42	38.50
보잉	1.64	20.19	67.00
캐터필러	22.05	17.64	70.38
크라이슬러	4.85	16.54	48.75
시티코프	16.20	22.59	62.50
코카콜라	3.31	5.92	65.63
콜게이트-팜올리브	14.23	13.49	70.00
디어	21.79	28.83	89.88
에머슨 일렉트릭	11.69	24.35	70.75
엑손	10.53	26.07	72.50
연방저당증권협회	5.23	6.62	93.63
GE	5.76	15.56	59.00
질레트	1.87	3.85	43.75
굿이어 타이어	9.42	14.16	43.38
휼렛 패커드	6.09	17.39	77.88
IBM	51.50	131.94	108.88
ITT	21.04	33.54	120.00
존슨앤존슨	7.45	11.34	71.75
맥도날드	2.45	7.32	38.63
머크	4.15	6.22	51.63
모토로라	3.87	8.65	76.50
레이시언	5.65	24.31	82.63
월그린	0.38	6.53	25.88
제록스	63.84	50.54	119.38

주가 움직임 양호

직원 수(1,000명, 1990년대 기준)			
중소기업	1975년	1985년	1995년 1분기
암젠	-	0.2	3.5
오토매틱 데이터 프로세싱	5.4	18.5	22.0
케이블트론 시스템	-	0.4	4.9
캐봇	5.6	7.7	5.4
캐피털시티/ABC	2.9	8.9	20.2
서킷시티 스토어	0.6	4.6	31.4
컴팩컴퓨터	-	1.9	14.4
디즈니	14.5	30.0	65.0
EMC	-	0.2	3.4
페더럴 익스프레스	-	34.0	101.0
갭	-	11.0	55.0
EDS	3.7	40.0	69.9
홈디포	-	5.4	67.3
인텔	4.6	21.3	32.6
MCI 커뮤니케이션	0.5	12.4	40.7
마이크로소프트	-	1.0	15.3
뉴코	2.3	3.9	5.9
오라클	-	0.6	12.1
쇼인더스트리	1.6	4.3	24.2
사우스웨스트 항공	0.4	5.3	18.8
스테이플스	-	0.2	14.6
텔레콤(TCI)	1.1	4.7	32.0
서모일렉트론	1.3	3.2	10.2
토이저러스	-	45.2	111.0
월마트	7.5	104.0	622.0
Total		368.7	1,400.7

중소기업이 100만 개 이상의 일자리 창출

매출(100만 달러)			
중소기업	1975년	1985년	1995년 7월 말
암젠	-	21.1	1,723.3
오토매틱 데이터 프로세싱	154.7	1,030.0	2,758.8
케이블트론 시스템	-	3.9	870.8
캐봇	411.8	1,407.5	1,755.8
캐피털 시티/ABC	174.4	1,020.9	6,581.1
서킷시티 스토어	61.2	705.5	5,925.9
컴팩컴퓨터	-	503.9	11,547.0
디즈니	520.0	2,015.4	11,276.5
EMC	-	33.4	1,531.0
페더럴 익스프레스	-	2,606.2	9,187.3
갭	-	647.3	3,820.0
EDS	119.4	3,406.4	10,519.2
홈디포	-	700.7	13,173.5
인텔	136.8	1,365.0	12,418.0
MCI 커뮤니케이션	28.4	2,542.3	13,678.0
마이크로소프트	-	140.4	5,609.0
뉴코	121.5	758.5	3,167.1
오라클	-	55.4	2,617.1
쇼인더스트리	86.8	519.5	2,714.6
사우스웨스트 항공	22.8	679.7	2,593.5
스테이플스	-	8.8	2,271.4
텔레콤(TCI)	40.6	577.3	5,400.0
서모일렉트론	56.2	265.7	1,713.4
토이저러스	-	1,976.1	8,776.6
월마트	340.3	8,451.5	85,247.8
Total		31,442.2	226,877.3

매출이 7배 이상 성장

순이익(100만 달러)			
중소기업	1975년	1985년	1995년 7월 말
암젠	-	0.5	334.8
오토매틱 데이터 프로세싱	13.8	87.9	379.3
케이블트론 시스템	-	0.2	174.1
캐봇	14.1	71.3	120.7
캐피털 시티/ABC	25.4	142.2	721.5
서킷시티 스토어	1.4	22.0	172.8
컴팩컴퓨터	-	26.6	870.0
디즈니	61.37	173.5	1,291.3
EMC	-	7.5	279.8
페더럴 익스프레스	-	131.8	291.0
갭	-	27.7	306.9
EDS	14.6	189.8	847.0
홈디포	-	8.2	622.5
인텔	16.3	1.6	2,560.0
MCI 커뮤니케이션	(27.8)	113.3	830.0
마이크로소프트	-	24.1	1,447.0
뉴코	7.6	58.5	259.1
오라클	-	5.9	374.3
쇼인더스트리	3.5	25.9	128.2
사우스웨스트 항공	3.4	47.3	149.3
스테이플스	-	(1.9)	44.5
텔레콤(TCI)	(0.16)	10.12	(22.00)
서모일렉트론	1.3	9.6	110.4
토이저러스	-	119.8	512.6
월마트	11.5	327.5	2,735.5
Total		1,630.9	15,540.9

이익 대폭 증가

주가			
중소기업	1975년	1985년	1995년 7월 말
암젠	-	1.36	85.13
오토매틱 데이터 프로세싱	3.28	12.46	64.00
케이블트론 시스템	-	4.78	52.88
캐봇	1.63	13.33	56.38
캐피털 시티/ABC	1.91	20.68	116.25
서킷시티 스토어	0.02	3.07	37.00
컴팩컴퓨터	-	1.69	50.63
디즈니	2.68	5.48	58.63
EMC	-	1.70^2	22.88
페더럴 익스프레스	-	44.61	67.50
갭	-	2.13	34.88
EDS	0.54	9.36	44.00
홈디포	-	1.41	44.00
인텔	0.93	4.58	65.00
MCI 커뮤니케이션	0.30	4.78	24.00
마이크로소프트	-	1.93^3	90.50
뉴코	0.44	6.93	53.50
오라클	-	0.83^3	41.88
쇼인더스트리	0.27	1.48	16.75
사우스웨스트 항공	0.10	5.71	28.75
스테이플스	-	3.99^4	22.50
텔레콤(TCI)	0.05	4.11	20.00
서모일렉트론	0.98	5.45	42.75
토이저러스	-	10.26	28.00
월마트	0.09	3.20	26.63

주가가 큰 폭 상승

5장
—

피터 린치처럼
재무제표 분석하기

LEARN TO EARN

비즈니스 세계에서 한 개의 도표나 숫자는 수천 단어의 가치가 있다. 연차 주주보고서에서 최고경영자가 무슨 말을 하는가에 관계없이 연차 보고서 맨 마지막 부분에 있는 숫자를 보면 기업의 회계에 대한 완벽한 분석이 가능하다. 주식 종목을 직접 선택하고 싶다면 시간을 내서 회계 강좌를 들어보기를 권한다.

숫자를 어떻게 해석하는지 이해를 돕기 위해 전형적인 기업 재무제 표 샘플을 하나 만들었다. 이 재무제표에는 바클레이라는 가상의 인물 이 창업한 '컴퓨스피크'라는 기업의 5년간 실적이 나타나 있다.

바클레이는 실리콘밸리 출신의 연구원이다. 그는 여가 시간에 인터 페이스라고 불리는 새로운 기기를 개발했다. 인터페이스는 '켜져라', '꺼져라', '윈도우를 바꿔라', '플로피 드라이브로 복사해라'와 같은 명 령을 통해 개인용 컴퓨터를 조정할 수 있는 기계장치이다. 바클레이는 차고를 개조해 사업을 시작한 결과 마침내 컴퓨스피크를 만들 수 있는 수준까지 도달했다. 그는 비용을 조달하기 위해 집을 담보로 두 번째 대출을 받았다.

이제 바클레이가 창업한 컴퓨스피크라는 회사의 대차대조표를 살펴 보도록 하자. 대차대조표는 기업의 모든 자산(기업이 소유하고 있는 것)과 부채(기업이 빚지고 있는 것)를 알려주는 표이다.

| 대차대조표 |

자산 계정

계정	첫날	1차년도 말	2차년도 말	5차년도 말
현금	50,000	25,000	40,000	180,000
매출채권	-	19,500	49,500	254,000
재고	-	30,000	80,000	310,000
유동자산 합계	50,000	74,500	169,500	744,500
유형자산(공장, 설비 등)	50,000	50,000	120,000	500,000
감가상각비	-	10,000	34,000	250,000
순유형자산	50,000	40,000	86,000	250,000
자산 총계	100,000	114,500	255,500	994,500

부채 계정

계정	첫날	1차년도 말	2차년도 말	5차년도 말
매입채무	-	10,000	20,000	100,000
은행 부채	-	-	121,000	-
유동 장기 차입금(만기 1년 이내)	-	-	-	-
유동부채 합계	0	10,000	141,000	100,000
장기 차입금	-	-	-	-
부채 총계	0	10,000	141,000	100,000
자본				
납입자본금	100,000	100,000	100,000	700,000
이익잉여금	-	4,500	14,500	194,500
	100,000	104,500	114,500	894,500
부채 & 자기자본	100,000	114,500	255,500	994,500
발행주식수	10,000	10,000	10,000	15,000
주당장부가치	10.00	10.45	11.45	59.63

대차대조표는 표 왼쪽 부분의 합계와 오른쪽 부분의 합계가 동일하다. 이 때문에 영어로는 밸런스 시트Balance sheet라고 부른다. 일반적으로 대차대조표는 왼쪽(자산의 합계, 차변이라고 부른다)과 오른쪽(부채와 자본의 합계, 대변이라고 부른다)으로 나누어져 있지만 이 책의 대차대조표는 편의상 위 아래로 나누었다.

바클레이는 자신의 집을 담보로 은행에서 빌린 돈 10만 달러로 사업을 시작했다. 그는 10만 달러를 이제 막 시작하는 회사에 투자한 것이다. 첫날 자산 항목을 보면 5만 달러는 현금으로, 나머지 5만 달러는 공장 장비 등 유형자산 항목으로 잡혀 있는 것을 볼 수 있다.

바클레이는 기기를 제조하는 데 필요한 장비 구입에 5만 달러를 사용했다. 당시 바클레이는 차고를 개조해 임시 작업장으로 사용하고 있었기 때문에 공장은 없었다.

장비는 감가상각을 해야 한다. 감가상각은 공장, 사무실, 기계, 컴퓨터, 책상, 의자 등을 오래 사용하면 그 가치가 떨어지는 것을 말한다. 국세청도 감가상각을 인정하고 장비와 건물의 가치가 감소한 만큼 세금을 공제해준다.

토지는 감가상각이 적용될 수 없지만 국세청은 테이프 레코더부터 선탠용 의자까지 모든 것에 대한 감가상각 기준을 가지고 있다. 건물은 일반적으로 20~25년 정도 되면 감가상각이 완료된다. 기계나 타이프라이터, 컴퓨터 등의 감가상각 기간은 물건에 따라 다르지만 보통 3~5년 정도이다. 이런 비품은 건물보다 더 빨리 쓸모없어지기 때문이다.

첫날에는 유형자산 다음에 나오는 감가상각비가 0이라는 것을 알 수 있다. 바클레이의 장비는 새것이라 아직 감가상각이 발생하지 않았기 때문이다.

표 아래 부분에 나오는 부채 항목에 대해 설명해보도록 하겠다. 부채는 기업이 빚지고 있는 돈을 말한다. 첫날 컴퓨스피크의 부채는 0이다. 바클레이가 투자한 10만 달러는 그가 자신의 집을 담보로 빌린 개인적인 빚이지 컴퓨스피크의 채무가 아니다.

유동부채에서 조금 아래쪽으로 가면 자본이라는 항목이 있다. 기업은 자본을 2가지 방식으로 조달한다. 기업의 주식을 팔거나 사업을 통해 돈을 벌어들이는 것이다. 벌어들인 돈이 없기 때문에 이익잉여금은 0이다. 컴퓨스피크의 유일한 자본은 바클레이가 투자한 10만 달러이고, 이를 납입자본금이라고 부른다.

자본 다음에는 부채와 자기자본이라는 항목이 나온다. 이는 총부채와 납입자본금 그리고 이익잉여금을 모두 합친 것이다. 부채와 자기자본 항목 아래를 보면 발행주식수라는 것이 있다. 발행주식은 기업이 발행하여 일반 투자자가 소유하고 있는 주식을 말한다.

바클레이가 처음 10만 달러를 회사에 투자했을 때 자신에게 10,000주를 발행했다. 그래서 주식 하나는 10달러의 가치를 갖게 된다. 주당 장부가치에 기록된 10달러가 이를 뜻한다. 얼마나 많은 주식을 발행할 것인가는 순전히 바클레이가 결정할 사안이다. 바클레이가 1,000주를 발행했다면 주당 장부가치는 100달러가 된다.

컴퓨스피크 같은 작은 회사든 제너럴모터스 같은 거대한 회사든 대차대조표는 같은 형식으로 만들어진다. 여러분은 한눈에 손쉽게 자산과 부채 상태를 파악할 수 있다.

이제 1년이 지난 시점에서 대차대조표를 살펴보도록 하자. 유동자산을 보면 컴퓨스피크에 남은 현금이 2만 5,000달러뿐이라는 것을 알 수 있다. 바클레이는 나머지 2만 5,000달러를 기업 운영과 인터페이스라는 제품을 생산하는 데 사용했다.

매출채권 항목에는 1만 9,500달러가 잡혀 있는 것을 알 수 있다. 이 것은 고객이 인터페이스를 구매했지만 아직 대금을 다 지불하지 않았다는 뜻이다. 1만 9,500달러는 고객에게 아직 받지 못한 돈이다. 고객이 컴퓨스피크에 빚지고 있는 돈을 모두 합친 것이 매출채권이다.

재고 항목에는 3만 달러가 잡혀 있다. 이것은 3만 달러 상당의 인터페이스 제품이 아직 팔리지 않고 바클레이 창고에 남아 있다는 뜻이다. 여기에는 인터페이스 제조에 사용되는 부품도 포함된다. 아직 팔리지 않은 상품이 정상 가격에 모두 팔릴 것이라는 보장은 없지만 회사 자산으로 간주된다.

유형자산 항목에는 감가상각비가 1만 달러로 잡혀 있다. 바클레이는 기계의 가치가 1만 달러 줄어든 것으로 기입했다. 그는 이 장비를 구입하는 데 5만 달러를 지급했지만 현재의 가치는 4만 달러라고 대차대조표에 기록한 것이다.

바클레이는 감가상각비 1만 달러를 세금에서 공제받을 수 있다. 이런 종류의 기계는 금방 구형이 되기 때문에 오래 사용하지 못한다. 그래서 국세청은 기계의 가치가 매년 20%씩 감소하는 것으로 인정해준다. 따라서 감가상각비 항목에 최초의 기계 구입비용인 5만 달러의 20%에 해당하는 금액인 1만 달러를 기록한 것이다.

부채관련 항목을 보면 매입채무로 1만 달러가 발생한 것을 알 수 있다. 매입채무란 바클레이가 다른 사람들에게 진 빚을 말한다. 매입채무는 바클레이가 아직 지불하지 않은 모든 비용을 포함한 것이다. 전화비, 전기요금, 납품업체에게 지불한 대금 등이 여기에 속한다.

아래쪽 자본금 항목에는 이익잉여금으로 4,500달러가 기록돼 있다. 이것은 바클레이가 지난 1년 동안 벌어들인 이익이다. 그래서 회사의 현재 자본금은 10만 4,500달러가 되었다. 이것은 바클레이가 처음에 투자했던 10만 달러에 지난 1년 동안의 소득 4,500달러를 합친 것이다.

바클레이는 4,500달러의 수익을 어떻게 사용할지 선택할 권리가 있다. 배당금 형식으로 자기가 모두 가질 수도 있다. 배당금을 지급하지 않고 이익을 모두 회사에 남겨두었다가 사업을 확장하는 데 투자할 수도 있다. 회사에 남겨둔다는 뜻에서 이 돈은 유보이익 또는 이익잉여금이라고 불린다.

최초 자본금에 이익잉여금이 추가된 덕분에 바클레이의 회사 가치는 1년이 지난 시점에서 10만 4,500달러가 되었다. 바클레이는 자신에게 주식 1만 주를 발행했기 때문에 주식 하나의 가치는 10.45달러가 된다(10만 4,500을 1만으로 나눈 값이다). 이것을 우리는 '주당가치' 또는 '장부가치'라고 부른다.

이제 2차년도의 대차대조표를 살펴보도록 하자. 2차년도의 대차대조표를 보면 컴퓨스피크가 더 많은 인터페이스를 팔면서 매출채권과 재고가 증가했다는 것을 알 수 있다.

부채를 보면 은행 빚이 12만 1,000달러로 늘어난 것도 눈에 띈다. 이번에는 바클레이가 돈을 빌린 것이 아니라 컴퓨스피크가 대출받은 것이다. 컴퓨스피크는 새로운 기계를 도입하고 재고 물량을 늘리고 신

입사원을 더 채용하기 위해 돈을 빌린 것이다.

은행 부채는 대차대조표상에서 자본으로 잡히지 않는다. 은행이 회사에 돈을 빌려준다고 주주가 되는 것은 아니다. 회사의 채권을 사는 개인도 마찬가지다. 바클레이는 여전히 1만 주 전부를 소유하고 있고 2년 동안 이익잉여금을 회사에 남겨둔 결과 자본금도 11만 4,500달러로 증가했다.

컴퓨스피크는 이제 창업 5년째를 맞게 되었다. 컴퓨스피크는 18만 달러의 현금과 다른 자산을 합쳐 모두 74만 4,500달러의 유동자산을 소유하게 되었다. 유형자산(공장, 기계 등)이 창업 2년째 12만 달러에서 50만 달러로 증가한 것으로 미루어 보아 바클레이가 자본 지출을 늘린 것을 알 수 있다.

공장과 장비가 늘었다는 것은 바클레이가 차고를 떠나 어딘가에 작은 공장을 세우고 새로운 장비를 설치했다는 뜻이다. 더 많은 장비를 구매함에 따라 감가상각비도 늘어나게 된다.

기업의 종류에 따라 자본지출도 달라진다. 예를 들어 제철소는 자본지출(설비투자)이 상당히 많다. 제철소를 개보수하거나 유지하기 위해서는 엄청난 규모의 자금이 필요하다. 유전은 시추한 뒤 일단 원유가 나오기 시작하면 자본지출이 거의 발생하지 않는다. 사무실과 책상 등이 주요 자산인 광고회사도 자본지출이 거의 발생하지 않는다.

바클레이의 회사는 제철소보다는 자본지출이 적지만 예산의 나머지 부분과 비교하면 자본지출이 전체 지출에서 차지하는 비중이 큰 편이다. 자본지출 비중이 높은 것은 첨단 하드웨어 산업의 특징이다.

부채 부분에서는 바클레이가 은행 빚을 갚은 것을 알 수 있다. 창업

5년째 연말 결산에서 부채는 다시 0이 되었다. 부채를 상환한 자금이 어디서 나왔는지 궁금할 것이다. 이에 대한 해답은 자본 항목에서 찾을 수 있다. 납입자본금이 10만 달러에서 70만 달러로 크게 증가했기 때문이다. 바클레이가 주식을 추가로 발행해 누군가에게 매각한 것이다. 발행주식수를 보면 이런 사실이 확인된다. 2차년도까지 발행주식수는 1만 주였고 바클레이가 주식 전부를 소유하고 있었다. 5차년도의 대차대조표를 보면 발행주식이 1만 5,000주로 늘어난 것을 알 수 있다.

또 다른 투자자가 회사에 투자를 한 것이다. 납입자본금 항목에 있는 70만 달러라는 숫자가 눈에 띄는가? 바클레이는 처음에 10만 달러로 회사를 시작했기 때문에 새로운 투자자가 추가로 발행한 주식 5,000주를 60만 달러를 주고 샀다는 것을 알 수 있다. 새로운 투자자는 바클레이 회사의 지분 가운데 3분의 1을 소유하게 됐다.

새로운 자금의 유입으로 컴퓨스피크 5차년도 주식 한 주의 가치는 59.63달러가 됐다. 이는 컴퓨스피크 주식의 장부가치가 59.63달러가 됐다는 것과 같은 의미이다. 즉, 바클레이가 소유한 1만 주의 가치가 59만 6,300달러라는 것이다. 바클레이가 열심히 일한 덕분에 최초로 투자한 10만 달러가 성과를 내기 시작했다.

새로운 투자자는 왜 컴퓨스피크의 주식을 한 주에 120달러나 주고 사면서 투자 위험을 감수했을까? 이 투자자는 그동안 바클레이가 회사를 잘 경영해왔으니 앞으로도 매출과 수익이 계속 증가할 것으로 믿고 있기 때문이다. 매년 기업 규모가 2배 이상 증가하는 중소기업인 컴퓨스피크에게는 충분히 가능한 일이다.

여러분은 혼자 힘으로 손익계산서를 이용해 주당수익을 추적해볼 수 있다. 바클레이의 주당수익은 창업 1년 뒤에는 0.45달러에서 2년이 지나자 1달러로 늘었고 5년째에는 6달러가 되었다. 새로운 투자자는 5년째 손익계산서를 근거로 주당수익이 6달러인 주식을 120달러를 주고 산 것이다.

한 주의 가격, 즉 120달러를 주당수익인 6달러로 나눈 것이 바로 주가수익비율price earning ratio, P/E이다. 컴퓨스피크의 주가수익비율은 120/6 = 20이다. 오늘날 뉴욕증권거래소에 상장된 주식의 평균주가수익 비율은 15~16 정도이다. 따라서 컴퓨스피크에 투자한 사람은 주식시장에서 공개적으로 거래되는 주식에 투자하는 사람들보다 약간 더 높은 가격으로 컴퓨스피크에 투자한 셈이 된다.

이 투자자는 빠르게 성장하는 중소기업의 잠재력을 알고 있기 때문에 20배 정도의 주가수익비율을 가진 컴퓨스피크에 투자한 것이다. 새로운 투자자는 투자의 위험성을 알고 있지만, 모든 일이 잘돼서 컴퓨스피크가 기업을 공개할 때 10배, 20배, 50배의 수익을 거둘 가능성을 기대하고 있는 것이다.

바클레이가 선택권을 갖고 있다면 아마도 회사의 3분의 1을 팔지는 않았을 것이다. 바클레이는 회사를 확장하고 재고와 매출채권을 유지하면서 직원들의 월급을 주기 위한 자금이 필요했기 때문에 회사 지분을 팔았을 것이다.

성공하려면 자금이 필요하고, 주식을 파는 것이 자금을 마련하는 가장 쉬운 방법이다. 컴퓨스피크의 지분 3분의 1을 포기함으로써 바클레이는 기업의 생존을 확보할 수 있었다. 그는 자금이 모자라 잠재력을 발휘할 수 없는 회사의 지분 100%를 혼자 가지고 있는 것보다 자금이 풍부한 회사의 지분 67%를 가지고 있는 것이 더 좋다는 사실을 알고 있었다.

앞으로 몇 년이 더 지나면 바클레이는 더 많은 자금이 필요하게 될 것이다. 그때가 기업을 공개하기에 가장 적절한 시점이다. 그때까지 바클레이는 자신의 목표를 달성하기 위해 많은 희생을 치러야 할 것이다. 그는 일하던 직장에 사표를 내고 모든 시간을 자신의 회사에 바쳤다. 그리고 기본적인 생계를 유지할 수 있는 최소한의 월급만 받고 있다. 주택대출 상환금도 이전보다 더 많아졌다. 바클레이는 너무 바빠서 휴가도 가지 못했고 그럴 만한 여유도 없었다.

바클레이의 아내는 야근을 하면서 생활비를 많이 벌려고 노력하고 있다. 두 사람은 비싼 레스토랑에서 외식을 하는 대신 집에서 주로 식사를 한다. 과거에는 4년마다 차를 바꿨지만 지금은 오래된 차를 몰고 다닌다. 바클레이 부부의 생활수준도 이전보다 크게 떨어졌지만 두 사람 모두 잘 참아내고 있다. 바클레이의 아내도 남편만큼 컴퓨스피크의 성공을 믿고 있기 때문이다.

이제 다시 회계 분석으로 돌아가 보자. 이번에는 손익계산서를 살펴볼 것이다. 손익계산서를 통해 회사의 영업활동에 대한 분석이 가능하다. 회사가 얼마나 많은 돈을 벌고 있고 그 돈이 어떻게 사용되는지가 나타나 있다.

1차년도의 매출수입 항목을 보면 컴퓨스피크가 20만 달러 상당의 인터페이스를 판 것으로 나타나 있다. 회사 예금계좌에 있는 현금에서 2,500달러의 이자수입도 발생했다. 따라서 지난 1년 동안 컴퓨스피크

| 손익계산서 |

계정	1차년도	2차년도	5차년도
매출액	200,000	400,000	1,900,000
이자수입	2,500	1,000	10,000
총수입	202,500	401,000	1,910,000
비용			
• 원자재 & 인건비	110,000	204,000	1,000,000
• 판매관리비	55,000	111,000	448,000
• 연구개발비	20,000	40,000	210,000
• 감가상각비	10,000	24,000	102,000
• 이자비용	-	6,000	-
총비용	195,000	385,000	1,760,000
세전 수익	7,500	16,000	150,000
세금(40%)	3,000	6,000	60,000
순수익	4,500	10,000	90,000
발행주식수	10,000	10,000	15,000
주당수익	0.45	1.00	6.00

가 벌어들인 총금액은 20만 2,500달러로 기록됐다. 회계 용어로는 총수입이라고 한다.

총수입 아래 부분을 보면 벌어들인 돈이 어떻게 사용됐는지를 알 수 있다. 이 부분이 비용을 기록하는 곳이다. 비용 부분에서는 원자재, 인건비, 제품 홍보와 회사 운영에 들어가는 판매와 관리비 등이 나열돼 있다. 손익계산서에는 1차년도에 바클레이가 연구개발비로 2만 달러를 사용했다는 것도 나타나 있다. 바클레이는 인터페이스의 성능을 개선해 경쟁자들이 따라오지 못하도록 노력하고 있다.

모든 기업이 컴퓨스피크처럼 비용 항목이 많은 것은 아니다. 손익계산서는 주식에 투자하기 전에 반드시 살펴보아야 한다. 그 기업이 자본집약적인 기업인가? 영업사원과 연구개발 인력을 유지하는 데 많은 비용을 지출하고 있는가? 자본집약적이고 연구개발비 비중이 높으면 주주에게 돌아가야 할 수익의 상당 부분이 비용으로 사라지고 있다고 봐야 한다.

여러분이 모래와 자갈을 판매하는 회사에 투자를 하고 있다면 연구개발비는 0일 것이다. 이 회사는 모래와 자갈의 품질을 높이기 위해 연구개발에 투자할 필요가 없다. 또 모래와 자갈을 팔기 위해 노련한 영업사원을 채용할 필요도 없기 때문에 판매비용도 매우 낮을 것이다.

마찬가지로 여러 개의 햄버거 체인을 소유하고 있는 회사는 연구개발비가 매우 적을 것이다. 햄버거의 품질 개선은 거의 불필요한 일이고 판매사원들도 최저임금으로 고용할 것이기 때문이다. 햄버거 판매에는 고학력 직원이 필요하지 않다.

하지만 바클레이가 일하고 있는 첨단 하드웨어 산업에서는 저임금의 영업사원으로는 매출을 올릴 수 없다. 바클레이는 인터페이스를 잘 이해하고 있고 경험이 많은 직원이 필요하다. 그래야 기업 고객과 컴퓨터 소매점에게 인터페이스를 설명하고 판매할 수 있기 때문이다.

바클레이가 지출한 비용 가운데 일부와 연구개발비를 전문적인 용어로 임의비용이라고 부른다. 임의비용이란 바클레이가 반드시 지출해야 하는 비용이 아니라는 뜻이다. 즉 바클레이는 반드시 시설과 장비를 개선해야 하거나 연구개발을 해야 하는 의무가 없다.

어떤 기업이든 최고경영자는 설비투자와 연구개발에 얼마를 지출할지를 결정해야 하고, 연구개발을 하지 않고 회사가 유지될 수 있는지도 고려해야 한다. 최고경영자와 임원들은 항상 이런 판단을 내리기 위해 고민해야 한다. 연구개발비를 줄이거나 공장 시설을 개선하지 않는다면 더 낮은 가격에 더 좋은 제품을 생산하는 경쟁업체로 인해 회사가 망할 수도 있다는 것을 생각해야 한다. 다른 한편으로는 설비투자와 연구개발비를 줄이면 단기적으로 기업의 이익이 급격하게 늘어나는 효과를 얻을 수 있다.

대개 수익이 늘어나면 주가가 상승해 주주들이 기뻐한다. 회사는 시설에 투자하는 대신 그 돈으로 배당금을 두둑하게 지급함으로써 주주들을 더 행복하게 해줄 수 있다. 그러나 회사가 경쟁력을 잃고 경쟁업체에게 뒤지면 배당금 잔치로 인한 기쁨은 단기적인 것으로 끝날 것이다. 매출은 떨어지고 수익도 줄어들며 주가도 하락할 것이다. 머지않아 그 회사는 배당금도 지급하지 못하는 처지로 전락할 것이다.

바클레이는 연구개발과 시설투자를 하지 않고 배당금을 두둑하게 지급하는 쉬운 길을 택할 수도 있었다. 바클레이는 단기 수익을 늘림으로써 회사의 수익성을 더 높게 만들고 자신이 소유하고 있는 주식을 살 사람들을 더 많이 끌어 모을 수 있었다. 그렇게 해서 모든 주식을 팔고 골프 코스로 향할 수도 있었다.

그러나 앞서 살펴본 많은 훌륭한 기업가들처럼 바클레이도 회사를 이용해 돈을 버는 유혹을 물리쳤다. 그는 회사의 미래를 믿고 설비투자와 연구개발에 지속적으로 투자를 했다. 컴퓨스피크의 가치가 1억 달러로 오르면 바클레이는 자신의 주식을 모두 팔아서 골프 코스 2개와

자가용 제트기를 살 수 있지만 그렇게 하지 않을 것이다. 아마도 어떻게 하면 컴퓨스피크를 2억 달러 가치가 있는 기업으로 키울 수 있을지 고민하고 있을 확률이 높다.

연구개발비 아래 감가상각비가 있다. 첫해가 지나자 바클레이는 1만 달러를 감가상각시켰다. 감가상각비는 비용으로 잡힌다. 공장 장비는 머지않아 쓸모없어질 것이다. 그래서 바클레이는 이를 대체할 비용으로 1만 달러를 계상한 것이다. 정부도 감가상각비에 대해 세금을 공제해주고 있다. 기계 장비의 대체 비용, 공장 증축 비용 등은 누군가가 지불해야 하는 사업비용인 것이다.

다음에 살펴볼 것은 세전 수익이다. 우리는 컴퓨스피크가 첫해에 세전 수익으로 7,500달러를 벌었다는 것을 알 수 있다. 국세청에 대한 불만은 대부분 개인의 소득세에 관한 것이지만 기업에 대한 세금 불만도 만만치 않다. 컴퓨스피크는 수익 7,500달러 가운데 40%인 3,000달러를 세금으로 냈다.

결국 세금을 뺀 순수익은 4,500달러가 된다. 바클레이가 배당금을 지급하지 않는다면 순이익은 대차대조표에서 이익잉여금(유보이익)과 동일하다. 일반인들은 이를 이익이라고 부른다.

컴퓨스피크는 급속하게 성장하는 회사여서 손익계산서에 나타난 모든 수치가 점점 더 커지고 있다. 5차년도의 연말 결산을 보면 컴퓨스피크는 200만 달러 상당의 인터페이스를 판매했고 원자재와 인건비로 100만 달러를 사용했으며 연구개발비에 21만 달러를 지출한 것으로 나타나 있다. 연구개발비 규모가 최초 컴퓨스피크를 세우면서 투자했던 10만 달러의 2배에 달한다. 컴퓨스피크는 1년에 9만 달러의 수익을

| 현금흐름표 |

수입 계정

계정	1차년도	2차년도	5차년도
영업활동에 의한 현금흐름			
• 순수익	4,500	10,000	90,000
• 감가상각비	10,000	24,000	102,000
	14,500	34,000	192,000
매입채무의 증가	10,000	10,000	50,000
재무활동에 의한 현금흐름			
• 보통주 매각	100,000	–	–
• 단기부채 수입	–	121,000	–
• 장기부채 수입	–	–	–
	100,000	121,000	0
현금흐름 총계	124,500	165,000	242,000

지출 계정

계정	1차년도	2차년도	5차년도
공장과 장비 증설	50,000	70,000	160,000
재고 증가	30,000	50,000	80,000
미수금 증가	19,500	30,000	60,000
기업 인수	–	–	–
단기 부채 상환	–	–	–
장기 부채 상환	–	–	–
주주 배당금 지급	–	–	–
합계	99,500	150,000	300,000
연초 현금	0	25,000	238,000
현금 증감	25,000	15,000	(58,000)
연말 현금	25,000	40,000	180,000

내고 있다.

현금흐름표는 회사 자금이 어느 한 곳에서 다른 한 곳으로 이동하는 과정을 보여준다. 1차년도의 순수익 4,500달러가 현금흐름표에서 영업 활동으로 인한 현금 계정 아래 순수익으로 잡혀 있다. 1만 달러는 감가상각비로 기록돼 있다. 바클레이가 1만 주를 사기 위해 지불한 10만 달러는 보통주 매각 항목으로 잡혀 있고 미지급금도 1만 달러가 발생해 총 현금은 12만 4,500달러로 집계됐다.

현금 사용 내역을 보면 지출 내역의 세부 사항을 알 수 있다. 바클레이는 5만 달러를 공장과 장비 증설에 사용했고 3만 달러는 재고 확보에 지출했다. 아직 받지 못한 돈도 1만 9,500달러나 된다. 회사에 유입된 돈 12만 4,500달러에서 회사 밖으로 유출된 돈 9만 9,500달러를 빼면 2만 5,000달러가 남는데 이것이 1차년도 대차대조표의 맨 처음에 현금 항목으로 기록된 것이다. 이렇게 모든 항목이 정확하게 일치하는 것이 회계의 묘미이다.

자, 이제 여러분은 역사상 가장 간단하고 짧은 회계학 강좌를 들었다. 지금까지 이 책에서 배운 내용을 토대로 실제 연차 주주보고서에 나타난 수치를 살펴보기 바란다. 보고서에 있는 각종 수치가 조금씩 이해되기 시작할 것이다. 여러분의 투자에 건투를 빈다.

월가의 영웅, 피터 린치가 말하는
투자의 모든 것

이 책은 투자의 거장 피터 린치가 투자를 처음 시작하려는 사람들에게 들려주는 '거의 모든 것의 투자' 이야기다. 주식은 무엇이고, 어떻게 생겨나고 진화해왔으며, 투자는 무엇이고 왜 해야 하는지 그리고 어떻게 하면 투자에 성공할 수 있는지를 초보 투자자들의 눈높이에 맞춰 알기 쉽게 설명하는 총체적 입문서이다.

피터 린치는 여러 가지 투자 대상에 대한 비교를 통해 주식이 가장 훌륭한 투자 수단이란 점을 강조하고 있다. 저축이나 채권도 재산을 늘리는 좋은 투자 수단이지만 인플레이션을 따라잡을 수 없어 장기적으로는 손실을 볼 위험이 크다는 단점이 있다. 반면 주식은 물가가 상승하면 주가도 함께 오르기 때문에 인플레이션을 감안하더라도 더 높은 수익을 낼 수 있다는 것이다.

그 자신이 펀드매니저로 명성을 날리던 1990년대 중반까지 과거 50년 동안의 부동산, 채권, 금 등 다양한 투자 상품의 수익률을 분석한 결과 가장 높은 수익을 안겨주는 것은 주식이라는 결론을 얻었다.

피터 린치가 권하는 초보들을 위한 투자법은 무척 간단하다. 좋은 기업을 골라 투자한 뒤 장기 보유하라는 것이다. 무려 8년 연속 S&P 지수를 앞서는 수익률을 기록한 전설적 펀드매니저였던 피터 린치 자신도 주가에 대한 예측은 불가능하다고 책을 통해 고백하고 있다. 또한 그는 주가를 예측하려고 노력하기보다는 망하지 않을 좋은 기업을 골라 주식을 산 뒤 장기 보유하는 것이 가장 좋은 투자법이라고 조언한다.

하지만 과연 장기 보유가 가장 현명한 투자일까?

이런 의문이 드는 독자도 많을 것이다. 1980년대 주가가 대세 상승기에 있었던 5년 동안을 대상으로 분석한 결과 증시가 개장한 1,276일 가운데 투자 수익이 집중적으로 발생한 기간은 단 40일에 불과했다고 한다. 사실 투자자가 이 짧은 기간 동안 투자를 하지 않았다고 가정했을 때 수익률은 4.3%로 채권 수준에 그친 반면 그냥 주식을 가지고 있었던 사람은 연평균 26%의 수익을 올린 것으로 조사됐다.

피터 린치는 주가의 바닥과 최고치를 예측하려고 시도하다 보면 집중적인 수익이 발생하는 기간을 놓칠 가능성이 높기 때문에 일반인들에게는 장기 보유 전략이 가장 좋다고 충고한다.

문제는 장기투자 과정에서 주가하락으로 발생하는 손실에 대한 두려움을 어떻게 극복할 것인가이다. 피터 린치는 투자자의 99%는 이런 손실 회피 성향을 극복하지 못해 대부분이 손해를 보고 시장을 떠난다고 말한다.

대부분의 투자자들이 자신은 장기투자를 하고 가치투자자라고 말하지만 정작 주가가 하락하면 단기 투자자로 변할 수밖에 없다. 실제로 하락장이 지속되면 주가 회복을 기다리기보다 눈앞에 보이는 손실을 줄이기 위해 낮은 가격에 주식을 팔아버리는 어리석음을 범하게 된다. 피터 린치는 이런 두려움을 극복하는 것이야말로 성공적인 투자자가 되기 위해 넘어야 할 산이라고 일갈한다.

주가는 장부상의 변화일 뿐이며 진짜 손실은 주식을 파는 순간 발생하기 때문에 주가가 떨어진다고 두려워하거나 불안해할 필요가 없다. 주가 하락은 주식을 파는 이유가 될 수 없고 내일 당장 망할 회사가 아니면 절대로 주식을 헐값에 매도해서는 안 된다. 이런 이유로 주식 투자는 반드시 여윳돈으로 해야 하고 비가 오나 눈이 오나 묻어둘 생각을 하라는 것이다.

세계 최고의 갑부인 워런 버핏도 이와 비슷한 방식으로 투자한다. 그는 코카콜라와 질레트 같은 독점력 있는 우량 기업에 투자해 수십 년 동안 주식을 보유하는 방법으로 오늘의 부를 축적할 수 있었다. 물론 저평가된 기업을 발굴하는 탁월한 혜안이 가장 중요한 요인이었겠지만 다른 1가지 성공 요인은 바로 장기적인 시간에 대한 투자와 기다림이었다.

예부터 '시간은 돈이다Time is money'라고 했다. 하지만 피터 린치는 '시간이 돈을 벌어주도록Time makes money' 해야 한다고 강조한다. 그렇게 하기 위해서는 투자는 남들보다 하루라도 일찍 시작해야 하고, 좋은 기업을 골라 투자했으면 한 발 물러나 시간과 돈이 '일'을 하도록 내버

려두는 자세가 필요하다.

지금 주식 투자를 해야 할까 말아야 할까? 시작한다면 어떻게 해야 할까?

《피터 린치의 투자 이야기》는 이런 의문을 가진 독자들을 위한 책이다. 그의 글은 그만큼 주식 투자에 대한 확신에 차 있다. 투기가 아닌 장기적 관점에서 주식 투자를 시작하려는 사람들에게 일독을 권하고 싶은 고전이라고 말하고 싶다.

2011년 5월 고영태

옮긴이 **고영태**

서울대 국사학과를 졸업하고 연세대 국제학대학원에서 정치학 석사학위를 받았다. 1994년 KBS에 입사해 정치, 경제, 국제, 디지털뉴스부 기자로 일했다. 경제부 팀장, 디지털뉴스부 팀장을 거쳐 방콕 특파원과 경인방송센터장을 지냈다. 《포브스 코리아》 온라인판 번역에도 참여했으며, 한국생산성본부와 IGM 세계경영연구원 등에 CEO 북클럽 강사로 출강했다. 옮긴 책으로 《원칙》, 《10년 후 미래》, 《미래의 속도》, 《절대 가치》 등이 있다.

감수자 **이상건**

사회 문제에 대한 많은 관심 덕분에 서강대학교 신문방송학과를 9학기 만에 졸업했다. 제대 후 동부생명, 《ROI》 경제잡지 기자로 재직하며 경제 콘텐츠 생산자로서의 길을 걷기 시작했다. 대한민국 대표 '금융 콘텐츠 전문가'로 각종 칼럼 집필과 라디오, TV 방송 등에 출연하고 있으며 한경와우TV, 《이코노미스트》 금융 재테크 팀장을 거쳐 현재 미래에셋투자와연금센터 전무로 일하고 있다. 저서로는 《돈 버는 사람은 분명 따로 있다》, 《부자들의 개인 도서관》, 《이채원의 가치투자》(공저) 등이 있다.

피터 린치의
투자 이야기 (개정판)

초판 1쇄 발행 2011년 5월 9일
개정 1쇄 발행 2021년 12월 1일
개정 6쇄 발행 2024년 11월 11일

지은이 피터 린치·존 로스차일드
옮긴이 고영태
펴낸이 유정연

이사 김귀분
기획편집 신성식 조현주 유리슬아 서옥수 황서연 정유진 **디자인** 안수진 기경란
마케팅 반지영 박중혁 하유정 **제작** 임정호 **경영지원** 박소영

펴낸곳 흐름출판(주) **출판등록** 제313-2003-199호(2003년 5월 28일)
주소 서울시 마포구 월드컵북로5길 48-9(서교동)
전화 (02)325-4944 **팩스** (02)325-4945 **이메일** book@hbooks.co.kr
홈페이지 http://www.hbooks.co.kr **블로그** blog.naver.com/nextwave7
출력·인쇄·제본 (주)상지사 **용지** 월드페이퍼(주) **후가공** (주)이지앤비(특허 제10-1081185호)

ISBN 978-89-6596-479-7 03320